Zu diesem Buch

Der außergewöhnlich erfolgreiche Ansatz Luise Reddemanns zur Behandlung traumatisierter Patientinnen und Patienten, den sie in ihrem Buch *Imagination als heilsame Kraft* erstmals ausführlich vorgestellt hatte, wird im hier vorliegenden *Manual* systematisch entwickelt und für die traumatherapeutische Arbeit konkretisiert. Für die zahlreichen Therapeutinnen und Therapeuten, die das Verfahren der *Psychodynamisch Imaginativen Traumatherapie (PITT®)* bereits anwenden oder sich dafür interessieren, dürften neben der präzisen Beschreibung des therapeutischen Vorgehens gerade auch die Hinweise auf phasentypische Fallstricke, häufige Missverständnisse und traumabedingte Probleme sehr hilfreich sein. Beide Bücher ergänzen einander und bieten über lange Jahre erprobte Interventionen speziell für komplex traumatisierte Patientinnen und Patienten an, die aber auch bei anderen Indikationen z. T. sinnvolle Anwendung finden können.

In die 4. Auflage wurden Ergänzungen zu wichtigen Erkenntnissen in der Resilienz- und Ressourcenforschung und zur Ego-State-Therapie aufgenommen.

Luise Reddemann, Dr. med., Nervenärztin und Psychoanalytikerin (DGPT, DGP), Fortbildung in Systemischer Therapie, verschiedenen körpertherapeutischen Ansätzen und im imaginativen Verfahren, Fachärztin für psychotherapeutische Medizin, war von 1985 bis 2003 Leitende Ärztin der Klinik für psychotherapeutische und psychosomatische Medizin am Ev. Johanneskrankenhaus Bielefeld; aktuell ist sie in Fort- und Weiterbildung auf dem Gebiet der Psychotraumatologie tätig; Mitglied im Weiterbildungsausschuss der Deutschen Akademie für Psychotraumatologie, im Wissenschaftlichen Beirat der Lindauer Psychotherapiewochen und in der wissenschaftlichen Leitung der Psychotherapietage NRW; unter den zahlreichen Veröffentlichungen: »Imagination als heilsame Kraft«, 2001, 16. Aufl. 2006 (Klett-Cotta) und Hör-CD mit imaginativen Übungen unter dem gleichen Titel (Klett-Cotta).

Alle Bücher aus der Reihe »Leben Lernen« finden sich unter www.klett-cotta.de/lebenlernen

Luise Reddemann

Psychodynamisch Imaginative Traumatherapie

PITT® – Das Manual

Klett-Cotta

Leben Lernen 167

Klett-Cotta
www.klett-cotta.de
© J. G. Cotta'sche Buchhandlung Nachfolger GmbH, gegr. 1659,
Stuttgart 2004
Alle Rechte vorbehalten
Fotomechanische Wiedergabe
nur mit Genehmigung des Verlages
Printed in Germany
Umschlag: Hemm & Mader, Stuttgart
Titelbild: August Macke, »Gartentor«, 1914
Satz: PC-Print, München
Auf holz- und säurefreiem Werkdruckpapier gedruckt
und gebunden von Gutmann + Co., Talheim
ISBN 978-3-608-89052-5

Vierte, erweiterte Auflage, 2007

Bibliographische Information der Deutschen Nationalbibliothek
Die Deutsche Nationalbibliothek verzeichnet diese Publikation in der
Deutschen Nationalbibliographie; detaillierte bibliographische
Daten sind im Internet über <http://dnb.d-nb.de> abrufbar

*Dem therapeutischen Team der Klinik
für psychotherapeutische und psychosomatische Medizin
des Ev. Johannes-Krankenhauses, Bielefeld,
für neunzehn fruchtbare gemeinsame Jahre*

Inhalt

Vorwort: Peter Fürstenau   11

1. Einleitung: Allgemeine Überlegungen   13
   1.1 Zum Umgang mit Leid und Leiden   17
   1.2 Was heißt Heilung in der Traumatherapie?   19
   1.3 Über Therapieziele   20
   1.4 Exkurs: Über eine ethnologisch suchende Grundhaltung oder: Jeder Mensch ist ein »dunkler Kontinent«   21
   1.5 PITT® und Psychotherapierichtlinien   22

2. Der Beginn der Behandlung   25
   2.1 Die Beziehungsaufnahme   25
     2.1.1 Das Konzept von Übertragung und Gegenübertragung   26
     2.1.2 Was versteht man unter traumatischem Stress und wie äußert er sich?   33
     2.1.3 Anamneseerhebung   41
     2.1.4 Beantwortende Haltung und Selbstbestimmung   42
     2.1.5 Die Betonung der Arbeitsbeziehung von Anfang an   46
     2.1.6 Die Nutzung der therapeutischen Beziehung – Mythen, Fakten und Therapie als Kunst   49
     2.1.7 Psychodiagnostik   52
   2.2 Über die Brauchbarkeit von Konzepten   53
     2.2.1 Zur Bedeutung der Imagination bzw. der Vorstellungskraft   60
     2.2.2 Häufig gestellte Fragen zur imaginativen Arbeit   64
     2.2.3 Die Bedeutung kognitiver Arbeit   67
     2.2.4 Ego-State-Therapie als konzeptuelle Grundlage   72
     2.2.5 Ressourcenorientierung   75

2.3 Prozess- versus Phasenorientierung 79
2.4 Gefühlskontrolle statt Intensivierung von Gefühlen –
    emotionale Intelligenz 81
2.5 Zum Umgang mit regressiven Prozessen 90
2.6 Die häufigsten Fallen in der Einleitungsphase 94
2.7 Zusammenfassung: Vorgehen in der Einleitungsphase 95

3. Die Stabilisierungsphase 97
   3.1 Äußere Sicherheit 97
   3.2 Psychoedukation 99
   3.3 Kreativer Umgang mit den Imaginations-»Übungen« 102
   3.4 Häufig gestellte Fragen zu den Imaginationsübungen 113
   3.5 Zusammenfassung: Vorgehen bei der Anwendung
       imaginativer Übungen 117
   3.6 Die Arbeit mit dem »inneren Kind« 119
   3.7 Vorgehensweise zur Arbeit mit dem inneren Kind 124
   3.8 Häufig gestellte Fragen zur Arbeit
       mit dem inneren Kind 131
   3.9 Arbeit mit Täterintrojekten 135
       3.9.1 Arbeit mit dem Drachentötermodell 137
       3.9.2 Zusammenfassung: Vorgehen bei der Täter-
             introjektarbeit nach dem Drachentötermodell 138
       3.9.3 Häufig gestellte Fragen zur Täterintrojektarbeit
             nach dem Drachentötermodell 139
       3.9.4 Vorsicht: Fallen 141
       3.9.5 Ego-State-orientierte Arbeit mit
             Täterintrojekten 141
       3.9.6 Protokoll: Ego-State-orientierte
             Arbeit mit Täterintrojekten 142
       3.9.7 Vorsicht: Fallen 145
   3.10 Gruppenarbeit mit stabilisierenden Techniken 146

4. Die Traumakonfrontationsphase 148
   4.1 Voraussetzungen 148
       4.1.1 Kontraindikationen für Traumakonfrontation 153
       4.1.2 Das BASK-Modell 154

4.1.3	Grundlegende Voraussetzungen für eine Traumakonfrontation	155
4.2	Die Beobachtertechnik	158
4.2.1	Fallgeschichte	158
4.2.2	Vorgehen bei der Beobachtertechnik anhand der Fallgeschichte	169
4.2.3	Die Kombination verschiedener Techniken	175
4.3	Die Bildschirmtechnik	176
4.4	Unterschiede zwischen Bildschirm- und Beobachtertechnik	177
4.5	Häufige Fragen zur Traumakonfrontationsarbeit	177
4.6	Restabilisierung	184

5. Die Integrationsphase 187
    5.1 Vorgehen in der Integrationsphase 189

6. Psychohygiene oder Selbstfürsorge für TherapeutInnen und PITT 194

7. PITT in der Behandlung spezifischer Probleme 196
    7.1 Behandlung hoch dissoziativer Patientinnen und Patienten 196
        7.1.1 Vorgehen beim Dissoziationsstopp 199
        7.1.2 Zum Umgang mit DIS-PatientInnen mittels PITT 200
    7.2 Behandlung von Paaren 203
    7.3 Behandlung von suizidalen PatientInnen 204
    7.4 Behandlung von SuchtpatientInnen 206
        7.4.1 Vorgehen bei der Behandlung von SuchtpatientInnen 206
    7.5 Behandlung von Opfern von Folter, Krieg und Vertreibung 207
    7.6 PITT und die Behandlung von Tätern 208
    7.7 Behandlung von Kindern und Jugendlichen 209

8. Genderspezifische Gesichtspunkte	211
9. PITT in der stationären Behandlung	214
Danksagung	217
Literatur	219
Fortbildung	227

Vorwort

Ihrem Buch »Imagination als heilsame Kraft«, das auf große Resonanz gestoßen ist, hat Luise Reddemann jetzt ein »Manual der Psychodynamisch Imaginativen Traumatherapie« folgen lassen. Dies Manual vermittelt den Leserinnen und Lesern, wie sie ihren Patienten konkret bei der Überwindung traumabedingter Störungen und Einschränkungen helfen können. Diese konkrete Hilfe besteht in der therapeutischen Kunst, den Patientinnen den Zugang zu ihren Ressourcen zu öffnen, damit sie diese zur Kontrolle ihrer Affekte und zur Überwindung ihrer Symptomatik nutzen können. Der respektvolle Umgang mit den Patienten und ihrem Recht auf Selbstbestimmung ist auf jeder Seite dieses Buches spürbar.

Das Manual folgt den von Luise Reddemann unterschiedenen Phasen der Behandlung und macht die Leserinnen und Leser mit der Verwendung kraftvoller Imaginationen, d. h. vielfältig sinnlich-plastischer Vorstellungen, vertraut. Durch die von ihr entwickelten oder von anderen übernommenen erprobten Imaginationsübungen sollen die pathologischen Strukturen (Traumafolgen) durch neue prägende Erlebnisse und Erfahrungen allmählich modifiziert, abgeschwächt, sozusagen entmachtet werden. Moderne suggestivtherapeutische Praktiken werden so von der Autorin souverän für die Traumatherapie nutzbar gemacht.

Psychoanalytisch beruht Luise Reddemanns Ansatz auf der Fortentwicklung der Ich-Theorie der letzten Zeit. Zu den Selbstverständlichkeiten des 19. Jahrhunderts gehörte im Nachhall der Philosophie des deutschen Idealismus das Konzept der zwar brüchigen, aber doch stets vorauszusetzenden Einheit des Ichs. Im Laufe des 20. Jahrhunderts wurde dies Axiom immer mehr psychologisch-soziologisch infrage gestellt – nicht nur für Menschen mit schweren Persönlichkeitsstörungen, sondern auch für so genannt gesunde. Das alte psychoanalytische Konzept unterschiedlicher Ich-Zustände wurde wiederentdeckt und als Ego-states-Theorie ausgearbeitet. Es erwies sich als enorm nützlich zum Verständnis und zur Therapie dissoziierter Menschen.

Luise Reddemann hat die vielen Fragen zur Traumatherapie gesammelt, die ihr in den Konferenzen ihres Klinikteams und in den mannigfaltigen von ihr geleiteten Fort- und Weiterbildungsveranstaltungen im Laufe der letzten zwanzig Jahre gestellt wurden. Diese Fragen hat sie geduldig, präzis, ausführlich und therapeutisch engagiert beantwortet. Daraus ist ein Buch entstanden, das für alle, die sich gründlich in die Psychodynamisch Imaginative Traumatherapie einarbeiten wollen, äußerst anregend und hilfreich ist.

Peter Fürstenau

1. Einleitung: Allgemeine Überlegungen

> *»Einfach ... ist das mit knappsten Mitteln Erreichte ...*
> *Aber das mit knappsten Mitteln Erreichte*
> *kann nur aus der Fülle kommen.«*
>
> Juan Ramon Jimenez

Nachdem das Buch »Imagination als heilsame Kraft« inzwischen über 50 000-mal verkauft ist und Tausende von psychotherapeutischen und psychiatrischen Kolleginnen und Kollegen bei mir in Vorträgen, Seminaren und längeren Weiterbildungen waren, ist es mir ein Anliegen, meinen traumatherapeutischen Ansatz im Rahmen eines Manuals zu vertiefen.

»Imagination als heilsame Kraft« ist bewusst so verfasst, dass es auch von Patientinnen und Patienten nachvollzogen werden kann. Dadurch kamen die ausführliche Darstellung therapeutischer Notwendigkeiten und auch der möglichen Fallstricke in der Therapie naturgemäß etwas zu kurz. Da sich inzwischen viele Kolleginnen und Kollegen von den Prinzipien der Psychodynamisch Imaginativen Traumatherapie, PITT®, Hilfe und Anleitung versprechen und damit auch erfolgreich arbeiten, scheint die Zeit reif für diese Ergänzung.

Dieses Buch ist für Fachleute geschrieben. Es gründet auf den Prinzipien der psychodynamischen Psychotherapie, ist aber beeinflusst von einer ganzen Reihe anderer Verfahren; verwendet daraus, was hilfreich erscheint, und ist insoweit integrativ, nutzt aber zum Verständnis und als Grundlage psychoanalytische Konzepte.

PITT wurde entwickelt für die Behandlung von komplex traumatisierten Patientinnen und Patienten mit komplexen Traumafolgeerkrankungen und hat auf diesem Gebiet nach wie vor ihre wichtigste Indikation. Einige Elemente können aber auch, ggf. kombiniert mit anderen Verfahren, z. B. in der Mehrdimensionalen Psy-

---

* Die Bezeichnung ist markenrechtlich geschützt.

chodynamischen Traumatherapie, MPTT (Fischer 2000a), bei der Behandlung von nicht komplexen Traumafolgestörungen und auch im 1. Jahr nach einem erlittenen Trauma Anwendung finden (Seidler et al. 2003). Darüber hinaus können die stabilisierenden Teile zur Selbstfürsorge (Psychohygiene) von TherapeutInnen eingesetzt werden.

Mittlerweile bin ich mit einer Veröffentlichung von Smucker (Smucker und Dancu 1999) bekannt geworden. Er behandelt Menschen, die in der Kindheit Opfer sexualisierter Gewalt waren, ebenfalls mit Imagination, insbesondere mit dem »inneren Kind«. Die Unterschiede und Gemeinsamkeiten der Herangehensweisen werden im Kapitel zur Arbeit mit dem inneren Kind diskutiert.

Die stabilisierenden Teile von PITT empfehlen sich für die Kombination mit EMDR, da die dort vorgesehene Phase 2 und Etablierung eines sicheren Ortes allenfalls bei hoch stabilen Menschen ausreicht. Die Arbeit an Täterintrojekten gründet auf einem psychoanalytischen Verständnis, ist aber in der Therapeutik mehr an der Ego-State-Therapie und der Hypnotherapie orientiert. Die traumakonfrontative Arbeit unterscheidet sich von allen anderen Verfahren, ausgenommen MPTT (Fischer a. a. O.), durch äußerste Behutsamkeit.

Es ist empfehlenswert, dieses Manual als Ergänzung zu »Imagination als heilsame Kraft« zu verwenden, d. h., die Lektüre beider Bücher ist für ein vertieftes Verständnis wünschenswert.

Dieses Manual kann keine gründliche Fortbildung in Psychodynamisch-Imaginativer Traumatherapie ersetzen und erst recht keine komplette Weiterbildung in den vielfältigen Formen der Behandlung psychotraumatischer Störungen. Therapie kann man nicht ausschließlich aus Büchern lernen, man muss erfahreneren Kollegen bei der Arbeit zuschauen, sie selbst erfahren und sie dann selber unter Anleitung tun.

Ich gehe davon aus, dass PITT erlernt wird, wenn bereits eine Aus- bzw. Weiterbildung in einem anerkannten psychotherapeutischen Verfahren abgeschlossen bzw. breitere Erfahrungen darin vorhanden sind.

Alltägliches Handwerkszeug von Psychotherapeuten setze ich voraus, jedoch will ich die mir wesentlich erscheinenden tools der traumaadaptierten Psychotherapie herausarbeiten.

Redundanzen im Text sind beabsichtigt, um ein vertieftes Verständnis zu erreichen.
Viele Anregungen für dieses Buch stammen aus der Arbeit mit KollegInnen in Kursen und Supervisionen sowie aus Erfahrungen in der Klinik für psychotherapeutische und psychosomatische Medizin des Ev. Johannes-Krankenhauses Bielefeld. Ich habe das Glück, meine Vorstellungen von Therapie laufend mit Hilfe vieler PatientInnen und KollegInnen überprüfen zu können. Was aussteht, ist eine Untersuchung des gesamten Vorgehens nach heute üblichen wissenschaftlichen Standards. Dies ist alles andere als leicht, da allgemein gelten kann, dass insbesondere die Untersuchung von komplex traumatisierten Patienten mit komplexen posttraumatischen Störungen wegen der vielen Komorbiditäten sehr schwierig ist. Jedoch steht jetzt mit KÖDOPS (Fischer 2000b) ein Erhebungsinstrumentarium zur Verfügung, das für Einzelfallstudien aussagekräftig genug ist. Daher meine Bitte: Alle, die an einer Studie Interesse haben, sind eingeladen, sich an einem entsprechenden Forschungsprojekt in Zusammenarbeit mit der Abteilung für Klinische Psychologie der Universität Köln, Leitung Prof. Gottfried Fischer, zu beteiligen.

Meiner Behandlungsphilosophie entsprechend werden die Teile, die sich auf Stabilisierung und Restabilisierung beziehen, erheblich mehr Raum einnehmen als diejenigen, bei denen es um Konfrontation geht. Ich gehe davon aus, dass Konfrontation in den meisten Fällen den geringsten Teil der Behandlung einnimmt, und dies spiegelt sich in diesem Manual auch wider.

Viele Anregungen für meine Arbeit verdanke ich ganz anderen als psychotherapeutischen Quellen. Viele Dichter beschäftigen sich, ohne je Therapie gemacht zu haben, mit Fragen, die auch in Therapien auftauchen. Deshalb habe ich einige Gedichte von Jimenez, Neruda u. a. zitiert, die fast wie zum Thema geschrieben erscheinen.
Sie können dieses Buch von Anfang bis zum Schluss lesen, aber ebenso gut können Sie einzelne Kapitel auswählen, die Sie gerade besonders ansprechen. Ich habe mich bemüht, die Kapitel jeweils in sich geschlossen und nachvollziehbar zu schreiben.

Bitte behalten Sie immer im Sinn, dass dieses Buch zwar für TherapeutInnen geschrieben ist und ich daher vordringlich Ihre Bedürfnisse vor mir hatte. Dennoch halte ich nach wie vor Patientinnen und Patienten für ExpertInnen ihrer eigenen Probleme. Tun Sie daher bitte alles mit dieser Haltung.

Männer erleiden häufiger traumatische Erfahrungen als Frauen, aber Frauen leiden häufiger an Posttraumatischen Belastungsstörungen. Ich gehe davon aus, dass viele Kolleginnen und Kollegen eher mehr Frauen als Männer behandeln, außer sie arbeiten vorwiegend mit Akuttraumatisierten oder im Gefängnis. Die ausschließliche Verwendung der männlichen Form mit der Begründung, die Frauen seien »mitgemeint«, ist für mich nicht akzeptabel. In umgekehrter Form (Männer sind in der weiblichen Form mitgemeint) finde ich es aber genauso fragwürdig. Das »Mitmeinen« ist in meinem Verständnis eine subtile Form von struktureller Gewalt. Daher habe ich mich entschieden, abwechselnd von Patientinnen und Patienten, Therapeutinnen und Therapeuten zu sprechen, also teils in der weiblichen, teils in der männlichen Form. Diese Sprachregelung hat sich im anglo-amerikanischen Sprachraum längst durchgesetzt. Zwischendurch verwende ich auch den Begriff PatientInnen und TherapeutInnen.

Ich bin seit 35 Jahren psychotherapeutisch tätig. In so langer Zeit hört und liest eine viel. Ich bitte daher um Nachsicht, falls ich jemanden zu zitieren vergessen habe, weil ihre oder seine Gedanken inzwischen zu meinen eigenen geworden sind. Andererseits stelle ich immer wieder fest, dass im Grunde genommen alles schon einmal gedacht und gesagt wurde und dass ich längst nicht alle Autoren kenne, die ähnliche Gedanken hatten wie ich. Ich habe mich bemüht, meine Quellen so sorgfältig wie möglich anzugeben. Für Hinweise, die mein Gedächtnis auffrischen oder mich auf Neues oder mir nicht Bekanntes hinweisen, bin ich dankbar.

In dieser, der 4. Auflage, ergänze ich an einigen Stellen, da sich in den drei Jahren seit dem ersten Erscheinen wichtige Entwicklungen ergaben: Erkenntnisse der Resilienz- und Ressourcenforschung sowie Fortentwicklungen der Ego-State-Therapie.

1.1 Zum Umgang mit Leid und Leiden

*Einsicht, gib mir
Den wahren Namen der Dinge!
... Damit mein Wort
das Ding selbst sei,
von meiner Seele neu geschaffen.
Damit meinetwegen alle jene,
die sie nicht kennen, auf die Dinge kommen.
Damit meinetwegen alle jene,
die sie schon vergessen, auf die Dinge kommen.
Damit meinetwegen selbst alle jene,
die sie lieben, auf die Dinge kommen.
Einsicht, gib mir
den wahren Namen – und deinen,
ihren und meinen Namen – der Dinge.*

J. R. Jimenez

Kritiker meiner Arbeit heben hervor, dass ich das Leiden meiner PatientInnen nicht genug würdige und allzu leicht(fertig) eine positive Sichtweise betonen würde.

Daher möchte ich meine diesbezügliche Grundhaltung bereits an dieser Stelle verdeutlichen.

Das kann ich am besten mit Hilfe von Lao Tse. Ich zitiere seinen 28. Vers aus dem Tao Te King in der englischen Übersetzung von Stephen Mitchell, die ich selbst ins Deutsche übersetzt habe: »*Kenne das Männliche, doch halte dich an das Weibliche: empfange die Welt in deinen Armen. Wenn du die Welt empfängst, wird dich das Tao niemals verlassen und du wirst wie ein kleines Kind sein. – Kenne das Weiße (Helle), doch halte dich an das Schwarze (Dunkle): Sei ein Vorbild für die Welt. Wenn du ein Vorbild für die Welt bist, wird das Tao in dir stark sein, und es wird nichts geben, das du nicht tun kannst. – Kenne das Persönliche, aber halte dich an das Unpersönliche: <u>akzeptiere die Welt, wie sie ist</u>.* (Unterstreichung L. R.) *Wenn du die Welt akzeptierst, wird das Tao in dir leuchten und du wirst zum ursprünglichen Selbst zurückkehren. – Die Welt ist aus der Leere gemacht wie Handwerkszeug aus einem Holzklotz. Die Meisterin* *kennt das Handwerkszeug, aber sie hält sich an den Klotz: So kann sie alle Dinge nutzen.«* Angelus Silesius, ein anderer Mystiker, schreibt: »Das überlichte Licht schaut man in diesem Leben nicht besser, als wenn man ins Dunkel sich begeben.« Besser als diese Meister kann ich es nicht sagen. Ich bin überzeugt, dass Dunkelheit, Schmerz und Leiden *ein Teil* des menschlichen Lebens sind, den niemand aus ihm entfernen kann, selbst wenn er es wollte. Wer meint, ich wollte das mit meiner Arbeit bewirken, hat mich gründlich missverstanden.

Allerdings hat mich meine klinische Erfahrung gelehrt, dass die Menschen, mit denen ich arbeite, so überwältigt worden sind von leidvollen Erfahrungen, dass ihre Möglichkeiten, diese in irgendeiner Weise als zu ihnen gehörig *zu integrieren oder anzunehmen*, bei weitem überfordert waren, selbst wenn sie eine ganze Reihe von Selbstheilungsmechanismen zur Verfügung hatten. Man könnte sagen, dass man es sich leisten können muss, das Dunkle zu bewahren, um darin das Helle zu erkennen. Die meisten meiner PatientInnen konnten das am Beginn der Behandlung nicht. Sie vermieden Leid, obwohl sie andererseits dauernd damit in irgendeiner Weise beschäftigt waren. Das erscheint paradox, erklärt aber vielleicht die grundlegende Schwierigkeit. Sie können die Welt eben gerade nicht (mehr) als Ganzes akzeptieren und erkennen.

In der buddhistischen Psychologie heißt es, dass Leiden dadurch vermehrt wird, dass wir das Leiden, das das Leben mit sich bringt, nicht akzeptieren. Nun ist aber das extreme Leid und Leiden traumatischer Erfahrungen gerade so beschaffen, dass es schier unerträglich erscheint. Viel Weisheit, vieles an Kunst hat seine Wurzeln in leidvollen Erfahrungen. Dennoch gibt es einen Unterschied zwischen Angstmachendem und Dissonanzen des Lebens und den überwältigenden Erfahrungen von traumatischen Erlebnissen, die einen zutiefst erschüttern und aus den Angeln heben können. Zweifellos gibt es Menschen, für die traumatische Erfahrungen Wachstumschancen beinhalten, aber manche zerbrechen eben fast daran. Sie kämpfen Tag für Tag ums Überleben. Und um diese Menschen geht es in meiner Arbeit. Denen, die mit Rilke sagen können:
»*Lass dir Alles geschehn: Schönheit und Schrecken*
Man muss nur gehen: Kein Gefühl ist das fernste«, brauchen wir in aller Regel nicht intensiv – oder gar nicht – therapeutisch zu helfen,

oder, falls doch, genügt es meist, ihnen zuzuhören, sie zu bestärken in ihren Lösungen, alles andere können sie selbst. Diese Menschen haben eben fast in jedem Moment dieses Bewusstsein des »Alles«, des »Blocks«, also der Fülle der Möglichkeiten, während viele unserer PatientInnen eine Unterstützung dabei benötigen, *die Fülle der Möglichkeiten (wieder) zu entdecken*, auch sich des eigenen Potenzials, das bereits da ist, bewusst zu werden. Diese PatientInnen leben fast ausschließlich außerhalb der Polarität zwischen Freud- und Leidvollem, gefangen im Leidvollen. So verstehe ich die therapeutische Aufgabe darin, ein Bewusstsein für die Polarität und damit Ganzheit von Leid und Freude anzustoßen, damit die PatientInnen wieder in die Lage kommen zu wählen, wo sie sich aufhalten wollen, um die Wechselfälle des Lebens anzunehmen. Viele TherapeutInnen sind nach meiner Beobachtung ebenfalls nicht in der Fülle, sondern gefangen in einer weitgehend am Leiden orientierten Sichtweise, Schönheit, i. S. von Rilke, lassen sie wenig »geschehen«. Diese Haltung möchte ich nicht pflegen.

Neuere, eindrucksvolle Forschungsarbeiten zeigen, dass eine hoffnungsvolle, optimistische Einstellung und positive Affekte Gesundungsprozesse fördern (z. B. Steptoe et al. 2005 sowie Kivimäki et al. 2005). Wie können wir unseren PatientInnen helfen, wenn wir diese Forschungsergebnisse nicht zur Kenntnis nehmen und manchmal jahrelang nicht dafür sorgen, dass sie zu positiveren Emotionen finden, weil wir so sehr von der Beschäftigung mit dem Leidvollen eingenommen sind?

1.2 Was heißt Heilung in der Traumatherapie?

Paracelsus hat davon gesprochen, dass Gott heile, der Arzt nur »kurieren« könne. Weltlich ausgedrückt sind es die resilienten oder Selbstheilungskräfte unserer Patienten, die zur Heilung führen, wir stoßen diese bestenfalls und günstigstenfalls an.

Heilung heißt bei traumatisierten Menschen sicher nicht »restitutio ad integrum« i. S. einer Wiederherstellung des Zustandes vor dem Trauma. Jedoch können wir eine Heilung mit Narben bewirken, möglichst mit Narben, die nicht mehr schmerzen. Verändert ist jeder Mensch durch traumatische Erfahrungen. Der Wunsch, alles möge sein wie zuvor, ist verständlich, aber unerfüllbar. Man kann darüber nachdenken, ob es »vom Leben gewollt« wäre, dass alles wieder würde wie zuvor. Resiliente Menschen können früher oder später auch die Chancen in den tiefgreifenden Veränderungen entdecken, die die schmerzhafte Erfahrung bewirkt hat (s. Wirtz 2002). Was wir anstreben können, ist, dass traumatische Erinnerungen nicht mehr quälen, mit Emotionen erinnert werden können, ohne dass man sich davon überwältigt fühlt, und dass sich dadurch der traumatische Stress zurückbilden kann. Dies wiederum führt dazu, dass weitere Psychotherapie möglich wird, ohne dass traumabedingte Intrusionen und Beziehungsverzerrungen eine angemessene Arbeit fortwährend stören.

Wenn traumatische Erfahrungen zu Persönlichkeitsveränderungen geführt haben, ist meist eine längere Zeit des Durcharbeitens erforderlich. Es ist darauf hinzuweisen, dass die Forschung zur Wirksamkeit psychotherapeutischer Interventionen sich fast ausschließlich auf die Behandlung der nicht komplexen PTSD bezieht. Dies gilt analog auch für andere Krankheitsbilder (s. dazu Westen et al. 2004). Über die Wirksamkeit einzelner Interventionen bei komplexer PTSD liegt so gut wie keine gesicherte Forschung vor. Derzeit müssen wir uns daher auf unser klinisches Wissen und unsere Erfahrung im Umgang mit diesem komplexen Krankheitsbild stützen.

1.3 Über Therapieziele

Angesichts begrenzter Stundenkontingente ist die Formulierung von Therapiezielen ratsam. Aber nicht nur deshalb, sondern auch, weil sie PatientInnen helfen, sich zu orientieren und ihre Arbeit zu überprüfen. Orientierung und Strukturen, die dem Patienten erlauben, Kontrolle zu haben, sind unterstützend.

Die Bearbeitung traumatischer Erfahrungen ist kein Therapieziel!

Vielmehr dient die Bearbeitung traumatischer Erfahrungen bestimmten Therapiezielen. Diese sollten realistisch sein und sich auch daran orientieren, wie viel Zeit man hat, um sie zu erreichen. Häufig empfiehlt sich die Formulierung von Teilzielen.

Es gibt Menschen, die fühlen sich mit der Formulierung von Zielen nicht recht wohl. Sie fühlen sich dann unter Druck. Sie berufen sich auf den Satz aus dem Zen-Buddhismus »Der Weg ist das Ziel«. PatientInnen mit dieser Haltung hilft man mehr, wenn man mit ihnen über Wege spricht, z. B. wie der Weg beschaffen sein soll.

Diejenigen, denen Zielvorstellungen helfen, sollten ermutigt werden, diese so konkret und *handlungsbezogen* zu formulieren wie möglich.

1.4 Exkurs: Über eine ethnologisch suchende Grundhaltung oder: Jeder Mensch ist ein »dunkler Kontinent«

Von Freud stammt die Metapher der Frau als »dunkler Kontinent«. Freud schien davon auszugehen, dass er mit seiner Theoriebildung zumindest männliche menschliche Wesen recht gut verstanden habe. Das Verführerische an Theorien ist, dass man meinen könnte, nun wisse man »alles«. In Wahrheit hat man bestenfalls einigermaßen brauchbare Landkarten, oft erweisen diese sich aber unterwegs als sehr ungenau. Jede Kollegin, jeder Kollege, die schon lange psychotherapeutisch tätig sind, wird mir bestätigen, dass man lebenslang sucht, immer wieder Neues lernen muss und doch jedes Mal merkt, wie wenig man versteht und weiß. (Freud hat auf der anderen Seite die offen forschende Grundhaltung immer wieder betont – man kann das auch als ein Beispiel verstehen, wie widersprüchlich und durchaus gedanklich inkonsistent Menschen sind, und: warum sollten sie nicht?!)

Daher ist meine grundsätzliche Empfehlung, jeder neuen Patientin und jedem neuen Patienten so zu begegnen, als betrete man neues, unbekanntes Land mit einer recht ungenauen Landkarte. Denn *unser Wissen, sei es aus der Psychoanalyse, aus der Verhaltenstherapie und auch aus der Traumaforschung, ist bruchstückhaft.*

Ethnologen gehen mit Offenheit und Neugier in ein anderes Land, sie erforschen es, ohne im Voraus zu wissen, was sie finden werden. Sie müssen oft damit fertig werden, dass sie nicht einmal die Sprache verstehen. Und das kann in Psychotherapien durchaus auch geschehen. Wir müssen dann auch noch die Sprache der Menschen erlernen, mit denen wir vorhaben zu arbeiten. Vielleicht verstehen wir eine Mittelschichtklientel einigermaßen, aber was ist mit Menschen aus anderen Schichten oder gar aus anderen Kulturen?
Da hilft eine offen forschende und fragebereite Haltung am meisten.
So wie Ethnologen mit dem, was sie erfahren, am besten arbeiten können, wenn sie weiter fragen und beobachten und den Menschen, die sie besuchen, mit so wenig Vorurteilen wie möglich begegnen, so hilft diese Haltung auch PsychotherapeutInnen m. E. am besten und mehr als jede noch so perfekt erscheinende Theorie und Technik.

1.5 PITT und Psychotherapierichtlinien

Derzeit ist Traumatherapie nicht Gegenstand der Psychotherapierichtlinien. Posttraumatische und dissoziative Störungen standen bis vor Kurzem nicht im Katalog der Indikationen. Neuerdings wurden aber Anpassungsstörungen nach Belastungen nach dem ICD 10, zu denen dann auch die posttraumatischen und die dissoziativen Störungsbilder gehören, in die Richtlinien aufgenommen. Somit ist es zumindest möglich, aufgrund einer entsprechenden Diagnose einen Antrag zu stellen. Ungeklärt ist aber weiterhin die traumaspezifische Adaptation der anerkannten Verfahren.
Fischer (2003) hat Überlegungen angestellt, dass sich im Umgang mit traumatisierten PatientInnen in den Richtlinienverfahren und den Psychotherapierichtlinien etwas von deren Sprachlosigkeit quasi gegenübertragungsmäßig reinszeniert, eine leider nicht von der Hand zu weisende Hypothese.

Es bedarf eines Umdenkungsprozesses in der Richtlinienpsychotherapie, der in der analytischen und tiefenpsychologisch fundierten Psychotherapie (AP und TP) vor allem die Kenntnisse über traumatische Veränderungen des Seelenlebens beinhalten sollte und weggeht von der ausschließlichen Konfliktorientierung. Allerdings ist zu betonen, dass Menschen mit einer posttraumatischen Störung immer auch an innerseelischen Konflikten leiden, die beschrieben werden können – und sollten. Die *ausschließliche* Konfliktorientierung ist allerdings genauso ein Problem wie eine *ausschließliche* Traumaorientierung, in der dann eher das Trauma als der Mensch gesehen wird. Die Psychodynamik der Traumafolgestörung kann im Spannungsfeld zwischen Traumaschema und traumakompensatorischem Schema erklärt werden (dazu ausführlich Fischer 2000 a). PITT steht auf dem Boden von AP und TP (s. Fischer et al. 2003). Von einigen Kollegen wurde PITT als so etwas wie ein übendes Verfahren eingestuft. Das ist ein Missverständnis. Es werden lediglich psychoedukative und imaginative Elemente im Rahmen des Grundlagenverfahrens eingesetzt i. S. von Parametern nach Eissler. Fonagy et al. (2005) betonen aufgrund ihrer Outcome-Forschung, dass es keine Entschuldigung für die »dünne« Evidenzbasierung psychoanalytischer Therapie geben könne, ein Shift in der Epistemologie auf Seiten der psychoanalytischen Therapeuten sei erforderlich. Neben anderen Faktoren nennen die Autoren: Dass die »splendid isolation« der Psychoanalyse zu beenden sei zugunsten einer Zusammenarbeit mit anderen wissenschaftlichen und klinischen Disziplinen, erfolgreiche psychotherapeutische Interventionen aus anderen Disziplinen in den psychodynamischen Ansatz zu integrieren seien, klinische Gruppen zu identifizieren seien, für die der psychodynamische Ansatz besonders effektiv sei. Außerdem wird empfohlen, dass eine wissenschaftliche Haltung einzunehmen sei, die den Wert der Wiederholung von Beobachtungen anerkenne statt deren Einzigartigkeit, wörtlich heißt es sogar: »... to celebrate the value of the replication of observations rather than their uniqueness«. Ich würde die beiden Gegensätze lieber mit einem »und« verbunden wissen, das heißt, den Wert der Wiederholung von Beobachtungen anerkennen und deren Einzigartigkeit. Die AutorInnen enden mit einem Hinweis auf Kandel, wonach Gemeinsamkeiten mit Forschungsergebnissen der Hirnforschung zu nutzen seien. M.E. wird in den neueren Traumatherapien wie PITT oder MPTT genau dies umgesetzt. Viele – aber nicht alle! – PatientInnen mit einer Posttraumatischen Belastungsstörung komplexerer Art benötigen mehr Stunden Therapie als in den Richtlinien vorgesehen. Hier empfiehlt sich derzeit, die PatientInnen zu ermutigen, eine so genannte Einzelfallentscheidung bei ihrer Krankenkasse zu beantragen. Tatsächlich hat jeder Patient Anspruch auf Behandlung, solange sie krankheitsbedingt erforderlich ist. Richtlinien sind keine Gesetze. Das Gesetz (Sozialgesetzbuch und Reichsversicherungsordnung) steht selbstverständlich über den Richtlinien.

2. Der Beginn der Behandlung

Die hier im Folgenden dargestellten Bedingungen und Notwendigkeiten gehören zu einem Netzwerk, in dem alle Einzelteile miteinander verbunden sind. Sprache zwingt aber immer zu einer linearen Darstellung. Ich bitte daher die Leserin/den Leser, sich dies immer wieder ins Gedächtnis zu rufen: *Das, was hier im Zusammenhang mit der Einleitungsphase und den anderen Phasen hintereinander beschrieben ist, stellt sich im therapeutischen Prozess häufig als etwas gleichzeitig Existentes dar.* Die therapeutische Kunst – die nicht immer manualisierbar ist! – besteht darin, das jeweils zu einem gegebenen Zeitpunkt Passendste auszuwählen. *Stabilisierung als Prinzip sollte darüber hinaus immer präsent sein.*

2.1 Die Beziehungsaufnahme

So wie im Alltag die ersten Sekunden der Kontaktaufnahme oft sehr entscheidend sind, so erweist sich der Beginn der Behandlung, also die erste oder die ersten Sitzungen, häufig als wesentlich für die Weichenstellung.

Das Prinzip des Unterschiedes, der einen Unterschied macht, wie es von Bateson (1981) und seinen Schülern formuliert wurde, d. h. die feinen Unterschiede in der therapeutischen Haltung, in den Formulierungen etc., soll hier hervorgehoben werden.

Es ist wichtig, sich vom allerersten Moment der Kontaktaufnahme an bewusst zu sein, dass die Art, wie die Therapeutin diese gestaltet, z. B. mehr oder weniger Zugewandtheit, mehr oder weniger Freundlichkeit, bereits die weitere Zusammenarbeit und Beziehung entscheidend beeinflussen wird. Die hilfreiche therapeutische Beziehung gilt als ein grundlegender und übergeordneter therapeutischer Wirkfaktor, der mehr als einzelne isolierte Therapeuten- oder Methodenmerkmale über Erfolg oder Misserfolg von Behandlungen entscheidet (Kächele 1992).

2.1.1 Das Konzept von Übertragung und Gegenübertragung

Das wesentliche psychoanalytische Instrument, eine therapeutische Begegnung zu verstehen und einzuordnen, ist das Konzept von Übertragung und Gegenübertragung. Die Erkenntnisse zu Übertragung und Gegenübertragung sollten tunlichst in jeder Therapie traumatisierter Patienten berücksichtigt werden. Dabei spricht vieles dafür, dass – ähnlich wie in der Quantenphysik, wo man heute davon ausgeht, dass der Beobachter das zu Beobachtende bestimmt – die Gegenübertragung der Übertragung vorausgeht und ein wesentlicher Beitrag zur Beziehung ist.

Zurek und Fischer (2003) haben in jüngster Zeit wegweisende Überlegungen zur Übertragungs-Gegenübertragungsarbeit in der Traumatherapie zur Verfügung gestellt. Ich werde mich daher in meinen Ausführungen weitgehend auf diese Arbeit beziehen und Teile daraus wiedergeben, ausführlich ist sie in der 2. Ausgabe der Zeitschrift für »Psychotraumatologie und Medizinische Psychologie« (2003) nachzulesen:

Die Autoren betonen die Notwendigkeit eines »interaktiven Verständnisses« der therapeutischen Beziehung, das die frühen behandlungstechnischen Schriften der Psychoanalyse, die von einem »Neurose-Paradigma« geleitet seien, vermissen lassen. Fischer (2000 a) spricht von einer Übersozialisation bei Neurosekranken, während Patienten mit einer Posttraumatischen Belastungsstörung häufig an Problemen einer Untersozialisation zu leiden hätten.

Aus dieser Sicht ergibt sich, dass es kontraindiziert ist, der Förderung der »Übertragungsneurose« gezielt Vorschub zu leisten. Eine neutrale Haltung des Therapeuten kann unbewusst die Selbstbeschuldigungstendenz von Traumapatienten verstärken und/oder kann die Wiederkehr intrusiver Erinnerungen vom Tatgeschehen fördern, was sich im Allgemeinen retraumatisierend auswirkt.

Zurek und Fischer führen dann zur Übertragung aus: Das Konzept der Übertragung bezeichnet aus psychoanalytischer Sicht die Vorgänge menschlicher Kommunikation, in denen bewusste und unbewusste Wünsche, Ängste und Konflikte mit lebensgeschichtlich bedeutsamen Personen und/oder Ereigniskonstellationen aktualisiert werden. Traditionellerweise wird in der Psychoanalyse Übertragung im Wesentlichen als Wiederholung und Fixierung von Beziehungsformen infantilen Ursprungs aufgefasst. Als »Übertragungsneurose« wird die Kindheitsneurose in der therapeutischen Beziehung aktualisiert und kann durch Widerstandsanalyse und Deutung dort allmählich abgebaut und damit zugleich kausal behandelt werden. Dies ist die ursprüngliche, am Neurosemodell angelehnte Fassung des Übertragungskonzepts. Weitgehende Einigkeit besteht darüber, dass Übertragungsphänomene nicht nur in Therapien, sondern ebenso im Alltagsleben vorkommen.

Beispielsweise finden sich in der Traumatherapie Menschen ein, die missbräuchliche Beziehungen in ihrer Lebens- und Leidensgeschichte erfahren haben. Sie generalisieren diese Erfahrungen u. a. auch auf den Therapeuten und »testen« ihn, ob er möglicherweise ihr Vertrauen wieder verraten und missbrauchen wird. Die Beziehungs-Tests geschehen meist in »homöopathischen Dosen« und eher verdeckt. Viele Patientinnen mit einer Missbrauchserfahrung überspielen ihr Misstrauen und lassen sich scheinbar vorbehaltlos auf die Therapie ein so lange, bis – subjektiv, im Bezugsrahmen der Patientin – ein erneuter »Übergriff« erfolgt. Nach van der Kolk et al. koste es eine ungeheure Anstrengung für die Therapeuten, eine wirkliche Wertschätzung ihrer eigenen Fähigkeiten im Kontext dieser Tests aufrechtzuerhalten (van der Kolk et al. 2000, S. 389).

Das Bedürfnis der Patienten nach Sicherheit spiegelt sich in dem Bedürfnis der Therapeuten, gute und effektive Behandler im Gegensatz zu den bösen Tätern zu sein (Herman 2001). Idealisierung vermittelt zwar ein illusionäres Gefühl der Sicherheit, aber hält auch den Patienten davon ab, autonome Handlungen auszuführen. Wir unterstützen eine Haltung der Hilflosigkeit bei der Patientin, wenn wir »allzu hilfreich« sind. Der alte Satz von der Hilfe zur Selbsthilfe bekommt so eine neue, wichtige Bedeutung.

An dieser Stelle sei darauf hingewiesen, wie sehr unsere Vorstellungen von der Patientin/dem Patienten diese dann auch zu dem »macht«, was wir von ihnen halten. Man könnte sagen, dass unsere Innenbilder der PatientInnen mehr und mehr zu Außenbildern werden. Man kann das selbst annäherungsweise überprüfen, indem man einmal einer Patientin ohne Vorinformationen begegnet und dann erst klärt, wie andere über sie denken, z. B. indem man dann erst die Arztbriefe liest und ein anderes Mal mit Vorinformationen an eine Patientin herangeht. (Natürlich hat dieses »Experiment« seine Grenzen, da es sich in jedem Fall um verschiedene Patientinnen handelt, dennoch empfehle ich diesen Vergleich.) Mit Misstrauen bezüglich der Absichten des Therapeuten und vielleicht auch bezüglich seiner »Standfestigkeit« angesichts der Konfrontation mit der vom Opfer erlittenen Erfahrung ist stets zu rechnen. Es mögen Zweifel bestehen, ob überhaupt jemand zu helfen in der Lage ist, der solches Leiden ja immer nur begrenzt nachvollziehen kann. Ich empfehle in diesem Zusammenhang, den Patienten explizit zu sagen, dass man nicht alles verstehen kann. Es ist nicht sinnvoll, dies zum Problem des Patienten zu machen. So wie jemand, der noch nie Zahnschmerzen hatte, sich diese nicht vorstellen kann, kann ein Mensch, der keine traumatischen Erfahrungen gemacht hat, das Ausmaß an Panik, Todesangst und Ohnmacht auch nicht nachfühlen. TraumatherapeutInnen können sich vom Patienten und seinem Bericht fasziniert, aber auch gleichzeitig überwältigt fühlen. Spürt der Patient die zunehmende Hilflosigkeit des Therapeuten, kann er aus Angst vor Objektverlust in eine Art »Therapeuten-Helferposition« dem Therapeuten gegenüber verfallen. Er versucht, diesen u. a. durch Verschweigen, Dissoziieren oder Affektisolierung vor dem traumatischen Material zu schützen. Besonders erschütternde Beispiele berichtet Pross (2002) aus dem Berliner Folteropferzentrum.

Heute wird die Gegenübertragung als ein ubiquitäres Interaktionsgeschehen verstanden. Darüber hinaus ist sie oft genug eine Verstehenshilfe für den Therapeuten. *Der Therapeut ist gleichzeitig Beobachter, Beteiligter und Forscher im therapeutischen Prozess* und muss sich ständig mit der Wahrnehmung, Untersuchung und Verarbeitung eigener affektiver und kognitiver Prozesse auseinander setzen. Die Rede ist auch von »Beziehungskunst« (Will 2003). Daraus sich ergebend stelle ich die Frage, ob Kunst als kreativer Prozess nicht vielmehr unter Gesichtspunkten von Spiel und Spielen wahrgenommen werden könnte, um den unten beschriebenen Beziehungsstress zu mildern. (Darüber hinaus hat Kunst auch viel mit Könnerschaft zu tun, erfahrene und gut ausgebildete Therapeuten haben in der Regel weniger Beziehungsstress, da sie über mehr erprobtes Handwerkszeug verfügen.)

Folgende eher als hinderlich anzusehende Gegenübertragungsreaktionen werden von Zurek und Fischer als Ausweg beschrieben, um aus der Belastung des sog. Empathiestresses mit traumatisierten Patientinnen und Patienten herauszukommen:
1. Eine aktive »Solidarisierung« des Traumatherapeuten mit dem Betroffenen drängt diesen zu Schritten, zu denen er noch nicht in der Lage ist (ein Beispiel für nichtabstinente Parteinahme).
2. Die unmittelbare Identifikation mit dem Betroffenen im Sinne der Mitbetroffenheit vermeidet ebenfalls Empathiestress. Der Traumatherapeut ist sozusagen in seiner Fantasie selbst betroffen und vermeidet den Stress, als Nichtbetroffener beim Zuhören die Hilflosigkeit des Opfers teilen zu müssen.
3. Emotionale Anästhesie und Vermeidungshaltungen können sich analog zu den Symptomen der Traumapatienten entwickeln (vgl. Zurek 2002).

Ein zentrales Thema sind auch Schuldgefühle in der traumatischen Gegenübertragung. Dabei werden unterschieden:
1. Schuld als sekundäre Überlebensschuld;
2. Schuld als Zuschauerschuld;
3. Schuldgefühl, weil der therapeutische Erholungsprozess bei dem Patienten nicht so rasch verläuft, wie der Therapeut dies bewusst oder unbewusst wünscht.

Schuldgefühle sind ein Moment starker Bindung an den Täter bzw. das traumatisierende System. Sie sind oft mit extremen Schamgefühlen verbunden, was eine Bearbeitung schwer macht.
In einer Traumatherapie tauchen häufig intensive Wutgefühle auf, die sich u. a. als Gegenübertragungsreaktion gegen die Täter, gegen Passivität und Gleichgültigkeit des sozialen Umfeldes oder der Gesellschaft richten können. Manche Therapeuten entwickeln Wutgefühle, weil sie sich vom Traumabericht ihrer Patienten überwältigt fühlen oder weil sie meinen, das Opfer habe sich nicht genug zur Wehr gesetzt. Dieses Thema hat im Zusammenhang mit misshandelten Frauen Brückner (1988) ausführlich untersucht.
Angst kann entstehen angesichts der hautnahen Konfrontation mit der Traumageschichte oder auch vor der emotionalen Intensität der Betroffenen. Therapeuten haben oft Angst, mit einem eigenen

Gefühlsausbruch – vielleicht kommen einem selbst die Tränen – den Patienten zu erschrecken und wenig hilfreich zu sein (Maercker 1997).

Bei PatientInnen, die Opfer von Missbrauchstraumata wurden, können erotisierende und sexuelle Strebungen in der Übertragung auftreten, die, ähnlich wie eine idealisierende Übertragung, nicht in der Person des Therapeuten begründet sein müssen. Sexuelle Übergriffe in der Psychotherapie können so als Ausdruck von unbearbeiteten sexuellen Gegenübertragungsreaktionen verstanden werden (Becker-Fischer und Fischer 1997).

Therapeuten können mit den gleichen Symptomen der Ohnmacht und der Wut, des Ekels, der Angst und der Schuld wie das Opfer reagieren. Ein Stück Identifikation ist im Übrigen notwendig, sollte aber auflösbar sein.

Die Neigung, das Opfer als unglaubwürdig hinzustellen oder unsichtbar zu machen, ist ebenfalls ein Problem der Gegenübertragung. In diesen Kontext gehören auch Fragen wie »sekundärer Krankheitsgewinn«, ein gern gebrauchtes »Totschlagargument«, wenn Patienten nicht verstanden werden, sowie die Debatte über »false memory«.

Hilflosigkeit und Ohnmacht werden regelhaft erlebt und können als Passivität agiert werden. Dies ist für traumatisierte Patienten besonders schwierig, weil sie kein Gefühl von Halt erleben. Interventionen, die aus einem falsch verstandenen Konzept von Empathie stammen, wie: »Ich fühle mich jetzt ganz hilflos (gemacht)«, sind in diesem Kontext als fatal anzusehen. Andererseits kann die Abwehr von Ohnmachtsgefühlen oder ein diffuses Schuldgefühl zu einer übertriebenen Identifikation mit Helfer- und Retterfantasien führen.

Eine überzogen hilfreiche Haltung kann weiterhin dazu führen, dass der Traumatherapeut die normalen Grenzen der therapeutischen Beziehung verlässt, so werden z. B. die Stunden verlängert, zusätzliche Therapiesitzungen angeboten, ohne dass die Vor- und Nachteile dieser Settingveränderungen ausreichend reflektiert würden.

Zurek und Fischer heben hervor: »*TraumatherapeutInnen wandeln auf dem schmalen Grat zwischen den beiden Gefahren, zum sadistisch kontrollierenden oder zum gleichgültigen, nicht schützenden und keinen Halt gebenden Objekt zu werden.* (Hervorhebung L. R.) *Beides kann zu einer Retraumatisierung des Opfers führen.«* Weitere sozialpsychologische Abwehrprozesse des Traumatherapeuten wie u. a. der Egozentrismus und Narzissmus des Helfers werden von Fischer und Riedesser (1998, S. 180 ff.) beschrieben: »Es lässt sich häufiger beobachten, dass Personen, die sich im Traumabereich engagieren, eigene Traumata durchlebt und eine mehr oder weniger befriedigende Lösung für sich gefunden haben. Jetzt besteht die ... Neigung, auch anderen zukommen lassen zu wollen, was wir für uns als hilfreich erfahren haben« (ebenda, S. 180).

Eine Extremposition der möglichen Gegenübertragungsreaktionen wäre die Vermeidung, die mit Gedanken wie »Ich möchte die Geschichte nicht hören« oder »Ich kann diesen Patienten jetzt nicht verkraften« einhergehen kann. Diese abwehrende Haltung führt dazu, dass der Therapeut z. B. keine Nachfragen stellt. Sicher sollte andererseits aber auch ein »Ausfragen« unbedingt vermieden werden. Das ›Nicht-daran-rühren-Wollen‹ des Therapeuten wird Isolationsgefühle der Betroffenen allerdings verstärken: »Damit nimmt die *Verschwörung des Schweigens* (›conspiracy of silence‹) [Hervorhebung im Original] zu, der sich Traumaopfer oftmals schon im Alltagsleben durch ihre nähere und weitere Umgebung gegenübersehen« (Herman 1993).

Die andere Extremposition des Traumatherapeuten ist die Überidentifizierung mit dem Patientenschicksal: Der Therapeut verlässt die Grenzen des professionellen Umgangs und engagiert sich viel mehr, als er es sonst tut. Die Faszination durch die so verstandene Einmaligkeit des Patientenschicksals kann den Therapeuten dazu verleiten, auf eine übertriebene Weise seine Sympathie zu zeigen oder sich persönlich für die »Rettung« des Patienten einzusetzen. Peichl (2000) schlägt eine Typisierung vor, worin die »Eigenübertragung« des Therapeuten besonders berücksichtigt wird. Dieses Konzept wurde von Heufft (1990) eingeführt und bezeichnet die spontane bewusste und unbewusste Reaktion des Therapeuten auf den Patienten.

- Der Traumatherapeut ist »zu dicht dran«. Er erlebt den Verlust der Grenzsetzung.
- Der Traumatherapeut ist zu weit innerlich entfernt. Er fühlt sich hilflos der Willkür ausgeliefert.

- Der Traumatherapeut verstrickt sich. Er fühlt sich angezogen und überwältigt.
- Der Traumatherapeut gibt die Beziehung auf. Er empfindet Missbilligung und Abwertung.

Traumatherapeuten sind in Gefahr, stellvertretend traumatisiert zu werden, was paradoxerweise auf zwei genau entgegengesetzte Haltungen zurückgehen kann: eine zu große überprotektive Nähe oder eine zu große Distanz. In der ersten Konstellation wird die Therapeutin von den Traumaaffekten direkt überflutet, im zweiten Fall indirekt, indem der aufgebaute kognitive Schutzwall – bildlich gesprochen – emotional unterlaufen oder durchlöchert wird.

Ein kompetenter Umgang mit Übertragung und Gegenübertragung sowie die Selbsterfahrung in Tendenzen zur »Eigenübertragung« sind ein wichtiger Schutz gegen professionelles »Burnout«, worin Traumatherapeuten besonders gefährdet sind. In kaum einem Metier sind Beziehungsarbeit und »Beziehungskunst« von so zentraler Bedeutung wie in Therapien, in denen sich Menschen in einem Zustand höchster psychischer Verletzlichkeit vertrauensvoll an einen Psychotherapeuten oder eine Psychotherapeutin wenden. Flexibles Pendeln zwischen Identifikation und Distanzierung steht im Mittelpunkt der traumatherapeutischen Beziehungsarbeit. Supervision durch im Umgang mit traumatisierten PatientInnen erfahrenen KollegInnen ist unerlässlich. (Supervison durch TherapeutInnen, die die Besonderheiten von traumatisierten PatientInnen nicht einschätzen können, weil sie darin nicht fortgebildet sind und neurosenpsychologische Konzepte o. Ä. zum Verständnis der Probleme anbieten, verstärken die Nöte von TraumatherapeutInnen!)

Fehler in der Handhabung von Übertragung und Gegenübertragung sowie eine nichtkonsequente Nutzung der Arbeitsbeziehung (s. weiter unten) stehen im Zentrum therapeutischer Fehlschläge bei der Behandlung von Traumapatienten.

Psychohygiene i. S. von Selbstfürsorge der Therapeuten und ausreichende Selbsterfahrung mit eigenen Traumatisierungen stellen wichtige Instrumente zur Verhütung therapeutischer Fehlschläge dar.

2.1.2 Was versteht man unter traumatischem Stress und wie äußert er sich?

Alle von Zurek und Fischer beschriebenen Gegebenheiten resultieren letztlich aus der spezifischen Situation traumatisierter Menschen mit einer Traumafolgestörung, die man heute mit dem Terminus »traumatischer Stress« beschreibt.

Früher haben wir gedacht, man klärt Traumafolgen und traumatischen Stress am besten dadurch, dass man so gründlich wie möglich fragt, was jemand in seinem Leben alles erlitten hat. Und damit sind wir gründlich gescheitert. Das ist die problematischste Art, um etwas über traumatischen Stress zu erfahren, sage ich heute, aber wir haben es damals vor fast 20 Jahren nicht besser gewusst. Heute würden wir eine Vermutungsdiagnose eher aufgrund von Beobachtungen und aufgrund von Wissen über Traumafolgestörungen stellen. Und wenn wir diese Vermutungsdiagnose hätten, würden wir nur ganz vorsichtig zu klären versuchen, ob es dafür biografisches Material gibt. Vor allem würden wir mit diesem Menschen so arbeiten, dass wir ihn nicht zusätzlich durch die Erkundung der Lebensgeschichte belasten.

Die alten Prinzipien ärztlicher Kunst, die ein bisschen in Vergessenheit geraten sind, dass man seine fünf Sinne benutzt, dass man zuhört, dass man sich bewusst macht, was man sieht, was man hört und auch was man riecht, empfehlen sich bei der ersten Kontaktaufnahme. Ich möchte das an einigen sinnfälligen Beispielen erklären: Manche Leute verbreiten z. B. sehr starke Gerüche, weil sie Angstschweiß haben, wenn sie in ein Gespräch kommen. Oder man kann Folgendes registrieren: Man reicht dem Patienten zur Begrüßung die Hand, doch die Geste wird übersehen und nicht erwidert. Dies kann ein Hinweis darauf sein, dass dieser Mensch sehr kontaktscheu ist. Und wenn er einem die Hand gibt, könnte es sein, dass man starken Angstschweiß wahrnimmt. Es genügt also zunächst die Wahrnehmung von Dingen, die man beobachten kann, man braucht erst einmal noch nicht viel über Traumatisierungen gehört oder erfragt zu haben. Man kann Menschen ansehen, ob sie Angst haben. Man kann Menschen ansehen, ob sie nicht nur Angst haben, sondern Panik. Man kann Menschen ansehen, dass sie unter

– extremem – Stress leiden. Das sind alles Dinge, die man schon bei der Begrüßung und ehe das therapeutishe Gespräch begonnen hat beobachten kann. Manche Menschen, die ins Gespräch kommen, setzen sich so, dass der Eindruck entsteht, sie müssten unbedingt alles unter Kontrolle haben, z. B. in der Nähe der Tür sitzen oder die Tür sehen können. Viele solche kleinen Dinge kann man registrieren, und sie erlauben, eine Vermutungsdiagnose in Richtung Traumafolgestörung zu stellen. Allerdings sollte der Therapeutin bewusst sein, dass es sich hier um eine Vermutung handelt, und es muss die Bereitschaft bestehen, sie jederzeit zu überprüfen und zu revidieren. Was man tunlichst unterlassen sollte ist, die Beobachtungen anzusprechen oder sie gar zu deuten.

Bei einer Traumafolgestörung ist es typisch, dass die Menschen entweder unter Übererregungssymptomen leiden, die man zum Teil beobachten (s. o.) und zum Teil erfragen kann. Z. B. berichten diese Patienten, dass sie »wie HB-Männchen schnell an die Decke gehen«, dass sie Schlafstörungen haben, dass sie leicht in Streit geraten. Aber auch sog. Vermeidungssymptome werden berichtet, z. B. dass sich jemand übermäßig zurückzieht. Das sind typische Verhaltensweisen, die man im Zusammenhang mit einer Posttraumatischen Belastungsstörung *beobachten* kann, und dazu können dann noch alle Symptome der *»Disorder of Extreme Stress, Not Otherwise Specified«*, zu Deutsch, »Störungen durch extremen Stress, die nicht anders spezifiziert sind« (APA 1996), kommen. Ich will sie hier kurz besprechen, da dieses Konzept noch wenig bekannt ist.

1. Gestörte Affektregulierung
Dazu gehört zunächst einmal die Regulierung des affektiven Erregungsniveaus, also die Schwierigkeit, mit Gefühlen geschickt und erwachsen umzugehen.

Darüber berichten Patienten, aber man kann es auch sehen, hören, man kann es im Kontakt erleben, wahrnehmen. Die Schwierigkeit, Ärger zu modulieren, ist eines der häufigsten Probleme von Menschen, die Opfer von traumatischen Erfahrungen wurden. Nach meinem Verständnis ist hier Ärger Abwehr von Ohnmachtsgefühlen. Darauf mit Gegenärger zu reagieren, ist nicht sonderlich hilfreich (s. o. zum Thema Gegenübertragung).

Angst vor Gefühlen und Schwierigkeiten in der Regulierung der Affekte führt sehr häufig zu dissoziativem Verhalten.

2. *Selbstdestruktives und suizidales Verhalten* wird in der Regel nicht spontan berichtet, man sollte es erfragen.

3. *Schwierigkeiten im Bereich der Hingabefähigkeit* kann man erfragen, jedoch lassen sie sich – zumindest im Ansatz – manchmal auch beobachten. Es handelt sich um ein sehr starkes Bedürfnis, Kontrolle in der Situation auszuüben. Da dies für traumatisierte Menschen wichtig ist, sollte man dieses Verhalten würdigen. Es gehört zum »traumakompensatorischen Schema« (Fischer a. a. O.). In gewisser Weise wird dadurch Hingabe verhindert.

4. *Störungen der Aufmerksamkeit und des Bewusstseins, insbesondere dissoziatives Verhalten*
Dissoziatives Verhalten kann man sehr gut beobachten, wenn man davon weiß. Der Mensch erscheint im Kontakt wie nicht anwesend, sein Blick scheint durch sein Gegenüber hindurchzugehen, ein Blick, der sich verliert, der auch manchmal beschrieben wird als ein toter Blick. Das heißt, Dissoziation ist für die Beziehung der Abbruch des Kontaktes. Für den betroffenen Menschen ist es ein Schutz, nämlich der Versuch, eine unerträglich erscheinende Situation zu verlassen. Für Menschen, die traumatisiert wurden, vor allen Dingen wenn sie schwer traumatisiert worden sind, bedeutet jede Kontaktaufnahme zu einem anderen Menschen auch eine Bedrohung. Es erscheint mir wichtig, sich das klar zu machen, auch wenn wir uns noch so bemühen, auch wenn wir noch so freundlich sind, ein beziehungstraumatisierter Mensch wird immer ein bisschen misstrauisch sein müssen, denn woher soll er wissen und glauben, dass wir es gut mit ihm meinen? Das ist nicht garantiert, nur weil wir Psychotherapeuten sind. Das heißt, Patienten und Patientinnen, die zu uns kommen, können sich nicht sicher sein, sie hoffen es natürlich, dass es gut geht mit uns, und deshalb kann es auch sein, dass sie in der Gesprächssituation auf den Schutzmechanismus der Dissoziation zurückgreifen, also sozusagen aus dem Kontakt verschwinden, wenn wir irgendetwas tun, das sie als stressig empfinden.

Das bedeutet, Dinge, die als Stress erlebt werden, sollte man unterlassen.

Es ist bekannt, dass es extrem stressig sein kann, wenn längere Schweigepausen auftreten, das können diese Patienten nicht ertragen. Das heißt, dass alle psychotherapeutischen und Beratungstechniken, die eher darauf setzen, dass man Prozesse sich langsam entwickeln lässt – was für andere Patientinnen sehr gut und sehr hilfreich ist –, bei Menschen, die an einer posttraumatischen Störung leiden, im Allgemeinen eher nicht angebracht sind, denn sie verursachen hohen Stress. Wir müssen uns auf Formen der Kommunikation besinnen, in denen wir uns aktiv bemühen, den Gesprächsfaden aufrechtzuerhalten. Daher kann es wichtig sein, dass man viele Fragen stellt. Allerdings nicht zuerst nach Traumata, aber z. B. nach Ressourcen, z. B. wie dieser Mensch im Leben zurechtkommt und was ihm Freude macht, oder man fragt zuerst nach der Alltagsbewältigung und nach Alltagsproblemen.

Grawe (2004) betont, wie wichtig eine bedürfnisbefriedigende Therapie sei. Das kann ich für die Therapie mit komplex traumatisierten Menschen bestätigen. Hier erscheint eine Revision eines enggeführten Konzeptes der Abstinenz dringend vonnöten.

Viele der Menschen, mit denen wir es zu tun haben, berichten, wenn man sie danach fragt, von Gedächtnislücken. Das kann ein Zeichen für *Amnesie* sein. Über Gedächtnislücken sprechen Menschen aber nicht von sich aus. Viele unserer Patientinnen und Patienten haben häufig Mini-Gedächtnislücken, die sie gut überspielen. Wir sollten uns angewöhnen, in einer Situation, in der jemand im Gespräch wie weggetreten erscheint, den Patienten anzusprechen: Sind Sie noch da, was ist das Letzte, woran Sie sich erinnern, über das wir geredet haben? Dann erfährt man u. U., dass die letzten paar Sätze gar nicht mehr präsent sind, d. h., da könnte eine Mini-Gedächtnislücke, eine Miniamnesie sein.

Ich möchte an dieser Stelle die Empfehlung aussprechen, am Beginn der Behandlung eine genaue Diagnostik vorzunehmen. Dazu gehört auch ein Screening für dissoziatives Verhalten durch den FDS (Fragebogen Dissoziative Störungen, Freyberger et al. 1998). Sie schaden Ihrem Patienten nicht, wenn sie ihm diesen Fragebogen zumuten und sich herausstellt, dass er nicht dissoziativ ist. Aber Sie könnten sich und Ihren Patienten unnötige Probleme ersparen, wenn Sie dissoziative Störungen rechtzeitig erkennen. Eine Einstellung, dass es so etwas »nicht gibt«, ist wenig hilfreich. »Es gibt« nämlich ohnehin keine Störungen, sondern wir beschreiben Phänomene, die wir beobachten, als Störungen bzw. als bestimmte Entitäten, die wir z. B. dissoziative Störung nennen. Wenn Sie das nicht wollen, dürfen Sie überhaupt keine Diagnosen stellen. Die Diagnose »schizoaffektive Psychose« oder »neurotische Depression« ist keinesfalls »objektiver« als die Diagnose »dissoziative Störung«. Ich bin dennoch der Meinung, dass die Beschreibungen, die unter dem Oberbegriff »dissoziative Störungen« zusammengefasst sind, von *klinischer Relevanz* sind. Sie helfen aus meiner Sicht besser als vorhergehende Beschreibungen, die betreffenden Störungsbilder einzuordnen und ihnen angemessen zu begegnen.

Marlene Steinberg (1995) vermutet, dass es deshalb so viel Widerstände gegen die Diagnose der dissoziativen Störung gibt, weil dieses Diagnosekriterium einen mehr als andere mit der Tatsache von Traumatisierungen konfrontiert. Es gibt wenig Zweifel daran, dass ein Großteil der dissoziativen Störungen traumabedingt sind. Steinberg empfiehlt sogar, bei allen PatientInnen mit einer Posttraumatischen Belastungsstörung den SCID-D zu machen (a. a. O.).

Der Verdacht auf eine dissoziative Störung oder auf dissoziatives Verhalten ist also ein ziemlich sicherer Hinweis, dass hier eine Traumafolgestörung vorliegt. Daraus können Sie dann sofort und frühzeitig ableiten, dass Sie nach dem Phasenmodell arbeiten sollten. Wenn sich das später als Irrtum herausstellt, haben Sie der Patientin nicht geschadet, doch wären Sie einem Verdachtsmoment nicht nachgegangen, wäre der Schaden für eine traumatisierte Patientin groß.

5. Persönlichkeitsveränderungen
Zu den Persönlichkeitsveränderungen, die man zum Teil im Kontakt direkt beobachten kann bzw. die berichtet werden, gehören insbesondere: Selbstvorwürfe, Gefühle nichts bewirken zu können, chronische Schuldgefühle. Dies als Depression imponierende Verhalten ist die Regel. Es äußert sich im Erstgespräch häufig als Gegenübertragungsphänomen, sodass Therapeutinnen meinen, ihrerseits nichts bewirken zu können. Als Nächstes mag sich das Gefühl – und manchmal ist es kein Gefühl, sondern eine Tatsache –,

fortgesetzt geschädigt zu werden, zeigen. Es ist manchmal sehr schwierig zu klären, ist das innen? Wird das von innen her immer wieder aktiviert, etwa durch Täterintrojekte, oder passiert Schädigendes immer noch außen? Nicht wenige der in der Kindheit geschädigten Menschen, die traumatisiert wurden, werden durchaus weiter auf die eine oder andere Art geschädigt. Außerdem ist die Tendenz bekannt, sich immer wieder neu zum Opfer zu machen, d. h., diese Patienten reinszenieren häufig schon im Erstgespräch unbewusst eine Täter-Opfer-Konstellation zwischen sich und der Therapeutin.

Manche dieser Patienten haben eine Tendenz, andere zu Opfern zu machen. Auch dies kann sich relativ rasch in therapeutischen Kontexten reinszenieren. Im ersten Fall fühlen sich die Behandler irgendwie schlecht, haben Schuldgefühle, haben das Gefühl, etwas falsch zu machen, verhalten sich vielleicht sogar eindringender als gewöhnlich, während sie sich im zweiten Fall fertig gemacht und entwertet fühlen. In der Regel geschehen all diese Dinge unbewusst, und es erfordert Takt und Feingefühl, sie zum richtigen Zeitpunkt anzusprechen, das ist nach meiner Erfahrung selten im Erstgespräch zu empfehlen. Es sei erneut betont, wie wichtig es ist, die beschriebenen Verhaltensweisen als zum traumakompensatorischen Schema gehörig zu würdigen.

6. *Veränderung der Bedeutungssysteme*

Schließlich gibt es die Veränderung der Bedeutungssysteme, also die Verzweiflung und Hoffnungslosigkeit und der Verlust der bisherigen Lebensüberzeugungen. Bei Menschen, die als Erwachsene traumatisiert worden sind, kann man erfragen, ob sich nach dem Trauma die Lebensüberzeugungen vollkommen verändert haben, ob nichts mehr gilt, ob sich die Sicht des Selbst und die Sicht der Welt verändert haben oder zutiefst erschüttert sind.

Dies sind gute Orientierungshilfen, die phänomenologisch wahrnehmbar sind. Hinzu kommen die damit zusammenhängenden Übertragungs- und *Gegenübertragungsreaktionen*, die helfen können, eine Vermutung über eine chronifizierte Traumafolgestörung erst einmal zu formulieren. Bis dahin braucht man immer noch nicht nachgefragt zu haben, ob es Traumata gegeben hat. Das sollte man im Anschluss vorsichtig und behutsam tun. Eine weitere Möglichkeit, die Vermutung anzustellen, dass Menschen, die in eine Therapie kommen, möglicherweise eine traumatische Erfahrung gemacht haben, liegt in der Kenntnis entsprechender Prävalenzstudien. So haben australische Forscher herausgefunden, dass Menschen, die an einer Posttraumatischen Belastungsstörung leiden, 26-mal mehr die Wahrscheinlichkeit mitbringen, dass sie affektive Störungen, also vor allen Dingen Depressionen, entwickeln, dass 37-mal mehr die Wahrscheinlichkeit besteht, dass sie eine Angststörung entwickeln und 28-mal mehr die Wahrscheinlichkeit, eine Panikstörung zu entwickeln. Schließlich, dass es 6,5-mal wahrscheinlicher ist, dass sie an einer Alkoholabhängigkeit leiden (Henderson et al. 2000). Das heißt, die Wahrscheinlichkeit, eine Panikstörung zu entwickeln, ist hoch. Und die Wahrscheinlichkeit, u. U. eine Alkoholerkrankung zu entwickeln, ist auch deutlich erhöht. Mit anderen Worten, wenn ein Mensch zu uns kommt und berichtet, er habe Probleme mit Depressionen, habe eine Angststörung, eine Panikstörung, Probleme mit Alkohol und Drogen gehabt und womöglich noch Suizidgedanken, dann liegt eine hohe Wahrscheinlichkeit vor, dass dieser Mensch an einer Traumafolgestörung leiden könnte.

Dass es so viele Traumafolgestörungen geben soll, ist für manche Kollegen schwer zu akzeptieren. Jedoch besteht bei einer klinischen Population sehr viel mehr die Wahrscheinlichkeit, dass man Patienten mit einer komplexen Posttraumatischen Belastungsstörung und anderen Traumafolgestörungen findet als in der Durchschnittsbevölkerung.
Es mag erhellend sein, sich an Peter Levines Erkenntnis zu orientieren, dass Kinder durch Erfahrungen traumatisiert werden können, die Erwachsene nicht für traumatisch halten (Levine, persönliche Mitteilung). Zum Beispiel können sich ein Angriff durch ein Tier, z. B. einen Hund, oder körperliche Verletzungen durch Unfälle und Stürze, z. B. vom Fahrrad oder einer Treppe, auf *manche* Kinder durchaus als Trauma auswirken. Wichtig ist, dass wir uns klar machen, traumatisch ist ein Ereignis dann, wenn es erlebt wird mit Hilflosigkeit und Ohnmachtgefühlen extremer Art und gleichzeitig bei einem Kind zu Gefühlsüberflutung, ggf. Panik und Todesangst führt. Die genannten Situationen können für ein Kind diese Quali-

tät haben, sie müssen es nicht, es kommt auch immer darauf an, wie stabil das Kind in der Situation und insgesamt ist. Es ist nur wichtig, dass man auch an diese Dinge denkt. Auch eine lebensbedrohliche Erkrankung oder hohes Fieber können sich traumatogen auswirken, Erfahrungen von extremen Temperaturen, insbesondere wenn das Kind dabei alleine ist, und Naturkatastrophen. Ebenso können sich plötzliche Verluste traumatisch auswirken sowie beinahe Ertrinken und schließlich Verlorengehen, z. B. in Kaufhäusern. Medizinische und zahnmedizinische Eingriffe sind auch ein wichtiges Feld. Medizinisch notwendige Gewalt wird sehr häufig als Trauma erlebt und entsprechend verarbeitet. Und all das sollten wir auch bedenken. Selbstverständlich spielen sexuelle und andere Gewalt eine große Rolle. Es wäre aber falsch, nur an Gewalt und sexuelle Gewalt zu denken, wenn man einen Patienten sieht, der die Zeichen einer Traumafolgestörung aufweist. Es könnte auch die Mandeloperation mit vier Jahren gewesen sein, bei der fünf Erwachsene dieses Kind festgehalten und ihm eine Spritze verpasst haben. Das heißt, wenn wir einmal so weit sind nachzufragen, dann sollten wir auch an diese Dinge denken und nicht, wie das eine Zeit lang der Fall war, nur an die sexuelle Gewalt.

Von Beginn der Kontaktaufnahme an ist es also wichtig, sowohl die allgemeinen Prinzipien der therapeutischen Beziehungsgestaltung zu berücksichtigen wie auch die traumaspezifischen mitzubedenken und umzusetzen.

Daraus sollte für den Patienten eine Situation entstehen, in der er sich relativ sicher fühlen kann. Fischer (a. a. O.) spricht von der minimalen bzw. optimalen Differenz zwischen der traumatischen Erfahrung und der Beziehungserfahrung in der therapeutischen Begegnung. Diese soll sich durch besondere Höflichkeit, Rücksichtnahme und das Eingehen auf die Bedürfnisse der Patientin auszeichnen. »Viele Selbstverletzungen, Suizidversuche oder Tablettenintoxikationen sind Therapie-Artefakte, die ausgelöst worden sind durch ein Stationsmilieu, das für dieses Klientel (traumatisierte Pat., L. R.) schädlich ist.« (Sachsse 2003, S. 182) Ähnliches mag auch für ambulante Therapien gelten.
Hier zwei kleine Beispiele aus der Praxis der stationären Psychotherapie: Früher hielten wir es für notwendig, mit PatientInnen aus-

führlich zu analysieren, warum sie von einer Therapeutin zu einer anderen wechseln wollten, oft haben wir dem Wunsch nicht entsprochen, weil wir ihn als Widerstand deuteten. Heute halten wir es für wichtiger, dass die PatientInnen entscheiden, was sie möchten, und eine Beziehungserfahrung machen können, mit ihren Bedürfnissen ernst genommen zu werden. Wir empfehlen PatientInnen heute auch ausdrücklich, dass sie nichts mitmachen sollen, was sie nicht gerne machen. Das hat nicht zur Folge gehabt, dass unsere PatientInnen weniger therapeutische Angebote wahrnehmen. Wir sind darum bemüht, unseren PatientInnen so wenig Stress wie möglich zu machen. Konfliktarbeit kommt sehr viel später.

Das zweite Beispiel: Wie im Krankenhaus üblich, machte die Nachtschwester pflichtgemäß jahrelang ihre Rundgänge durch alle Zimmer, obwohl viele PatientInnen sich dadurch gestört fühlten. Endlich machte ich den Vorschlag, dass unsere PatientInnen, vorausgesetzt wir konnten sicher sein, dass sie nicht suizidal waren, doch wie in Hotels ein Schild an die Tür hängen könnten, »bitte nicht stören«. Unsere Kontrollbedürfnisse mussten wir zwar noch etwas analysieren und immer noch deren Nichterfüllung ertragen, insgesamt hat sich dadurch das Stationsklima aber deutlich verbessert. Überhaupt haben wir gelernt:
Je mehr wir unsere PatientInnen als erwachsene PartnerInnen ernst nehmen, umso besser.

2.1.3 Anamneseerhebung

Es hat sich nicht bewährt, traumatische Erfahrungen gleich zu Beginn der Behandlung *en detail* zu erheben. Fragebogen zur Erhebung der Traumageschichte können nützlich sein, jedoch empfehle ich auch deren Anwendung mit Vorsicht und *im Gespräch*, sodass man sofort stabilisierend gegensteuern kann. Eins der Prinzipien von PITT, Distanzierung zu unterstützen, z. B. mit Hilfe der Imagination, also anzuleiten, sich das Leben aus einer Beobachterperspektive zu betrachten, schafft Sicherheit. Das heißt, man kann die Patientin einladen, solch einen Traumafragebogen aus einer beobachtenden, ausreichend distanzierten Haltung heraus zu beantworten, was übrigens viele ohnehin spontan tun.

2.1.4 Beantwortende Haltung und Selbstbestimmung

Das Freud'sche Paradigma, wonach die Analyse in der Versagung stattfinden soll, gilt für Traumatherapien nur sehr eingeschränkt, vielmehr erscheint eine freundlich zugewandte beantwortende Haltung angebrachter.

Für viele KollegInnen mag das starke Kontrollbedürfnis ihrer Patientinnen und Patienten verwirrend sein. Bei neurotischen Patienten wäre dies ein Verhalten, das als Widerstand verstanden und gedeutet werden könnte.

Ein Mensch jedoch, der eine oder mehrere Erfahrungen extremer Ohnmacht und Hilflosigkeit gemacht hat, kann es nicht oder schlecht verkraften, wenn er sich hilflos (gemacht) fühlt. Menschen mit einer Traumafolgeerkrankung benötigen sehr viel mehr Kontrolle in der Therapie als nichttraumatisierte Menschen. Man könnte es auch »Eigenmacht« im Gegensatz zur erlittenen Ohnmacht nennen. Hilflosigkeit und/oder Ohnmacht sind Trigger. Trigger führen dazu, dass sich der betroffene Mensch wieder so fühlt, als geschehe das Trauma jetzt. Wenn man es bereits beim ersten Kontakt »schafft« zu triggern, hat man es schwer, in Zukunft Vertrauen aufzubauen.

Neuerdings gibt es in der Medizin das Prinzip »Gemeinsam entscheiden – erfolgreich behandeln« (Härter et al. 2005). Die Vorstellung einer »partizipativen Entscheidungsfindung« ist dort ausgearbeitet und hat sich insbesondere in der Behandlung von chronisch Kranken bewährt. Da unsere PatientInnen allesamt chronisch krank sind, stellt die Auseinandersetzung mit dieser relativ neuen ärztlichen Haltung auch für PsychotherapeutInnen einen Gewinn dar.

Im Übrigen ist es eine Alltagserfahrung, dass man sich in belastenden Situationen einfacher zurechtfindet und diese akzeptiert, wenn man auf sie vorbereitet ist. Denken Sie z. B. an eine unangenehme Behandlung beim Zahnarzt. Der Schmerz wird gleich ein bisschen leichter, wenn man gut aufgeklärt ist.

Schließlich ist bekannt, dass Menschen, wenn sie sich selbstbestimmt fühlen, leichter lernen und offener sind für Neues. Da eine Psychotherapie eine neue Lernerfahrung darstellt, mag auch dies ein einleuchtender und nachvollziehbarer Grund sein, die Beziehungserfahrung für die Patientin auf der Basis von Selbstbestimmung und Selbstkontrolle zu gestalten. Vieles, was diesen PatientInnen an Aggression angelastet wird, ist reaktiv zu verstehen und hat genau genommen damit zu tun, dass sie sich überwältigt fühlen und dieses Überwältigt-Sein mit Aggression abwehren. Daraus ergeben sich Konsequenzen insbesondere für die Behandlung persönlichkeitsgestörter Patienten:

1. Sie sollten alle persönlichen Ressourcen berücksichtigen und zu aktivieren helfen.
2. »Eine ausschließliche Fokussierung auf Entwicklungen in der therapeutischen Beziehung sollte als nicht mehr hinreichend betrachtet werden.« (Fiedler 2003, S. 75/76)
3. Respektieren Sie die Lösungen der Patienten, aber machen Sie deutlich, wenn Sie diese für dysfunktional halten.
4. Vermitteln Sie Selbst- und Krisenmanagement.
5. Interventionen, die konfrontativ sind, sollten Sie, solange die therapeutische Beziehung nicht tragfähig ist, nicht verwenden.
6. Tolerieren Sie alle Bewältigungsformen so lange, bis gesündere zur Verfügung stehen. Sie können aber von Anfang an anregen, diese Bewältigungsformen etws zu modifizieren (z. B. nur noch oberflächlich zu ritzen, statt tief zu schneiden).

Im Übrigen wünschen sich Patienten ganz allgemein einen partnerschaftlichen Umgang mit ihren Ärzten, sie möchten verstehen, was nicht in Ordnung ist, eine realistische Vorstellung der Prognose erhalten sowie die Abläufe und die wahrscheinlichen Ergebnisse von Untersuchung und Behandlung verstehen. Des Weiteren wünschen sie sich Unterstützung und Hilfe bei der Bewältigung ihrer Beschwerden, und: *Sie möchten darin unterstützt werden, selber etwas zu tun* (Klemperer 2003). Man spricht in der Organmedizin von »shared decision making«, inzwischen hat sich auch ein deutscher Begriff gebildet, der der »partizipativen Entscheidungsfindung« (s. o.) »Aufgabe des Arztes ist es, eine Atmosphäre herzustellen, in der der Patient das Gefühl hat, dass seine Sichtweise gefragt ist.« (Klemperer a. a. O.) Wenn wir gegen diese Wünsche verstoßen, indem wir wenig oder gar nichts erklären, ist es nicht verwunderlich, dass unsere extrem stressanfälligen Patienten ärgerlich werden.

An dieser Stelle mag der Einwand erfolgen, es sei doch gar nicht zu vermeiden, dass sich die traumatische Szene in der Beziehung wiederholt. Das ist wahr, früher oder später wird sich qua Übertragung *etwas* von der traumatischen Erfahrung wiederholen.

Aber auch hier gilt: Je später das passiert, desto mehr macht es einen Unterschied, weil sich dann bereits etwas Vertrauen in die therapeutische Beziehung entwickeln konnte.

Sicher werden wir nicht immer vermeiden können, dass sich die traumatische Erfahrung bereits während der ersten Begegnung reinszeniert. Es erscheint mir wichtig, dass Therapeutinnen wissen, dass sie einen großen Einfluss darauf haben, ob dies geschieht oder nicht. Dem Wirkfaktor Therapeutin/Therapeut wird häufig in der Reflexion therapeutischer Prozesse nicht die Würdigung entgegengebracht, die wünschenswert wäre, allzu leicht werden Probleme in einer Therapie ausschließlich der Pathologie der Patientin zugeschrieben.

Seit langem wissen wir, dass »der Arzt als Arznei« wirkt. Das gilt analog für TherapeutInnen. Wir können durch unser Verhalten Hoffnung oder Hoffnungslosigkeit ermöglichen, die Bereitschaft, mit uns zu arbeiten oder sich mit uns herumzustreiten, usw.

Die Gründe für sein Verhalten nur im Patienten zu suchen, ist ein fundamentaler Irrtum. Zwar mag es im Lauf der Therapie darum gehen zu erkennen, welche Gründe im Patienten liegen könnten. Die Auswirkungen des Therapeutenverhaltens sollten jedoch wenigstens genauso viel in den Blick genommen werden (s. weiter oben der Abschnitt zu Übertragung/Gegenübertragung).

Es lohnt sich daher, die Befunde der Misserfolgsforschung und der Erfolgsforschung zu berücksichtigen.

Technik versus Beziehung

Mit Fischer (a. a. O.) halte ich es für irrig zu glauben, dass wir mit irgendeiner *Technik* Posttraumatische Belastungsstörungen behandeln können. Manuale haben hier ihre Grenze!

Es geht immer um die Behandlung des ganzen Menschen. Und es geht um die Wirksamkeit einer Beziehung.
Jeder Mensch weist Besonderheiten auf, die ihn von anderen Menschen unterscheiden, dies gilt ebenso für Menschen mit psychischen Störungen. Milton Erickson hat das m.W. am genauesten formuliert: *»Jeder Mensch ist ein Individuum. Die Psychotherapie sollte deshalb so definiert werden, daß sie der Einzigartigkeit der Bedürfnisse eines Individuums gerecht wird, statt den Menschen so zurechtzustutzen, daß er in das Prokrustesbett einer hypothetischen Theorie vom menschlichen Verhalten paßt.«* (Dieser Satz von Milton Erickson findet sich auf der web-site der Deutschen M.-Erickson-Gesellschaft.) Auch andere haben davor gewarnt, Patienten zu zwingen, unsere Sprache zu lernen, d. h. sie dazu zu veranlassen, sich unseren Vorstellungen anzupassen, statt dass wir uns darum bemühen, die ihre zu verstehen. Das »Prokrustesbett« kann ein Grund für Misserfolg in einer Therapie sein, für TraumapatientInnen ist es eine Retraumatisierung.
Darüber hinaus gelten natürlich auch bei TherapeutInnen deren Individualität und deren Grenzen. Angewandt auf die Beziehung bedeutet das, dass Therapien ihre Grenzen auch in den Möglichkeiten der TherapeutInnen finden!
Selbstverständlich macht es auch einen Unterschied, ob wir es z. B. mit einem Verkehrsunfallopfer zu tun haben oder mit einem Folteropfer.

Die Art der Traumatisierung spielt für deren Verarbeitung eine wesentliche Rolle.

Zur vertieften Auseinandersetzung mit diesen Fragen seien das Lehrbuch von Fischer und Riedesser sowie das MPTT-Manual von Fischer empfohlen.
Auch geschlechts- bzw. genderspezifische Formen der Traumabearbeitung sind von Bedeutung (s. Kapitel 8).

Dialektik versus Vielfalt

Fischer (a. a. O.) betont die Notwendigkeit eines dialektischen Verständnisses. Dialektisch meint, dass zu jeder These eine Antithese gehört und dass aus beidem ein Drittes entstehen kann. Diese

Grundannahme gilt auch für PITT. Ich möchte sie aufgrund praktischer Erfahrung ergänzen. Häufig finden wir bei Menschen eine Vielfalt, die mit dialektischen Prinzipien allein scheinbar nicht zu erfassen ist. Patientinnen sind dann auch nicht ambivalent, sondern bei genauer Betrachtung »multivalent«. »Widerspreche ich mir selbst? So widerspreche ich mir selbst. Ich bin *Vielfalt* und weiträumig«, sagt Walt Whitman von sich. Diesem Prinzip scheint die Theorie verschiedener »ego states« am ehesten gerecht zu werden. Die Ego-State-Theorie soll später eingehend erläutert werden (s. S. 70 f. und das Gedicht von Pablo Neruda S. 70 f.).

Ich möchte das anhand eines Beispiels aus der Musik verdeutlichen: Wenn man sich eine Sonate von Mozart oder Beethoven anhört, ist das dialektische Prinzip gut erkennbar. Es gibt ein erstes und dann ein zweites Thema, daraus ergibt sich dann die Durchführung, und am Ende werden beide Themen vereint. Ganz anders die Sonaten von Schubert. Auch diese Musik klingt schön, aber sie folgt nicht mehr den klassischen Formprinzipien, es gibt viele Themen, die ineinander verschränkt sind. Wer wollte entscheiden, was »schöner« klingt? Wer wollte entscheiden, welche Theorie brauchbarer ist? Beide sind es, und es mag auch eine Frage des »Geschmacks« sein, mit welcher man zu einem gegebenen Zeitpunkt sich wohler fühlt als TherapeutIn und als PatientIn.

2.1.5 Die Betonung der Arbeitsbeziehung von Anfang an

Greenson hat in den 70er Jahren Wegweisendes zur Arbeitsbeziehung geschrieben. Die Lektüre des Kapitels zur Arbeitsbeziehung in seinem Buch »Praxis der Psychoanalyse« sei allen empfohlen, die dieses Thema vertiefen möchten.

Nach Zurek und Fischer (a. a. O.) »stimmt vermutlich die Mehrzahl der heutigen Psychoanalytiker mit den Psychotherapieforschern darin überein, dass neben der Übertragung eine im engeren Sinne therapeutisch wirksame Beziehungskonstellation vorhanden und wirksam ist. Diese wird bisweilen als ›therapeutisches Arbeitsbündnis‹, als ›hilfreiche therapeutische Beziehung‹, als ›therapeutische Allianz‹ oder sogar als ›Realbeziehung‹ zwischen Therapeutin und

Patientin bezeichnet. Die therapeutische Arbeitsbeziehung erwies sich als bedeutsamer Prädiktor des Therapieerfolgs.« (a. a. O. S. 8) Es ist klar, dass eine sinnvolle therapeutische Arbeit danach nur mit einer Patientin möglich ist, die zu einer »therapeutischen Ich-Spaltung« in der Lage ist. Es ist typisch für traumatisierte Patientinnen und Patienten, die sich an ein traumatisches Ereignis »erinnern« – genau genommen ist dieser Begriff nicht korrekt, weil es sich um andere Vorgänge handelt als beim normalen Erinnern –, dass genau diese Ichspaltung meist nicht gelingt. Der Patient fühlt sich nämlich, als geschehe das Trauma jetzt. Greenson gibt in seinem Buch ein Beispiel einer traumatisierten Patientin, der er nachdrücklich sagt, er sei Dr. Greenson und nicht der Gärtner (der Täter, L. R.). Er nimmt hier aktiv eine Ich-Funktion für die Patientin wahr, nämlich die der Realitätskontrolle (Greenson a. a. O.).

In PITT streben wir an, die Patienten nach und nach dafür zu gewinnen, als kompetente Erwachsene mit uns zusammenzuarbeiten, bzw., wenn diese Fähigkeiten vorhanden sind, deren Verwendung zu fördern und sie daher nicht in eine Situation extremer Regression zu bringen. Jeder Kontrollverlust kann nämlich auch als eine Retraumatisierung aufgefasst werden. Die Übernahme der Realitätskontrolle sollte – wenn möglich – von der Patientin selbst ausgeübt werden!

Aufmerksamkeitsfokussierung auf das Arbeitsbündnis

Wir schlagen der Patientin vor, dass wir nach dem Motto »Zwei Erwachsene kümmern sich gemeinsam um die Probleme, die jeweils im Zusammenhang mit früheren Erfahrungen stehen«, d. h. bildlich gesprochen, um Erfahrungen von »jüngeren Ichs« in der Patientin.

Wie gewinnt man Patienten für diese Arbeitsweise?

Zunächst geht es darum, ihnen zu verdeutlichen, dass es sich bei dieser Arbeitsweise um ein Konzept handelt, dass aber die andere Herangehensweise, nämlich alles gehört zu einem Ich, auch nichts weiter als ein Konzept ist.

Welche Voraussetzungen müssen (bei traumatisierten PatientInnen) mindestens gegeben sein, damit man von einem therapeutischen Arbeitsbündnis sprechen kann?

Diese Frage mag seltsam erscheinen, sie wird aber immer wieder explizit – oder implizit – gestellt. Dass diese Frage so gestellt wird, hat wohl damit zu tun, dass manche Therapeutinnen so vom Leiden ihrer Patientinnen beeindruckt sind, dass sie sich eher zum Retten als zur Zusammenarbeit aufgerufen zu fühlen scheinen. Daher will ich hier noch einmal die m. E. *wichtigsten Voraussetzungen* nennen:

1. Die Patientin sollte erkennbar zum Ausdruck bringen, dass sie etwas in ihrem Leben verändern möchte und dass sie bereit ist, dabei mitzuwirken.

2. Sie sollte bereit sein, über die Frage der Unterbrechung von Täterkontakten nachzudenken und später auch diese tatsächlich zu beenden.

3. Es sollte möglich sein, mit einem erwachsenen Teil, der Interesse an einem erwachsenen Leben hat, in Kontakt zu kommen.

4. Alle Teile, auch die ablehnenden, sollten bereit sein, diejenigen, die mit der Therapeutin zusammenarbeiten wollen, dies tun zu lassen und später diese Erfahrung auszuwerten.

Ein gutes Arbeitsbündnis wird entscheidend durch die Haltung der Therapeutin geprägt. In diesem Zusammenhang empfiehlt sich das Prinzip der »nicht-neutralen Abstinenz« (Becker-Fischer und Fischer a. a. O.) oder noch weitergehend das Prinzip der »parteilichen Abstinenz« (Fischer und Riedesser 1998, S. 187). Abstinere bedeutet »sich enthalten von«, in diesem Fall von der Befriedigung eigener Wünsche und Bedürfnisse durch die Therapie bzw. den Patienten. Gefragt ist eine fürsorgliche und von Wohlwollen geprägte Haltung dem Patienten und ggf. seinen Ego States gegenüber. »Der abstinente Traumatherapeut ist fähig, sich auf die Bedürfnisse und das erschütterte Selbst- und Weltverständnis seines betroffenen Patienten (und dessen Ego States, L. R.) einzulassen. Parteilich meint die klare

Stellungnahme und solidarische Haltung und auch die verbalisierte Anerkennung der dramatischen Erfahrungen. Abstinenz im formulierten Sinn ist mit einer parteilichen Haltung vereinbar und beides ist für Traumatherapien unerlässlich.« (Zurek und Fischer a. a. O.)

2.1.6 Die Nutzung der therapeutischen Beziehung – Mythen, Fakten und Therapie als Kunst

Die Gestaltung und Nutzung einer hilfreichen therapeutischen Beziehung ist die Grundlage jeder Psychotherapie. Für die Arbeit mit PatientInnen mit posttraumatischen Störungen gilt das genauso wie in jeder anderen Therapie.
Aber bei letzeren hat die therapeutische Beziehung einen besonderen Stellenwert. Sie ermöglicht neue Erfahrungen in der Begegnung mit einem anderen Menschen, die besonders grundlegend sind. Vielleicht erfährt die Patientin zum ersten Mal, dass jemand ihr respektvoll und ermutigend, Grenzen respektierend und zugewandt begegnet. Wenn man nun davon ausgeht, dass es beim Wiedererleben traumatischer Erfahrungen besonders wichtig ist, dass ein mitfühlender anderer Zeuge ist und dass dieser andere Sicherheit geben sollte, so mag einleuchten, dass die Therapeutin hier vor einer großen Herausforderung steht.

Merke: Wenn in der Therapie Probleme, welcher Art auch immer, auftreten, sollte sich die Therapeutin zunächst immer die Frage stellen, ob die therapeutische Beziehung tragfähig ist. Dazu gehören vor allem Takt, Zugewandtheit, die Bereitschaft, neue Erfahrungen zu ermöglichen, und die Bereitschaft, eigene Fehler einzugestehen und sich, wenn nötig, dafür auch zu entschuldigen.

Die analytische Psychotherapie bietet wie keine andere Schule Möglichkeiten, die therapeutische Beziehung mittels der Konzepte von Übertragung und Gegenübertragung zu verstehen und zu nutzen. Auch das Konzept der projektiven Identifizierung ist in der Arbeit mit Menschen mit Traumafolgestörungen eine große Verstehenshilfe.
Kritisch zu diskutieren ist aber eine therapeutische Grundhaltung, die traumatisierte Patientinnen in immer größere Abhängigkeit

bringt, weil die Therapeutin meint, als Hilfs-Ich beistehen zu müssen, auch dort, wo durchaus die Selbsthilfefähigkeit und die Kräfte der Selbstheilung angesprochen werden könnten.
Alle Interventionen, die das Ich schwächen könnten, sollten daher tunlichst unterlassen werden.
Des Weiteren erscheint die Nutzung der therapeutischen Beziehung als Raum für regressive Prozesse eher problematisch. Ich schlage daher vor (Reddemann 1998 2001), die »innere Bühne« als den Ort zu nutzen, auf dem Regression stattfindet (s. o.).
Damit behält die therapeutische Beziehung überwiegend den Charakter einer Arbeitsbeziehung. Verliert sie diesen Charakter, kann und sollte genau dies zum Gegenstand der Erörterung gemacht werden.
»Eine ausschließliche Fokussierung auf Entwicklungen in der therapeutischen Beziehung sollte als nicht mehr hinreichend betrachtet werden!« (Fiedler 2003, S. 75 f.) Fiedlers Bemerkung möchte ich dahingehend ergänzen, dass die Beziehung des Patienten zu sich selbst und *erkennbare Fortschritte in der Fähigkeit zur Selbstberuhigung* einen wichtigen Parameter in therapeutischen Fortschritten darstellen, d. h., Fortschritte in der Selbsterkenntnis sind ebenfalls nicht hinreichend, sondern allenfalls ein Schritt auf dem Weg zu mehr Selbstberuhigung.
In den letzten Jahren hat sich in verschiedenen tiefenpsychologischen Schulen, insbesondere der psychoanalytischen Therapie, eine Sichtweise entwickelt, die durchaus bestechend erscheint, nämlich die der Förderung der Reinszenierung jedweder Erfahrung, auch der traumatischen, in der Psychotherapie. Dieses Konzept widerspricht indessen dem Wissen über traumatischen Stress und der Steuerungsmöglichkeiten eines Patienten, der innerlich in ein Wiedererleben des Traumas gerät. Ist der Therapeut qua Übertragung zum Täter geworden, bedarf es enormer Anstrengungen, dass der Patient sich beruhigen und im Hier und Jetzt sicher orientieren kann. Wir fördern eine milde positive Übertragung so weit wie möglich und lassen eine stark idealisierende und negative Übertragung nicht anwachsen, sondern klären ihre Übertragungsbedeutungen so früh wie möglich. Wir verwenden daher eher das frühe Konzept von Freud (1912), in dem er Übertragung als Widerstand konzeptualisiert.

Unsere Kritik an dieser Art von Beziehungsgestaltung (Reddemann und Sachsse 1999) führte dazu, dass man uns vorwirft, wir beanspruchten, in einem übertragungsfreien Raum zu arbeiten (Burian-Langegger 2002. Interessant ist, dass Frau Burian-Langegger keine Literaturangabe macht, offenbar handelt es sich demnach eher um ein Gerücht). Das ist natürlich ein Unding und ohnehin nicht möglich. Auch seien wir nicht genügend bereit, mit unseren Patientinnen durch alle Tiefen und Höllen hindurchzugehen. Es wird uns dann von manchen zugute gehalten, dass wir so viele traumatisierte Patientinnen behandeln, dass uns dies eben überfordern würde und wir dem Schmerz, der dies verursache, ausweichen. Auch wird uns »das Erfinden von neuen speziellen Traumabehandlungstechniken« als Abwehr gegen unsere »große innere Not« vorgeworfen (Burian-Langegger a. a. O.).

Deutungen dieser Art braucht man nicht zu widerlegen. Wozu auch. Vielmehr geht es um die Frage, wie man Patientinnen und Patienten mit (komplexen) posttraumatischen Störungsbildern so hilft, dass sie nicht erneut in großes Leiden hineingeraten. Denn, warum sollten sie, wenn es anders geht? Psychotherapie ist wirksam, auch ohne die Reinszenierung schrecklichster Leidenserfahrung, daran gibt es keinen Zweifel. Warum also sollte man sie herbeiführen? Vielleicht, um das innere Geschehen noch besser zu verstehen? Dann müsste man sich in Abstimmung mit der Patientin darüber verständigen, ob es eher um Gesundung oder eher um (Selbster-)Forschung gehen sollte. Möchte die Patientin Letzterem den Vorzug geben und ist sie über die Kosten informiert, materielle wie seelische, wäre dies vertretbar.

Ein Mensch mit einer Traumafolgestörung braucht vor allem Sicherheit. Wie sollte er die erfahren, wenn sich qua Übertragungsentfaltung die Therapeutin in ein Monster verwandelt und die Patientin dann zur therapeutischen Ich-Spaltung, die sie wissen lässt, dies ist meine Therapeutin und kein Monster, nicht mehr fähig ist? Warum wird in der Psychotherapie das Leiden so hoch bewertet? Müssten wir nicht längst das Diktum von der Versagung selbst analysieren? Eine Kollegin und Betroffene, die sich zusätzlich für schwer geschädigt durch eine lange ganz beziehungs- und übertragungszentrierte Therapie hält, sagte zu mir: »Das ist wie eine Operation ohne Narkose. Warum wird so etwas erlaubt?«

Die Beziehungsgestaltung sollte darüber hinaus auch den Patienten und deren Störungsbildern angepasst werden. Ein Patient mit einer PTSD nach Akuttrauma im Erwachsenenleben benötigt z. B. ein anderes Beziehungsangebot als eine Patientin, die von klein an vernachlässigt, misshandelt und missbraucht wurde. Je mehr das traumakompensatorische Schema Teil der Persönlichkeitsorganisation geworden ist, desto mehr ist die Therapeutin herausgefordert, die daraus resultierenden Beziehungsverzerrungen geduldig zu registrieren und zu bearbeiten und immer wieder für die Herstellung eines funktionsfähigen Arbeitsbündnisses einzutreten.

2.1.7 Psychodiagnostik

Ich empfehle nochmals dringend, neben dem Gespräch, neben der Beobachtung der Übertragungs-Gegenübertragungsreaktionen und parallel zum Aufbau einer stabilen Arbeitsbeziehung einige bewährte diagnostische Instrumente einzusetzen:
Neben dem heute üblichen Instrumentarium, z. B. der PsyBaDo (Heuft et al. 1998), können Sie einige traumaspezifische Fragebögen und halbstrukturierte Interviews einsetzen: Die Impact of Event Scale, Revidierte Fassung (dazu Schützwohl 1997), den Fragebogen für dissoziative Störungen, FDS (Freyberger et al. 1998), und bei hohen Scores desselben den SCID-D (Gast et al. 2000), mit denen Sie konstriktive und intrusive sowie dissoziative Symptome erfassen. Wenn Sie DESNOS erfassen wollen, können Sie das Structured Interview for Disorder of Extreme Stress not otherwise specified, SIDES, von van der Kolk et al. einsetzen. Es wurde von Sack und Hofmann (2002) ins Deutsche übersetzt.
Die IES und der FDS sind auch gute Instrumente zur Verlaufskontrolle.
Als weiterführende Lektüre dazu empfehle ich Michaela Hubers Buch: Traumatherapie, Teil I (2003), in dem verschiedenste Tests gründlich besprochen und kommentiert sind.
Rechtzeitige Psychodiagnostik hilft beizeiten klären, ob eine Patientin an Traumafolgen leidet, und kann dadurch helfen, die Therapie entsprechend dem Dreiphasenmodell der Traumatherapie zu planen. Sollte sich später herausstellen, dass die Traumafolgen nicht im

Vordergrund stehen, hat man den PatientInnen sicher nicht geschadet, während man sie umgekehrt, wenn man konfliktzentriert behandelt, oft noch zusätzlich belastet.

2.2 Über die Brauchbarkeit von Konzepten

Alle Konzepte können wie »Finger, die auf den Mond zeigen« verstanden werden, sind aber nicht der Mond.
Diese buddhistische Weisheit ist für mich zentral. Vermutlich liegt es in der menschlichen Natur, diese Einsicht zu umgehen, da sie unserem Ego wenig schmeichelt. Es ist derzeit eine einseitige Sicht von Evidenzbasierung und die daran gekoppelte Sicht von Wissenschaftlichkeit zu beobachten, die für das einzig Wahre gehalten werden. Jeder auch nur ein wenig in Erkenntnistheorie geschulte Mensch weiß aber, dass das »einzig Wahre« uns Menschen verschlossen ist und wir immer nur Konsenswahrheiten finden können. Zum Thema Wissenschaft und Psychotherapie verwendete Judith Herman anlässlich einer Einführung zu einer Diskussion auf einem Kongress ein aussagekräftiges Bild: Sie unterstellte, Psychotherapie sei ein Handwerk. Handwerker hätten längst gewusst, was sie zu tun hatten, bevor die Wissenschaftler kamen, um ihnen zu sagen, was richtig sei. Feyerabend (2001) spricht davon, dass Wissenschaft nicht höher zu bewerten sei als Kunst und vieles andere, und stellt ihre exklusive Stellung infrage. In der Heilkunde gibt es klinisch basiertes Erfahrungswissen, das sicher eine ebenso bedeutende Rolle in der Therapie spielt und oft sogar spielen sollte als das »wissenschaftliche« Wissen, das im Übrigen ja erst nach seiner klinischen Bewährung »wissenschaftlich« überprüft werden kann. Psychotherapie zu erforschen wie Medikamente, die man gegen Placebos prüfen kann – wobei übrigens die psychologische Bedeutung der Imagination bezüglich ihrer (Placebo-)Wirksamkeit viel zu wenig berücksichtigt wird –, halte ich für sehr schlicht.
Wir arbeiten mit Konzepten wie Trauma, Traumafolgeerkrankung, Posttraumatische Belastungsstörung, dissoziative Störung, aber auch Depression u. v. a. m. Trotz all unserer Bemühungen können

wir »den Mond« nicht in seinem So-Sein erfassen. Wie jeder weiß, ist er auch da, wenn wir ihn nicht sehen. Vieles, was kranke Menschen an uns herantragen, ist wissenschaftlich nicht oder nicht genau genug erfasst. Insbesondere haben unsere PatientInnen auch ein Leben außerhalb der Therapie, das umfasst viel mehr Zeit als die eine bis drei Stunden mit uns. In diesem Leben kommen die Patientinnen oft, zumindest in Teilbereichen, besser zurecht, als wir ahnen und erfahren.
Sehr viele Psychotherapieschulen sind konzeptuell stark defizitorientiert. Das ist nicht falsch, aber es hat Wirkung. Solange wir wissen, dass das, was wir kennen, »die Finger« sind und nicht »der Mond«, ist das kein Problem. *Schließlich sind auch die an Ressourcen orientierten Konzepte nur »Finger«.*

Eine Konsequenz aus diesem Wissen ist, dass es in der PITT explizit immer wieder darum geht, die Patientin für das, was man zu tun beabsichtigt, zu gewinnen. Sie wird eingeladen, die für sie stimmige »Wahrheit« herauszufinden und auf sich anzuwenden. Das bedeutet, jeder neue Behandlungsschritt wird erklärt, und die Patientin wird um ihr Einverständnis dazu gebeten. Auf diese Weise erfährt die Patientin wiederum diese o. g. minimale bzw. im günstigsten Fall optimale Differenz. Sie erlebt, dass sie als eigenständig handelnder und denkender Mensch gefragt ist und anerkannt wird und dass die Therapeutin ihr nicht ihr Expertinnenwissen aufdrängt.

Eine Grenze scheint mir für PITT da gegeben, wo eine Patientin jegliche Ressourcenorientierung strikt ablehnt. Dann sind andere Verfahren, z. B. solche, die schwerpunktmäßig am Aufbau und Erhalt einer Bindung unter allen Umständen interessiert sind, vorzuziehen. Allerdings sollten Therapeutinnen und Therapeuten sich damit beschäftigen, dass ihre Angebote möglicherweise ebenfalls eine Ressourcenorientierung verhindern (s. o.).
Anhand von Beispielen werde ich aufzeigen, wie man etwa die Kontaktaufnahme zur Patientin in der ersten Stunde gestalten kann und anderes mehr.
Hier ein erstes Beispiel zur Umsetzung von Ressourcenorientierung:

Fallbeispiel aus einer ersten Sitzung:

Frau C. kommt zu einem Informationsgespräch im Hinblick auf eine Behandlungsaufnahme.
Zunächst schildert sie ihre Beschwerden. Dabei wird sie immer ausführlicher, und die Therapeutin spürt in sich eine gewisse Beunruhigung.
Th.: Frau C., darf ich Sie einmal unterbrechen?
Die Therapeutin bemüht sich um eine Zustimmung der Patientin und verwendet dafür eine alltagsweltliche Formulierung.
Pat.: Nickt zustimmend.
Th.: Sie haben mir jetzt recht genau einige Ihrer Probleme geschildert. Bei manchen Menschen ist es so, dass sie, wenn sie sich nur mit Problemen beschäftigen, das Gefühl haben, sie hätten nur Probleme. Daher wäre es mir wichtig, dass Sie, wenn Sie einverstanden sind, auch noch etwas darüber erzählen, welche Dinge in Ihrem Leben für Sie erfreulich sind, welche Ihnen schon einmal Hoffnung gemacht haben. Geht das für Sie?
Mittels einer eher psychoedukativen Intervention versucht die Th., die Pat. zu gewinnen, ihr Redeverhalten zu reflektieren.
Pat.: Ja, geht schon, aber ich bin ja mit meinen Problemen noch nicht fertig.
Th.: Haben Sie eine Vorstellung, wie Sie sich am Ende unseres Gesprächs fühlen werden, wenn wir ausschließlich über Probleme gesprochen haben werden?
Die Th. regt Selbstwahrnehmung an.
Pat.: Vielleicht nicht so gut, ich weiß nicht recht.
Th.: Was halten Sie davon, wenn wir verabreden, dass wir auf jeden Fall noch ein weiteres Gespräch haben werden, damit Sie mir alles, was Ihnen wichtig ist, erzählen können und wir jetzt dennoch ein wenig auf das zu sprechen kommen, was es in Ihrem Leben an Erfreulichem gibt?
Die Th. lässt sich von der Hypothese leiten, dass es noch in diesem ersten Kontakt wichtig ist, das Pendel in die andere Richtung zu bewegen – sie hätte möglicherweise auch überlegen können, sich dies für ein 2. Gespräch vorzunehmen, dann hätte sie allerdings die Beziehung im Erstgespräch sehr stark in Richtung Problemorientierung konstelliert.
Pat.: Wenn wir noch ein Gespräch machen können, ist es mir recht. Warum ist Ihnen das eigentlich so wichtig?
Th.: Darf ich es Ihnen an einem Alltagsbeispiel erklären?
Wieder eine sehr alltagsorientierte Intervention, sodass die Patientin nicht durch eine psychotherapeutische Sprache verwirrt wird.
Pat.: Ja.

Th.: Hatten Sie schon einmal im Alltag ein wichtiges Problem zu lösen?
Pat.: Ja klar, das hat doch jeder.
Th.: Und haben Sie vielleicht auch schon einmal bemerkt, dass Ihnen das Lösen von Problemen leichter fiel, wenn Sie, wie man sagt, »gut drauf« waren?
Pat.: Sicher, wenn's mir gut geht, geht es leichter.
Th.: In der Therapie gelten da die gleichen Prinzipien. Man löst Probleme auch leichter, wenn man gut oder wenigstens etwas besser drauf ist. Und das kann man bewerkstelligen, indem man sich auch einmal auf die erfreulichen Sachen konzentriert.
Pat.: Viel gibt es da aber nicht in meinem Leben.
Th.: Wichtig ist, dass Sie es sich jetzt ins Gedächtnis rufen, egal wie viel es aufs Ganze gesehen ist. Wenn Sie sich jetzt darauf konzentrieren, dann ist es da. Das zählt.
Pat.: In Ordnung ...
Die Therapeutin zeigt eine gewisse Beharrlichkeit und bemüht sich, die Patientin zu gewinnen.

An dieser Stelle könnte auch eine etwas längere Erläuterung zum aktuellen Wissensstand in Bezug auf Lernen und Stressbewältigung folgen. Genaueres folgt im Kapitel zur Psychoedukation.

Ich empfehle sehr, dass Therapeuten sich für solche Erklärungen viel Zeit lassen. Diese Investition lohnt sich. Wenn die Patientin einen Vorschlag wirklich nachvollziehen kann, fühlt sie sich zum einen sicherer, zum anderen betonen wir damit immer wieder die Zwei-Erwachsenen-Ebene. Hier wird also das Konzept Orientierung auf Ressourcen hypothesengeleitet zur Anwendung gebracht, und dadurch werden neue Hypothesen generiert. Eine problemorientierte Sichtweise hätte zu anderen Interventionen geführt.

Das Menschenbild der Therapeutin schlägt sich in ihren Interventionen nieder. Es empfiehlt sich daher, sich die eigenen Grundannahmen bewusst zu machen.

Die Prinzipien von Ressourcenorientierung und der Zwei-Erwachsenen-Ebene haben sich schon lange bei Coaching-Prozessen bewährt. In vielen psychotherapeutischen Schulen wird m. E. allzu selbstverständlich unterstellt, dass es ein großes Gefälle im Expertenwissen gibt. Selbstverständlich gibt es ein Gefälle, das lässt sich aber durch ausführliche Informationen und weitreichendes Erklären stark reduzieren. Allerdings grenzt man dadurch *regressive Prozesse* ein, was je nachdem wünschenswert oder auch nicht wünschenswert sein kann. Ich werde darauf zurückkommen.

Was tun, wenn sich die Patientin als Kind sieht?

Das Konzept »zwei Erwachsene ...« setzt eine Patientin voraus, die sich als erwachsenen Menschen sehen kann. Dies ist nicht immer der Fall. Zum einen fühlen sich manche Patienten wie ein Kind und versichern dann, ich bin doch das Kind, zum anderen sind manche Patientinnen sehr instabil und verfügen über relativ wenig erwachsene Kompetenzen. Schließlich gibt es auch Patienten, die bereits andere Therapien gemacht haben und es aufgrund der Vorerfahrungen sehr befremdlich finden, nun auf einmal überwiegend auf der Erwachsenen-Ebene angesprochen zu werden. Es sollte ausführlich erklärt werden, warum man arbeitet, wie man arbeitet.

Der Patient sollte anschließend dafür gewonnen werden, eine neue Erfahrung probeweise zuzulassen und sie nach einer gewissen Zeit auszuwerten. Manche dieser Patienten und Patientinnen mögen sich auf die vorgeschlagene Sicht- und Arbeitsweise nicht einlassen, weil sie fast vollkommen mit dem Kind in sich identifiziert sind. Man kann das auch ichsynton nennen. Es ist dann notwendig, die Patientin erst einmal auf sich selbst neugierig zu machen und sie für eine Sicht der Nichtidentifikation zu gewinnen.

Hier ein Beispiel für eine solche Arbeit, durch die sich die Patientin gewinnen ließ.

Fallbeispiel:

> Pat.: Sie haben mir das gesagt, mit der Erwachsenen und dem Kind. Im Kopf weiß ich, dass ich erwachsen bin, aber ich fühle mich wie ein Kind.
> Th.: Genau darum geht es. Das Kind, das Sie einmal waren, lebt in Ihnen weiter. Meine Hypothese ist nun, dass dieses Kind von Ihnen, der Erwachsenen, wahrgenommen und geheilt werden möchte. Da tut es nun viel dafür, dass Sie es bemerken. Das spüren Sie dann z. B. an Ihren Gefühlen. Die sind so stark von dem Kind in Ihnen geprägt, dass Sie sich fühlen, als wären Sie dieses Kind.

Diese Intervention hat einen erklärenden und einen deutenden Teil. Dadurch, dass die Therapeutin die Formulierung »meine Hypothese« verwendet, lädt sie die Patientin zur Mitarbeit ein.
Pat.: Sie meinen wirklich, dieses Kind will etwas von mir?
Th.: Ja, so stelle ich es mir vor. Es ist natürlich nur ein Versuch, etwas, das in Ihnen passiert, zu um- und beschreiben. Natürlich gibt es nicht »wirklich« ein Kind in Ihnen. Das ist eine Metapher.
Nun macht die Th. noch deutlicher, dass sie ein Konzept und keine absolute Wahrheit anzubieten hat.
Pat.: Das verstehe ich schon, nur dass es etwas von mir will, das finde ich unheimlich.
Th.: Wenn wir davon ausgehen, dass dieses Kind noch nie genügend so gesehen wurde und noch nie genügend so unterstützt wurde, wie es das gebraucht hätte, dann wartet es noch immer, oder?
An dieser Stelle muss die Th. eine Entscheidung treffen, ob sie auf die Ängste der Erwachsenen eingeht oder ihr zutraut, dass sie sie jetzt schon dafür gewinnen kann, sich um das Kind in ihr zu kümmern.
Pat.: Schon ...
Th.: In Märchen gibt es dafür Umschreibungen wie »sieben mal sieben Jahre«, damit wird, so wie ich das verstehe, deutlich gemacht, dass Dinge sehr, sehr lange dauern können. Im Märchen geschieht dann meist etwas Einschneidendes, wodurch es eine Veränderung geben kann. Damit könnte man vergleichen, wenn Sie sich jetzt dafür entscheiden, sich um sich selbst – wie man auch sagen könnte – oder aber eben um das Kind in Ihnen zu kümmern.
Um eine übergeordnete Dimension einzuführen, die der Patientin hilft, ihr Problem für »normal« zu halten, greift die Th. auf das Wissen aus Märchen zurück.
Pat.: Habe ich das nicht schon gemacht? Ich weiß doch sehr viel über dieses Kind aus meiner letzten Therapie.
Th.: Doch, das war bestimmt ein Anfang. Das sind alles wichtige Schritte, die Ihnen zugute kommen. Dennoch: Stellen Sie sich vor, ich würde mich hinsetzen und über Sie nachdenken und Ihnen dann sagen, ich weiß schon alles über Sie, da brauchen wir keine Therapie mehr zu machen. Wie würden Sie das finden?
Es ist wichtig, das, was die Pat. bereits getan hat, anzuerkennen und ihr gleichzeitig zu verdeutlichen, dass das noch nicht genügt hat. Der Rückgriff auf eine Erfahrung, die die Erwachsene machen könnte, soll helfen, dass die Erwachsene die Bedürfnisse des Kindes leichter nachvollziehen kann.
Pat.: Verrückt. Also, Sie meinen, ich müsste richtig mit ihr sprechen, nicht nur an sie denken?

Th.: Ja. Ich nenne das einen »dialogischen Kontakt«, d. h., es ist, als
wären Sie zwei, die miteinander kommunizieren.
Pat.: Ich glaube, jetzt habe ich es verstanden. Es gibt trotzdem ein
Problem.
Th.: Welches?
Pat.: Ich weiß nicht, wie ich ihr helfen soll. Ich verstehe nichts von
Kindern.
Th.: Dabei kann ich Ihnen helfen und raten.
Die Th. stellt sich nun explizit als hilfreiche andere zur Verfügung.
Pat.: Gut, dann versuchen wir es.

Die Therapeutin sollte sich als Anwältin sowohl der Erwachsenen wie auch des Kindes verstehen und zwischen beiden vermitteln. In der Phase des Aufbaus des Arbeitsbündnisses geht es vor allem darum, den Erwachsenen dafür zu gewinnen, dass auf eine bestimmte Art und Weise zusammengearbeitet wird. Gewinnen heißt weder überreden noch gar Druck ausüben, sondern überzeugen. Wenn ein Patient dieses Konzept ablehnt, hat er gute Gründe, auch wenn wir sie im Moment noch nicht verstehen.

Man kann das Angebot dann etwa folgendermaßen modifizieren: »Sie verfügen über bestimmte Kompetenzen und Fähigkeiten, die man erst als erwachsener Mensch hat. Für unsere gemeinsame Arbeit hier ist es wichtig, dass Sie diese Fähigkeiten einsetzen, um mit mir zusammenzuarbeiten und über Ihre Schwierigkeiten, aber auch über Ihre Ressourcen, nachzudenken und diese einzusetzen. Andererseits gibt es in jedem Menschen auch kindliches Verhalten, das hier natürlich auch zu seinem Recht kommen soll.«

Was sind erwachsene Kompetenzen?

Dazu zähle ich die Fähigkeit, für sich selbst zu sorgen, die eigenen Interessen angemessen zu vertreten und eigene Bedürfnisse in Beziehung zu denen anderer zu setzen, ohne sich dabei selbst aufzugeben.
Zur Fähigkeit, diese Ich-Funktionen angemessen auszuüben, gehört auch die Bereitschaft, für sich selbst wenigstens im Hinblick auf bewusste Prozesse Verantwortung zu übernehmen. Die Verantwortungsübernahme für Unbewusstes kann man nicht voraussetzen, es ist Aufgabe der therapeutischen Arbeit, dorthin zu gelangen.

Wichtig ist auch, dass das erwachsene Ich nicht durch zum erwachsenen Leben gehörende Aufgaben völlig in Anspruch genommen ist. Das könnte der Fall in einer Trennungssituation sein, bei Verlust der Arbeit, bei akuter Erkrankung etc. All dies erfordert therapeutische Unterstützung bei der Lösung der aktuellen Lebensaufgaben und nicht die erstrangige Beschäftigung mit dem inneren Kind. Manchmal kann es allerdings in diesen Fällen hilfreich sein, die vom inneren Kind kommenden Hindernisse bei der Erledigung der erwachsenen Aufgaben zu eruieren und das innere Kind zu beruhigen.

Aus dem Bisherigen dürfte deutlich geworden sein, dass es in den einleitenden Sitzungen einer Behandlung eines Menschen mit einer Traumafolgestörung um viel mehr geht, als PatientInnen schnell einen »sicheren Ort« beizubringen.

2.2.1 Zur Bedeutung der Imagination bzw. der Vorstellungskraft

Was kümmert mich die dürre Sonne?
Ich schaffe die blaue Quelle in meinem Innern.

Schnee oder Licht – was tut's?
Ich schaffe in meinem Herzen die rotglühende Schmiede.

Was kümmert mich menschliche Liebe?
Ich schaffe der Liebe Ewigkeit in meiner Seele.

J. R. Jimenez

Auch wenn wir nicht so sprachmächtig sind wie Dichter, ist es eine Alltagserfahrung, dass wir in der Lage sind, uns Dinge vorzustellen oder sie uns »auszumalen« und allein aufgrund unseres Vorstellungsvermögens Entscheidungen zu treffen bzw. angenehme oder unangenehme Gefühle zu erzeugen. Wie so oft können wir eine Menge von den »alten Griechen« lernen. In ihren Tempeln wendeten sie z. B. den Heilschlaf an. Dabei wurden die Patienten in einen tranceartigen Zustand versetzt und die dann auftauchenden Bilder zu Heilungszwecken verwendet. Die Schüler Epikurs begaben sich

in Vorstellungsbildern auf einen Standpunkt außerhalb ihrer eigenen Existenz, um sich bewusst zu machen, wie klein ihre Sorgen und Nöte aus der Entfernung erschienen (zit. nach Klein 2002, S. 73). Heute schlagen wir z. B. vor, sich eine Situation aus der Perspektive von einem Flugzeug aus vorzustellen. Schon vor 2000 Jahren hatte Ovid ganz ähnliche Empfehlungen: »Freude macht es, die hohe Sternenbahn zu durchmessen, Freude, die Erde und ihren trägen Sitz zu verlassen, auf der Wolke zu reiten, sich auf die Schultern des starken Atlas zu stellen, von fern auf die überall umherirrenden Menschen herunterzuschauen, die ängstlichen, die den Tod fürchten ...« (Ovid, zit. nach Klein, a. a. O.)
Inzwischen gibt es auch von Seiten der Hirnforschung Bestätigung dafür, dass Vorstellungen das Gehirn fast genauso beeinflussen und formen können wie echte Erfahrungen (Kreiman et al. 2000, O'Craven u. Kanwisher 2000). Hüther (2004) spricht als Hirnforscher von »der Macht innerer Bilder«. Schon länger weisen frühere Untersuchungen, die Achterberg in ihrem Buch über Imagination bereits in den 80er Jahren zusammengetragen hat (Achterberg 1985), darauf hin, dass Vorstellungsbilder im Körper zu nachweisbaren Veränderungen führen. In einer neueren Untersuchung, die immerhin in »Nature« veröffentlicht wurde, konnten Kreiman et al. (a. a. O.) zeigen, dass lebhafte Visualisierung dieselben Gehirnzellen aktiviert wie die vorgestellte Handlung selbst. Die Bedeutung der Imagination wurde u. a. bereits von Paracelsus (Achterberg, a. a. O.) erkannt und gewürdigt.
Insbesondere Spitzensportler nutzen die Möglichkeiten der Vorstellungskraft: Die Turmspringerin Laura Wilkinson brach sich bei der Vorbereitung der Olympischen Spiele 2000 drei Zehen und konnte daher nicht ins Wasser. Sie soll sich jeden Tag stundenlang auf die Sprungrampe gesetzt haben und jeden ihrer Sprünge bis ins kleinste Detail vor ihrem geistigen Auge durchgegangen sein. Sie gewann eine Goldmedaille (Loehr und Schwartz 2001). Mein Lieblingspianist Murry Perahia konnte aufgrund einer Verletzung seiner Hand jahrelang nicht Klavier spielen und arbeitete ebenfalls mit der Vorstellungskraft an der Wiederherstellung seiner vollen Spielfähigkeit. (In diesem Fall führten die Jahre der Ruhe auch zu einem vertieften Verständnis der Musik.)
Jeder Mensch verfügt über Vorstellungskraft, es sei denn, er hätte

eine Erkrankung des Gehirns. Z. B. kann jeder Mensch sich vorstellen, wie es bei ihm zu Hause aussieht, auch wenn er nicht dort ist. Manche können das mit lebhaften inneren Bildern, andere, die weniger visuell begabt sind, nehmen zwar innerlich keine lebhaften Bilder wahr, und dennoch wissen sie, wie es bei ihnen zu Hause aussieht. *Für die therapeutische Arbeit mit der Vorstellungskraft genügt die letztgenannte Fähigkeit.* Es ist nicht erforderlich, intensive innere Bilder wahrnehmen zu können, dies kann offenbar ohnehin nur ein gutes Drittel aller Menschen, sondern um ein äußeres Bild zu wissen, erfüllt auch seinen Zweck.

Meinem Kollegen Andreas Cyfka verdanke ich den Hinweis, PatientInnen zu fragen, ob sie den Unterschied zwischen einer Ananas und einer Kokosnuss kennen, und sie dann zu fragen, was sie glauben, wie sie das wissen können, ob es dabei nicht um Vorstellungskraft gehen könne.

In der Praxis sieht das so aus, dass man Patientinnen genau diese Sachverhalte erklärt und sie dann ermutigen sollte, mit dem Potenzial, das sie zur Verfügung haben, zu arbeiten. *»Ausdenken« ist ein anderes Wort dafür.* Wenn wir uns etwas »ausdenken«, auch das ist eine Alltagserfahrung, hat das ebenfalls Wirkung. Freud sprach vom *»Denken als Probehandeln«.*

Es soll nicht behauptet werden, dass die Qualität von Imagination im engeren Sinn des Wortes, also Vorstellungsbilder, identisch ist mit eher gedachten Vorstellungen, aber therapeutisch genügen auch die gedachten Vorstellungen. Bei nicht visuell begabten Menschen – vermutlich eine genetisch bedingte Fähigkeit – kann man auch nur bedingt starke innere Bilder hervorrufen. Zwar lässt sich durch regelmäßiges Üben der visuelle innere Eindruck etwas intensivieren, ein dafür nicht begabter Mensch wird aber niemals so intensives bildhaftes Erleben erreichen wie ein »visueller Typ«.

Für die Arbeit mit »Imagination« ist das nicht wesentlich. Die Verwendung des Begriffs ist insofern nicht korrekt.

Es empfiehlt sich, mit »kleinen«, am Alltag orientierten Vorstellungen zu beginnen. Hat man sich gründlich für vorhandene Ressourcen interessiert, so ergibt sich meist daraus genügend Stoff für Imagination. Besonders erfreuliche Erfahrungen und Stärken sind Fundgruben für den Einstieg in die Arbeit mit Imagination.

Das innere Erleben kann durch auditives oder kinästhetisches Wahr-

nehmen genauso intensiv sein wie durch visuelles, und innere Bilder können dadurch verstärkt werden. Auch musikalisches oder tänzerisches Schaffen erfordert Vorstellungskraft. Imaginiertes kann bei nach Expression verlangenden Menschen durch verschiedene Formen expressiver Therapien zur Darstellung gelangen. Für manche ist es leichter, etwas Vorgestelltes zur inneren Wirklichkeit werden zu lassen, wenn es externalisiert wird. So könnten psychodramatische Techniken ebenso zum Einsatz gelangen wie spieltherapeutische. Insbesondere die Sandspieltherapie nach Calw scheint sich hier sehr zu bewähren. Auch Gestaltungstherapie hat sich außerordentlich bewährt (Lücke 2001).

Welche Form der Imagination man auch immer verwendet, wichtig ist, sich so wenig wie möglich einzumischen, sondern die Patientinnen ihren Weg finden zu lassen.
Auch hier gilt das Prinzip der Begleitung, Information und Ermutigung weit mehr als Expertentum und Belehrung insbesondere i. S. von Besserwissen.

Imaginative Arbeit spricht sowohl die linke wie die rechte Hirnhälfte an. Es wäre ein Irrtum anzunehmen, dass imaginative Arbeit keine Risiken birgt. Wenn man die Bilder forciert, kommen häufig viele Schreckensbilder. Daher braucht es ein behutsames Vorgehen. *Bildhaftes Denken ist oft sicherer als Imaginieren* im traditionellen Sinn, wobei oft eine viel zu tiefe Entspannung entsteht, die die PatientInnen ängstigen kann. Menschen, die sehr vertraut sind mit inneren tröstenden Bildern – und das sind nicht wenige der schwer traumatisierten PatientInnen –, profitieren von der Arbeit mit imaginativen Techniken, insbesondere dann, wenn man ihre Ressourcen konsequent aufgreift.

Imaginative Arbeit hat in der PITT in allen Phasen der Traumabehandlung Platz. Während der Stabilisierungsphase geht es dabei vor allem darum, heilsame Vorstellungen und Bilder (wieder) zu entdecken, zu etablieren und zu festigen.

Während der Traumakonfrontation ist Imagination sicher auch deshalb hilfreich, weil traumatische Erinnerungen ohnehin häufig bildhaft sind. In einer Studie, die wir in Bielefeld gemeinsam mit den Krankenanstalten Gilead und Prof. Markowitsch von der Universität Bielefeld an Borderlinepatientinnen durchführten, fanden sich ebenfalls Hinweise, dass das visuelle Gedächtnis bei Traumaerinnerungen besonders aktiv war.

Es scheint bei Traumatherapeuten bereits seit Janet (1901), der eine »substitution imaginaire« vorgeschlagen hat, immer wieder der Gedanke aufgekommen zu sein, dass man traumatische Bilder durch gesündere ersetzen sollte. In der PITT gehen wir davon aus, dass diese Fähigkeit vorbereitet und erarbeitet werden muss – insbesondere während der Stabilisierungsphase.

2.2.2 Häufig gestellte Fragen zur imaginativen Arbeit

■ **Wann, wie häufig kann ich imaginative Verfahren einsetzen?**

So oft, wie die Patientin kann und möchte und es therapeutisch sinnvoll erscheint. Jedoch gilt: Erst bei körperlicher und sozialer basaler Alltagsstabilität werden imaginative Ressourcen mit Körpergefühl und Affekten stabilisierend erlebbar. (Das macht es so schwer, Menschen, die hier keinen sicheren Status haben, wirksam zu helfen.)

Grawe (a. a. O.) empfiehlt imaginative Arbeit mit heilsamen Bildern in jeder Stunde durchzuführen, auch unabhängig vom Inhalt des sonstigen Gesprächs.

■ **Wie kann ich mit Widerstand umgehen?**

Klären Sie, was er bedeutet.

Z. B. kann er bedeuten, dass die Patientin mit Ähnlichem schlechte Erfahrungen gemacht hat, z. B. Manipulation in Kulten auch mit Imagination. Dann sollten Sie Imagination erst einmal nicht einsetzen. Versuchen Sie dann eher kognitive Arbeit, Wahrnehmen des Hier und Jetzt, Aufbau einer respektvollen Beziehung etc.

Kognitive Arbeit ist in der Regel das, was am leichtesten geht. Dann kann man gelegentlich Bilder, Geschichten, Metaphern einweben. Achten Sie auf Sprachbilder und regen Sie an, sie achtsam wahrzunehmen, fast niemand verwendet nie ein Sprachbild. Regen Sie bei negativen Bildern Gegenbilder an.

▪ **Wie ist mit Ängsten der Patienten vor der imaginativen Arbeit umzugehen?**

Nehmen Sie sie ernst und versuchen Sie zu klären, worum es geht. Meist haben einige Teile Angst, andere nicht. Seien Sie spielerisch. Laden Sie zu der Vorstellung ein: Es handelt sich um Gedankenspiele, mehr nicht. Vorstellungsbilder sind ja gerade nicht »in Stein gemeißelte Wahrheiten« und können jederzeit verändert werden.

▪ **Wie ist mit Ängsten der Patienten vor imaginativer Arbeit an Täterintrojekten umzugehen?**

Es gilt im Wesentlichen das Gleiche wie bei der vorhergehenden Frage. Möglicherweise ist das Ich sehr schwach. Eventuell Ego-State-Arbeit bevorzugen (s. auch weiter unten).

▪ **Was tun, wenn Dissoziationen und flash-backs die Imaginationen stören und als Trigger funktionieren?**

Führen Sie zunächst eine sichere Orientierung im Hier und Jetzt herbei. Das geht in der Regel unter Einbeziehung des Körpers leichter, d. h., man bittet den Patienten, sich bewusst zu machen, dass der Körper Kontakt mit dem Boden hat, dass die Füße auf dem Boden stehen etc. Bei ausgeprägter dissoziativer Symptomatik sind in der Regel körperorientierte stabilisierende Maßnahmen vorzuziehen (dazu ausführlich Babette Rothschild [2002]: »Der Körper erinnert sich«, ein ausgezeichneter Begleiter in Sachen Körpertherapie ohne Körperberührung bei TraumapatientInnen).
Erst anschließend wenn der Patient sich wieder ganz sicher im Hier und Jetzt verortet fühlt, sich genauer spürt, sollten Sie über die Imaginationen sprechen. »Angenommen, Sie hätten einen sicheren Ort, wie würde er aussehen, womit würden Sie sich wohl fühlen ...« d. h. alles nur »in Gedanken« machen. Außerdem Bilder, die Trigger sind, nicht verwenden. Vielleicht gibt es eine Übung, einen Teil einer Übung, die als wohltuender erlebt werden.

▪ **Was tun, wenn »positive« Bilder sich nicht aufbauen lassen?**

Klären Sie das Arbeitsbündnis. Reflektieren Sie die therapeutische Beziehung. Ist beides »in Ordnung«, zunächst einmal kognitive Arbeit bevorzugen. »Das, was wir denken, wird zu unserer Wirklich-

keit.« Möchte die Patientin an ihrem Leiden festhalten? Gibt es etwas, das schlimmer ist als das Leiden? Z. B. das Gefühl des Verrats gegenüber den Eltern, wenn es diesen noch schlechter ging. Die Wirkung von Vorstellungen und Bildern erklären und verdeutlichen, Geduld aufbringen. Ziehen Sie ggf. kognitive Verhaltenstherapie als Therapiealternative in Betracht. Würdigen Sie die Skepsis, machen Sie sie zur Verbündeten.
Es ist auch wichtig, an das anzuknüpfen, was bereits vorhanden ist. Sind die Inhalte bestimmter Übungen den PatientInnen fremd, passen sie nicht zu ihren bisherigen Erfahrungen, so können sie auch nicht umgesetzt werden. Daher ist die Beschäftigung mit den kleinen freudvollen Alltagserfahrungen so wichtig!
Klären Sie: Wer möchte keine positiven Bilder aufbauen? Gibt es nur Teile, die das so wollen, gibt es vielleicht andere, die mit Bildern bzw. bildhaften Vorstellungen arbeiten wollen? Was sind die Gegensätze und Widersprüche der einzelnen Teile? Lässt sich da etwas aushandeln?

▪ **Ist imaginative Arbeit anwendbar, bei Patientinnen, die nicht aus der Phantasie zurückkehren wollen?**

Nein, eher nicht. Bevorzugen Sie kognitive Arbeit.

▪ **Was heißt »verbal begleiten«?**

Wenn eine Patientin innerlich mit Vorstellungen oder Bildern beschäftigt ist, so ist es wichtig, sie dabei nicht zu stören, aber auch, sie nicht allein zu lassen. Am günstigsten ist, man fragt die Patientin, wenn nötig mehrfach, was sie braucht. *(Es ist einfacher, eine Patientin zu fragen, was sie möchte, als zu spekulieren und ihr dann etwas aufzudrängen!)* Verbale Begleitung ist eine fein auf die Bedürfnisse der Patientin abgestimmte Form des Mit-ihr-Seins.

▪ **Worauf sollte bei der Anleitung von Imaginationsübungen bei traumatisierten KlientInnen in der Gruppe geachtet werden?**

Es kommt darauf an, um welche Form der Gruppenarbeit es sich handelt.
In einer tiefenpsychologisch fundierten Gruppe könnte man z. B. die Übungen, wie oben für die Einzelsituation erklärt, einsetzen.

Das heißt, es gäbe ein Gespräch in der Gruppe zu und über die Bildmotive. In einer nur auf Üben ausgerichteten Gruppe sollte man die Patienten genau vorher informieren, sie dann aber still für sich üben lassen. Anschließend sollte die Möglichkeit zum Austausch und für Fragen bestehen, dies sollte aber nicht forciert werden, d. h., wenn eine Patientin nichts berichten will, sollte das hingenommen werden.

2.2.3 Die Bedeutung kognitiver Arbeit

Psychodynamisch arbeitende TherapeutInnen haben den Wert kognitiver Arbeit meist nicht schätzen gelernt. *In Ergänzung der psychodynamischen Arbeit scheint mir bei Menschen mit Traumafolgeerkrankungen die Arbeit an kognitiven Verzerrungen unerlässlich.* Das, was jemand denkt, ist ihr/ihm in der Regel am leichtesten zugänglich. Warum also diese Ressource nicht nutzen? Selbst wenn das nicht die vollständige Lösung des Problems ist. (Denn vieles spricht dafür, dass kognitive Verhaltenstherapeuten den alleinigen Wert kognitiver Arbeit überschätzen!)

Gerade bei schwerer gestörten PatientInnen ist die Arbeit an dysfunktionalen Kognitionen oft unerlässlich, wenn man überhaupt weiterkommen will.

Die einschlägigen Lehrbücher der kognitiven VT, insbesondere die der Rational Emotiven Verhaltenstherapie (z. B. Ellis u. Hoellen 1997), seien daher empfohlen.

Ich selbst habe einige Zeit gebraucht, um zu einer Integration der kognitiven mit den psychodynamischen Konzepten zu finden. Es hat mir geholfen zu erleben, wie Peter Fürstenau immer wieder kognitive mit psychodynamischen Elementen verbindet (»Der Wert der kognitiven Arbeit wird von Psychoanalytikern unterschätzt«, sagte er in seinen Kursen), und einige meiner befreundeten amerikanischen Kolleginnen ebenso, das hat mir Mut gemacht, dem zu folgen.

Kognitive Arbeit hat für den traumatisierten Patienten den Vorteil, dass er mehr Kontrolle hat.

Das schließt eine psychodynamische Sichtweise nicht aus. Gerade die Verbindung beider Ansätze scheint für unsere Patientinnen und

Patienten besonders angenehm. Eher kognitiv orientierte Arbeit kann man auch als »cool« bezeichnen (so die sehr erfahrene amerikanische Traumatherapeutin Catherine Fine in einer persönlichen Mitteilung). »Cool Jazz« sollte übrigens seinen Protagonisten dabei helfen, ihre Wut auf die Unterdrückung der Schwarzen (Musiker) durch die Weißen zu kanalisieren (Mac Adams 2001).
Ich möchte hier die Unterschiede zwischen einer nur kognitiv orientierten und einer psychodynamisch-kognitiven Sichtweise verdeutlichen:
So lässt sich z. B. die von PatientInnen häufig aufgestellte Behauptung »Ich bin dieses Kind« mittels der einfachen Frage »Wie sind Sie hierher gekommen« – insbesondere, wenn die Patientin mit dem Auto gekommen ist – leicht auf der kognitiven Ebene als unrealistisch und irrational widerlegen. Man kann ihr sodann vorschlagen, diese Vorstellung in eine realistischere, wie z. B. »Ich fühle wie dieses Kind«, umzuformulieren und anschließend die Wirkung der beiden Sätze auf ihre Selbstwahrnehmung zu überprüfen.
Das psychodynamische Konzept dazu ist die Stärkung der Ich-Funktion der Selbstwahrnehmung. *Die Widerlegung auf der kognitiven Ebene allein löst aber meist noch nicht den emotionalen Teil des Problems und auch nicht den des Beziehungsangebots.* Eine traditionell psychoanalytische Intervention könnte lauten: »Es ist Ihnen wichtig, dass ich wahrnehme, dass Sie sich z. Z. wie ein Kind erleben.« Damit könnte sich eine stärker zu regressivem Verhalten neigende Patientin aber noch lange nicht aufgefordert fühlen, infrage zu stellen, dass sie dieses Kind gar nicht ist, auch wenn die Formulierung »wie ein Kind« bereits eine Infragestellung des ursprünglichen Konzepts der Patientin von sich selbst beinhaltet.
Es wird an diesem kleinen Beispiel eine gewisse Dichotomie der Einsichts- versus Handlungsorientierung deutlich.
Um die scheinbaren Gegensätze zu überbrücken, wäre eine an dialektischen Prinzipien orientierte Intervention denkbar, die beides verbindet: »Ich habe den Eindruck, dass es Ihnen wichtig ist, dass ich wahrnehme, dass Sie sich z. Z. wie ein Kind erleben. Denken Sie, dass es Ihnen hilft, an diesem Konzept von sich selbst festzuhalten? Und dass ich Ihnen helfe, wenn ich es teile?«
Wenn die Patientin mit »Nein« antwortet, informiere ich sie über die Bedeutung dessen, was man denkt und wie es sich auf uns aus-

wirkt, und lade sie ein, sich eine funktionalere Kognition zu suchen. Wenn sie mit »Ja« antwortet, bitte ich sie, mir zu erklären, wie sie darauf kommt, z. B. wie in dieser Fallvignette:

> Th.: Ich kann mir nicht vorstellen, wie Sie das meinen.
> Pat.: Es ist einfach so. Das müssen Sie doch verstehen. Ich finde diese Unterscheidung zwischen der Erwachsenen und dem Kind viel zu schwierig. Ich kann mir das nicht vorstellen. Deshalb sage ich, dass ich das bin. Und ich möchte, dass Sie das auch denken.
> Th.: Was wäre, wenn ich das auch denken würde:
> *Diese Frage verwendet die Intervention des »Sokratischen Dialogs«, d. h., die Patientin wird angeregt, weiterzudenken; im Folgenden wird diese Frageform immer wieder eingesetzt, allerdings nicht ausschließlich.*
> Pat.: Dann würden Sie sich um mich kümmern. Ich möchte, dass sich jemand um mich kümmert. Nie hat sich jemand um mich gekümmert.
> Th.: Das kann ich mir vorstellen, dass das ein großer Wunsch ist. Als Sie ein Kind waren, haben Sie nicht das bekommen, was Sie gebraucht hätten. Es ist schlimm für ein Kind, wenn es nicht *altersgemäß* wahrgenommen wird und nicht bekommt, was es *altersentsprechend* braucht. Und dieses Kind lebt in Ihnen weiter und wartet darauf, dass es endlich bekommt, was es damals gebraucht hätte. Da das nie passiert ist, drängt es sich immer stärker in den Vordergrund, sodass Sie als erwachsener Mensch sich fühlen, als wären Sie ein Kind.
> Aber dennoch sind Sie erwachsen geworden und können und wissen auch viel mehr, als Sie damals wussten und konnten. Was denken Sie, wenn ich das sage?
> *Die Therapeutin akzeptiert den Wunsch der Patientin als sinnvoll, gleichzeitig regt sie die Patientin an, als Erwachsene die Situation zu überprüfen. Diese Intervention ist eher eine Deutung.*
> Pat.: Klingt irgendwie überzeugend. Sie meinen, ich fühle mich so, weil das Kind immer noch wartet?
> Th.: Ja, so stelle ich es mir vor. Es ist natürlich nur ein Konzept. Ich versuche, das, was in Ihnen vorgeht, zu übersetzen, damit es verständlich wird und, was vielleicht noch wichtiger ist: Ich möchte Ihnen gerne Wege aufzeigen, was Sie tun können, damit es Ihnen besser geht. Und da habe ich die Erfahrung gemacht, dass dieses Konzept von dem Kind, das in uns weiterlebt, eher hilft, dass man etwas tun und verändern kann, als wenn wir von uns selbst denken, wir wären eigentlich immer noch das Kind.

Die Therapeutin erklärt ausführlich und macht auch deutlich, dass es sich nicht um »in Stein gemeißelte« Wahrheiten handelt.
Pat.: Und was soll ich dann machen:
Th.: Sie könnten sich z. B. dieses kleine Mädchen vorstellen und mit ihr sprechen, oder sie in den Arm nehmen, oder sich vorstellen zu tun, was auch immer sie braucht.
Die Therapeutin gibt konkrete Hilfestellung.
Pat.: Mir das kleine Mädchen vorstellen? Und es in den Arm nehmen? Dann muss ich es ja wieder selbst machen. Ich dachte, Sie machen das?
Th.: Wie könnte ich Ihr kleines Mädchen in den Arm nehmen? Wenn ich Sie in den Arm nehme, dann nehme ich auf jeden Fall das kleine Mädchen, aber auch die Erwachsene in den Arm. Stimmt's?
Die Therapeutin betont erneut die Unterschiede zwischen der Erwachsenen und dem Kind.
Pat.: Ja, schon.
Th.: Möchten Sie, die erwachsene Frau, von mir in den Arm genommen werden?
Pat.: Nö ..., das wäre doch blöd, ich brauche das nicht. Es wäre mir peinlich.
Th.: Merken Sie, dass es da einen Widerspruch gibt? Die erwachsene Frau fühlt etwas anderes als das Kind.
Es wird weiter an innerer Differenzierung gearbeitet.
Pat.: Ja, das merke ich jetzt. Ich wusste das nicht. Aber es ist wirklich ein Unterschied.
Th.: Und von daher wäre es nicht die beste Lösung, wenn ich es tue, sondern es müsste in Ihnen innerlich passieren. Übrigens macht es für unser Gehirn kaum einen Unterschied, ob wir uns etwas vorstellen oder ob es konkret geschieht. Am besten wäre, wenn Sie es ausprobieren und dann nach einiger Zeit auswerten, wie es sich auswirkt.
Die Therapeutin ermutigt die Patientin, sich eine Erfahrung zu erlauben, jedoch bleibt die Möglichkeit offen, diese später zu relativieren.
Pat.: Sie meinen, ich soll mir das vorstellen, und dann?
Th.: Ja, wenn möglich sollten Sie es eine Weile in der Vorstellung tun, z. B. bis wir uns das nächste Mal sehen, und dann auswerten, ob sich etwas verändert dadurch.
Die Therapeutin lädt zur Überprüfung ein.
Pat.: Dann stelle ich mir das jetzt vor ... Sie haben Recht, da verändert sich etwas. Ich fühle mich irgendwie besser.
Th.: Und Ihr kleines Mädchen?

Wieder Anregung differenzierter Binnenwahrnehmung.
Pat.: Die ist froh, dass ich da bin. Das hätte ich nicht für möglich gehalten.
Th.: Dann wäre es sicher gut, wenn Sie sich jeden Tag Zeit nehmen für sie. Jeden Tag zu einer festgesetzten Zeit wäre besonders gut. Damit es verlässlich ist. Ginge das?
Pat.: Ja, abends nach der Arbeit kann ich das machen.
Th.: Da bin ich gespannt, was Sie mir beim nächsten Mal darüber berichten.
Die Therapeutin bringt sich als interessiertes und unterstützendes Gegenüber ein.
Am Ende dieses Gesprächs kann die Patientin ihre Kognition »Ich bin das Kind« verändern und mit Hilfe der Imagination des Kindes bereits etwas Selbstberuhigung praktizieren.
Die beschriebenen Interventionen haben zum einen einige psychoedukative Elemente. Der Einschub von Psychoedukation i. S. von umfassenderer Information, Wissensvermittlung und Aufklärung ist für psychodynamisch arbeitende TherapeutInnen ungewohnt. Manche halten das sogar für eine Verletzung der Abstinenzregel.

Zur Erinnerung: Abstinenz bedeutet den Verzicht auf Befriedigung eigener Bedürfnisse durch die Therapeutin und nicht den Verzicht auf Interventionen, die nicht als klassisch gelten, weil diese klassischen Interventionen nämlich für eine andere, Ich-stärkere, Klientel entwickelt wurden.

Fürstenau (2001) spricht hier von suggestiven Techniken. Wer sich ausführlicher mit der Theorie beschäftigen möchte, dem seien seine Ausführungen sehr empfohlen.
Psychoedukative Elemente i. S. von Information sprechen die PatientInnen eher auf der Erwachsenen-Ebene an, sie laden eher zu einem Weniger an Regression ein.
Ein wichtiges Element, das unter den Psychoanalytikern als Erste Ferenczi und Rank in die Diskussion brachten, das aber auf wenig Gegenliebe stieß, ist die Handlungsorientierung. Auch hier scheint es für kognitiv verhaltenstherapeutische TherapeutInnen leichter, handlungsfördende Interventionen einzubringen. »Durcharbeiten« hat aber m. E. genau diese Implikation: Dass Dinge neu und anders getan werden, die neuen Erfahrungen dann wiederum durchleuchtet werden und danach weiteres neues Handeln folgt usf.

2.2.4 Ego-State-Therapie als konzeptuelle Grundlage

Den Sinn der Ego-State-Orientierung macht vielleicht ein Gedicht von Pablo Neruda am schönsten deutlich:

Viele sind wir

Von so vielen Menschen, die ich bin, die wir sind,
kann ich keinen einzigen finden:
sie gingen mir unter den Kleidern verloren,
sie gingen in eine andere Stadt.

Wenn alles angebahnt ist,
um mir den Dummen als gescheit vorzuweisen,
den ich heimlich in mir trage,
ergreift er das Wort in meinem Mund.
So manches Mal schlafe ich mitten in
der distinguierten Gesellschaft ein,
und such in mir den Mutigen,
beeilt ein Feigling sich, den ich nicht kenne,
mit meinem Knochengerüst tausend
reizende Vorsichtsmaßnahmen zu treffen.

Wenn ein geschätztes Haus in Flammen steht,
stürzt anstelle des Feuerwehrmanns,
den ich rufe, sich der Brandstifter hinein,
und der bin ich. Für mich gibt es keine Regel.
Was soll ich tun, um mich auszusondern?
Wie kann ich mich rechtfertigen?

Alle Bücher, die ich lese,
feiern strahlende, immer
von sich überzeugte Helden:
Ihretwegen vergeh ich vor Neid,
und in Filmen, ganz aus Stürmen und Kugeln,
beneide ich unentwegt den Reiter,
bewundre ich unentwegt das Ross.
Doch wenn ich für mich den Unerschrockenen begehre,
erscheint der alte Faulpelz in mir,

und so weiß ich nicht, wer ich bin,
ich weiß nicht, wie viele ich bin oder wir sind.
Ich möchte so gern eine Klingel läuten,
um mein wahres Selbst hervorzulocken,
denn, wenn ich mich brauche,
darf ich mich nicht davonmachen.
Während ich schreibe, bin ich nicht da,
und wenn ich wiederkehre, bin ich schon fern:
ich muß einmal sehen, ob es den andern Leuten
ebenso geht wie mir.
Ob sie so viele sind, wie ich es bin,
ob sie sich selber gleichen,
und wenn ich es ausgemacht habe,
werde ich die Dinge so gründlich verstehen,
daß ich, um meine Probleme zu erklären,
ihnen von Geographie sprechen werde.

Die Ego-State-Therapie wird in den USA seit Jahrzehnten erfolgreich angewendet, insbesondere in der Behandlung von (schwer) traumatisierten Patientinnen und Patienten.
Sie fußt auf den Konzepten von Paul Federn (1952), der den Begriff Ego State eingeführt hat und für den das Konzept der drei seelischen Instanzen – Ich, Es und Überich – die Komplexität der Persönlichkeit nicht ausreichend zu erfassen schien. Watkins, der bei Federns Lehranalysand Edoardo Weiß in Analyse war, hat dann die Ego-State-Therapie ausformuliert. Nach ihm steht sie auf »drei Beinen«: der Psychoanalyse, der Hypnose und den Erkenntnissen über dissoziatives Verhalten von Janet (Watkins, J. und Watkins, H. 2003).
Wesentlich an der Ego-State-Arbeit scheint mir, dass das Übertragungs- und Gegenübertragungsgeschehen auf verschiedenen Ebenen wahrgenommen und genutzt wird: auf der Ebene der Beziehung der Patientin zur Therapeutin und auf der Ebene der Beziehung der Ego States zur Therapeutin. So kann man sich vorstellen, dass die erwachsene Patientin eine gänzlich andere Beziehung zur Therapeutin pflegen möchte als ein kindlicher Ego State. Im Unterschied zu traditioneller Therapie wird man nun aber die kindlichen Ansprüche und Wünsche mit dem kindlichen Ego State be-

arbeiten und nicht in erster Linie mit dem erwachsenen Ego State. (Wobei es mir wichtig ist, dies wo immer möglich mit Hilfe des erwachsenen State zu machen.)
Schließlich gilt es auch, die Beziehung des erwachsenen Ich zu den Teilen zu berücksichtigen und die Beziehung der Teile untereinander.
Nach meiner Erfahrung ist nicht formelle traditionelle Hypnose das »Bein«, sondern die Nutzung von Alltagstrance und suggestiven Interventionen (s. dazu auch Fürstenau 2001).
Das Wissen um dissoziative Prozesse als Schutz hilft, die Notwendigkeit von voneinander mehr oder weniger getrennten Teilen – States – anzuerkennen und nicht vorschnell beseitigen zu wollen.
PITT setzt Ego-State-Elemente insbesondere in der Arbeit mit dem inneren Kind und im Umgang mit malignen Introjekten und bösartigen inneren Objekten ein (s. die dortigen Beispiele).
An dieser Stelle möchte ich auf Unterschiede in der Terminologie und Konzeptualisierung von Ego States bei R. Schwartz (»Systemische Therapie mit der inneren Familie«) und meinem Umgang mit dem Konzept hinweisen: Schwartz konzeptualisiert ein Selbst, das beobachtende und vermittelnde Aufgaben wahrnimmt. Ich schreibe diese Aufgaben eher dem »erwachsenen Ich von heute« zu. Darüber hinaus schlage ich vor, einen neutralen, beobachtenden Teil, der nichts anderes tut als beobachten, abzutrennen. Dies knüpft an dissoziative Fähigkeiten der PatientInnen an. Vermittelnde Aufgaben können in meinem Konzept auch von der »inneren Weisheit« bzw. dem weisen alten Menschen wahrgenommen werden.
Das Grundprinzip ist entscheidend: Verschiedene Aufgaben werden verschiedenen States zugeordnet. Das heißt, das Prinzip der inneren »Vielheit« ist leitend und Ressourcen generierend.
Je nach Notwendigkeit kann die Therapeutin neben dem erwachsenen Ich, das ich stets zunächst anzusprechen versuche, auch fürsorgliche beelternde Teile ansprechen oder andere hilfreiche Teile – States.

2.2.5 Ressourcenorientierung

Ressourcenorientierte Psychotherapie braucht Ressourcenorientierung lebende TherapeutInnen!
Wer dieses Buch liest und durcharbeitet, bringt sicher eine Bereitschaft mit, einiges neu zu lernen und eine grundsätzliche Akzeptanz des Gedankens, ressourcenorientiert zu arbeiten. Dennoch habe ich immer wieder beobachten können, dass TherapeutInnen nach Seminaren bei mir rasch wieder in ihre alten Muster des therapeutischen Arbeitens – und das ist meist eher defizitorientiert – zurückfielen. Das ist gut nachvollziehbar, denn alte Gewohnheiten zu ändern, braucht Zeit. Dass Menschen Gewohnheitstiere sind, ist eine alte Erfahrung, neuerdings bestätigt die Gehirnforschung die Notwendigkeit des Wiederholens und Übens.

Aus diesem Grund rate ich TherapeutInnen, die mit PITT arbeiten möchten, sehr dazu, Ressourcenorientierung im Alltag zu erproben, dies gilt insbesondere auch für die imaginative Herangehensweise. Nur wer selbst mit Bildern und den Bildern der Übungen vertraut ist und deren Wert im eigenen Leben schätzen gelernt hat, kann diese überzeugend weitergeben. Viele der Übungen eignen sich übrigens ausgezeichnet zur Selbstfürsorge i. S. einer Psychohygiene. Wichtig ist mir auch, dass (s. auch weiter unten) in den »schlimmen« Bildern bereits die Ressourcen, Schätze, verborgen sind. »Vielleicht sind alle Drachen Prinzessinnen, die erlöst sein wollen«, schreibt Rilke in seinem »Brief an einen jungen Dichter«.

Hier nun eine Vignette einer Patientin mit besonders vielen Ressourcen (um die Patientin zu schützen, habe ich Details von anderen Patienten dazugenommen).

Fallbeispiel:

> Die Pat. berichtet, dass sie als Kind viel Freude erlebt habe, in der Natur zu sein, sie habe gern am Wasser gesessen und geträumt. Sie habe sich dann vorgestellt, wie sie mit dem Wasser fließe und dann in schöne andere Länder komme, wo es wie im Schlaraffenland sei. Sie habe auch immer schon gerne etwas mit den Händen gemacht, habe gemalt, gerne im Garten gearbeitet und, als sie älter war, habe sie gerne Gedichte geschrieben, das tue sie immer noch. Lesen sei ihr immer sehr wichtig gewesen, ihre Bücher seien bis auf den heutigen Tag ihre Freunde. Sie kenne viele Gedichte auswendig. Sie fragt, ob sie eines, das

sie z. Z. liebe, vortragen dürfe. Dem stimme ich zu, da ich mich ja stets besonders für die Ressourcen meiner PatientInnen interessiere. (Das heißt, ich deute das nicht als einen Widerstand!) Sie rezitiert sehr gekonnt ein zauberhaftes, leichtes Gedicht von Mascha Kaleko, das mich heiter stimmt, ja uns beide heiter stimmt. Sie habe gute Freundinnen und arbeite immer noch gerne in ihrem Garten, den sie sich ganz nach ihren Wünschen gestaltet habe.

Hier handelt es sich um eine besonders kreative Patientin, die bereits von klein an Ressourcen für sich nutzte, und diese Ressourcen halfen ihr auch zu überleben.

Ich sage der Patientin also genau dies, dass ich es für einen Segen halte, so kreativ zu sein, und dass wir diese Kreativität für die Therapie nutzen könnten, wenn es ihr recht sei.

Die Patientin leidet sehr unter Albträumen, ihr Therapieziel ist es, dass sie Fähigkeiten (wieder-)entdecken möchte, zu mehr innerer Ruhe zu finden.

Ich frage sie, ob sie auf ihre früheren Tagträume zurückgreifen möchte, oder ob es ihr lieber ist, ein neues Bild eines guten sicheren Ortes zu erschaffen.

Nach einigem Zögern meint sie, es sei vielleicht günstiger, neue Bilder zu finden, die alten seien doch auch mit den alten Leiden verbunden. Dann entwickelt sie ein Bild einer Insel im Ozean, das sie in den schönsten Farben beschreibt, sodass auch ich mir die Insel lebhaft vorstellen kann. Spontan fügt sie dann an, dass es auf dieser Insel, die durch eine Zaubergrenze geschützt ist, einige hilfreiche Wesen gäbe. Über diese wolle sie allerdings lieber nicht sprechen, denn sie wolle sie ganz für sich allein haben, ob das gehe. Ja, sage ich ihr, das sei völlig in Ordnung, vorausgesetzt, diese Wesen seien wirklich »ganz gut«. Sie lächelt, da könne ich sicher sein.

Wenn eine Patientin oder ein Patient viele imaginative Fähigkeiten mitbringt, ist es ein Leichtes, damit zu arbeiten, *wir würden kostbare Ressourcen verschenken, wenn wir das nicht tun.*
Bei anderen sind die kreativen Möglichkeiten nicht so offensichtlich. Es lohnt jedoch den Versuch, Anregungen zu geben, da nicht wenige PatientInnen diese gerne aufgreifen. Diejenigen, die es ablehnen, mit Bildern zu arbeiten, sollte man allerdings nicht bedrängen. Hier helfen z. B. Geschichten weiter, wie sie Peseschkian (1979) beschreibt, oder auch Metaphern.
Der Patientin aus dem Fallbeispiel kamen ihre imaginativen Fähigkeiten dann zugute, indem ich sie anregte, ihre Albträume am Tag

mit einem guten Ausgang zu Ende zu träumen. Dadurch schwächten sich die Albträume nach einiger Zeit ab, und die Patientin fühlte sich während ihrer Nachtträume kompetenter und handlungsfähiger.

Wie erfährt man etwas über Ressourcen?

(Schwer) traumatisierte Patientinnen berichten in der Regel nicht von selbst von Ressourcen
Man sollte gezielt danach fragen. *Von Anfang an, also am besten bereits im ersten Gespräch, sollten Sie sowohl die Probleme und Symptome eruieren wie auch die Ressourcen und möglichen Lösungen.*

Achtung: Bitte erklären Sie, warum Sie das tun. Für manche Patienten ist das ungewöhnlich, befremdlich, weil sie meinen, in einer Therapie gehe es nur um Probleme.

Hilfreich ist die Übung »Was kann ich« (s. »Imagination als heilsame Kraft« S. 27). Diese Übung kann man immer wieder durchführen, wodurch sich die Ressourcenliste immer mehr vergrößert. Des Weiteren eine Liste der Dinge und Menschen, die einem geholfen haben oder helfen, die einen inspiriert haben oder inspirieren, die einen froh gemacht haben oder froh machen. All dies sollte eventuell aktiv mit Feingefühl für das richtige Timing erfragt werden.
Neuerdings empfehle ich auch die Liste der Stärken wie sie Seligman (2003) beschreibt. Dabei ist es wichtig, nicht nach dem zu schauen, was nicht vorhanden ist, sondern ausschließlich nach dem, was bereits da ist, und damit zu arbeiten.
Grawe (2004) spricht davon, dass wir die Wahrnehmung auf das lenken sollen, was gelingt und was Freude macht. Alle diese Vorgehensweisen erfordern Aktivität von Seiten der Therapeutin, ein abwartendes Sich-zurück-Lehnen bewirkt nichts. Die Aktivität sollte dennoch mit einer respektvollen Haltung gegenüber den Lösungsversuchen der Patienten erfolgen.
Besonder wichtig finde ich den Hinweis von Hüther und Krens (2005) dass wir alle während der pränatalen Zeit Momente der Geborgenheit erlebt haben, dass wir damals ständig über uns selbst

hinaus gewachsen sind, und dass der Embryo sich sein Zuhause, die Placenta, selbst schafft. Daher empfehle ich, PatientInnen zu bitten, dass sie das Buch von Hüther und Krenz einmal selbst lesen. Es ist eine Fundgrube der Ermutigung.

Was ist zu tun, wenn Patienten die Frage nach Ressourcen als Kränkung erleben?

Traumatisierte Patientinnen und Patienten brauchen Menschen, die bereit sind anzuerkennen, dass das erlittene Leid schrecklich und oft auch Unrecht war. Ressourcenorientierte Angebote werden häufig so aufgenommen, als sollten Schmerz und Leid und Unrecht verleugnet werden. Es ist dann notwendig, deutlich zu machen, dass es sich dabei um zwei verschiedene Dinge handelt. Anerkennung des Leidens auf der einen Seite und auf der anderen Seite – oder auf der anderen Waagschale – Ressourcenorientierung. Die beste Möglichkeit, die Patientin davon zu überzeugen, dass ein Wahrnehmen ihrer Ressourcen sie weiterbringt, ist, dass sie sich selbst davon durch Beobachtung überzeugt und dass Sie ihr helfen, »die Prinzessinnen in ihren Drachen« zu entdecken.

Leid und Leiden brauchen Platz, sollten aber nicht alles dominieren. Als hilfreich hat sich herausgestellt, den Patienten zu erklären, dass sich unser Gehirn auf einer Seite (links präfrontal) verstärkt mit angenehmen, gehobenen Gefühlen beschäftigt, und auf der anderen (rechts präfrontal) mit den belastenden Gefühlen. Das kann man sich vorstellen wie das Trainieren von Muskeln. Man muss die Muskeln trainieren, von denen man sich mehr Leistung erhofft, Wenn wir aber durch die Beschäftigung mit Leidvollem andauernd den rechten präfrontalen Bereich fördern, dann entsteht dadurch noch lange nichts im linken. Gezieltes Training für den linken präfrontalen Cortex wäre also die ressourcenorientierte Arbeit.

Die Beobachtung von Auswirkungen ist im Übrigen stets die einfachste und eleganteste Art, sich davon zu überzeugen, dass etwas hilfreich oder schädlich ist. Eine Glaubensfrage sollte man aus keiner psychotherapeutischen Intervention machen (s. die Beobachtungsaufgaben von de Shazer 2000 sowie die reichhaltigen Beobachtungsaufgaben, »Kontemplationen«, aus der buddhistischen Psychologie, dazu »Leichter leben« von Sylvia Wetzel 2002).

Wie leitet man einen Settingwechsel ein, wenn zuvor ohne Imagination und nicht ressourcenorientiert gearbeitet wurde?

1. Schlagen Sie zunächst vor, auf eine Metaebene zu gehen und Bilanz zu ziehen.
2. Klären Sie, was es für Ihre Beziehung bedeutet, wenn Sie anders arbeiten. Nehmen Sie sich Zeit, das gründlich zu besprechen und zu analysieren!
3. Schlagen Sie sodann die neue Arbeitsweise vor und erklären Sie warum.
4. Erläutern Sie danach das Modell des »beidäugigen« Zugangs in Diagnostik und Therapie (Fürstenau 2002. Siehe auch S. 90 f.). Bringen Sie eventuell ein kleines Beispiel ein, regen Sie an, die neuen Erfahrungen auszuwerten.
5. Es hat sich häufig auch als hilfreich erwiesen, PatientInnen vorzuschlagen, das eine oder andere zu lesen, damit sie sich ein Urteil bilden können. (Wir empfehlen »Die Glücksformel« von Stefan Klein und der R-Faktor von Micheline Rampe.)
6. *Die Zustimmung der Patientin zum Settingwechsel ist unerlässlich, andernfalls riskiert man ungünstige, und in diesem Fall aus der Beziehung begründete, regressive Prozesse. (Die Patientin erlebt unbegründete Settingwechsel, denen sie womöglich nicht zustimmen konnte, als Willkür, selbst wenn sie das so nicht äußern kann!)*
7. Werten Sie in einer der nächsten Sitzungen aus, wie es der Patientin mit der neuen Arbeitsweise geht.

2.3 Prozess- versus Phasenorientierung

Psychoanalytisch oder psychodynamisch arbeitende KollegInnen sind bei der Phasenorientierung oft eher befremdet, da man dann ja nicht mehr am Prozess der Patienten orientiert sei.

Ich schlage vor, auch hier eine Sowohl-als-auch-Haltung und keine Entweder-oder-Haltung anzuwenden. Die Phasenorientierung ist ein Modell (»Finger«), das sich insofern bewährt hat, als die klinische Erfahrung zeigt, dass viele Patientinnen, die unter traumatischem Stress leiden, eine Ich-Stärkung brauchen, ehe sie sich auf traumatische Erinnerungen einlassen können. Was nützt es der Patientin, wenn man ihr prozessorientiert folgt und sie dadurch in schwer kontrollierbare dissoziative Zustände gerät? Hat man zusätzlich das Phasenmodell im Kopf, so weiß man in vielen Fällen, dass eine Stabilisierung erforderlich ist, und man kann die Patientin dafür auch zu gewinnen versuchen. (Widerstandsdeutungen im klassischen Sinn sind in solchen Fällen zwecklos, gelegentlich sogar schädlich.)
Andererseits ist es genauso unsinnig, einer Patientin, die dringend und dringlich über eine traumatische Erfahrung sprechen möchte, dies zu verbieten, weil man ja noch »in der Stabilisierungsphase ist«. Im letzteren Fall besteht die Kunst darin, der Patientin zu helfen, dass sie so über ihre belastenden inneren Vorgänge sprechen kann, dass sie keinen Schaden nimmt. Das könnte z. B. sein, dass man ihr Elemente der Bildschirmtechnik oder der Beobachtertechnik aufzeigt, sodass sie mit viel Distanz und deshalb gefahrlos über ihre traumatischen Erfahrungen sprechen kann. (Dies ist übrigens keine »Traumakonfrontation«). Das ist in meinem Verständnis phasenorientiertes Wissen, angewandt für einen bestimmten therapeutischen Prozess.
Als hilfreich erweist sich auch Fischers Empfehlung, sich am traumakompensatorischen Schema zu orientieren, d. h., dass man der Patientin das Sinnvolle bestimmter Symptome, die sie hat, erklärt und sie ermutigt, diese bewusst und geschickt bei der Bewältigung des anstehenden Problems, in diesem Fall also der Wunsch, etwas zu erzählen, und die Angst davor, einzusetzen. Hat eine Patientin z. B. ein zwanghaftes Ritual entwickelt, könnte man sie bitten, ihren Bericht ritualisiert vorzubringen. Würde sie zu dissoziativem Verhalten neigen, wären dissoziationsähnliche Vorgehensweisen zu bevorzugen usf. (Fischer a. a. O.)
Schließlich hat sich auch bewährt zu fragen, ob alle Teile in der Patientin einverstanden sind.
Aus heutiger Sicht habe ich selbst in früheren Veröffentlichungen

(insbesondere Reddemann und Sachsse 1997) die Phasenorientierung zu stark betont. Dies hatte u. a. damit zu tun, dass ich allzu häufig erlebt habe, wie viel Schaden damit angerichtet wurde, dass Patientinnen völlig ungeschützt und verfrüht nach traumatischem Material befragt wurden. Daraus resultierte dann eine allzu rigide Haltung meinerseits in Bezug auf die Phasenorientierung. Heute rate ich auch hier zu einer flexiblen, nichtdogmatischen Haltung. Man sollte nach guter psychoanalytischer Tradition erst das Ich, in diesem Fall das traumakompensatorische Schema, stärken, bevor man sich dem Traumaschema zuwendet. Im Übrigen ist es ebenfalls altes psychodynamisches Wissen, dass man Inhaltsanalyse erst nach der Widerstandsanalyse durchführt. Hier wird die Widerstandsarbeit allerdings aus einem anderen Widerstandsverständnis heraus durchgeführt.

Besonders bewährt hat sich – wie übrigens in allen unklaren Situationen –, die Patientin um ihre Meinung zu bitten, wie zu verfahren sei. *Patientinnen und Patienten wissen nämlich meist sehr genau, was sie brauchen.*

Daher empfehle ich, dass der Patient schon sehr früh in der Therapie angehalten wird, ein Bild, eine Vorstellung von seiner »inneren Weisheit« zu entwickeln. Eine Möglichkeit ist, ihn einzuladen, sich den ganz alten weisen Mann, der er einmal sein wird, vorzustellen. Die »innere Weisheit« kann bei vielerlei Entscheidungen, Fragen, Problemen zu Rate gezogen werden.

2.4 Gefühlskontrolle statt Intensivierung von Gefühlen – emotionale Intelligenz

Nach meiner Kenntnis gibt es in der Psychotherapie ein mehr oder weniger deutlich ausgesprochenes Paradigma, das ich mit »Intensives Gefühl*erleben* ist (immer) notwendig und gut« umschreiben möchte. Wurmser (2000) schreibt z. B., dass er heftige Gefühlsreaktionen in der Traumatherapie für unerlässlich hält, noch schärfer argumentieren Verhaltenstherapeuten (Steil 2000), wenn sie die absolute Notwendigkeit des vollkommenen Nacherlebens von heftigen zum Trauma gehörenden Gefühlen fordern. Eine Therapieschule, die einen rationalen Umgang mit Gefühlen lehrt, ist die Rational Emotive Verhaltenstherapie nach Ellis (Schwartz, D. 2002). Diese Schule arbeitet mit der Vorstellung, dass Gefühlen Gedanken vorausgehen und von daher beeinflusst werden können. Auch diese Überlegung ist »ein Finger«, ein Konzept, das nicht die volle innerseelische Komplexität erfasst. Jeder Kliniker weiß, dass man mit diesem Konzept nicht allen Patienten gerecht wird, d. h., häufig erreicht man Gefühle nicht ausschließlich über kognitive Arbeit. Dennoch bleibt die Erfahrung bestehen, dass man gedankliche Vorstellungen oft leichter erreicht als Gefühle und damit arbeiten kann. Aus diesem Grund scheint es mir schon von daher sinnvoll, die Gedanken von Ellis in der Therapie traumatisierter Menschen mit einer Traumafolgestörung zu berücksichtigen. Dazu kommt, dass das von ihm empfohlene Vorgehen konkret nachvollziehbar ist und den PatientInnen Handwerkszeug zum Umgang mit Gefühlen zur Verfügung stellt (s. dazu Schwartz, D. a. a. O.). Handwerkszeug jeglicher Art ist für Menschen, die Hilflosigkeit besonders schlecht ertragen können, ohnehin von Vorteil und sollte deshalb auch von psychodynamischen Therapeuten nicht gering geschätzt werden. Schließlich bestätigen neuere Befunde der Gehirnforschung (Davidson 2003), dass Kognitionen und Emotionen enger verwoben sind, als das bisher bekannt war – was jeder Kliniker aus Erfahrung weiß. Damit ist auch wissenschaftlich die Möglichkeit bewiesen, dass Emotionen über die Kognitionen beeinflussbar sind. Es zeigt sich auch mehr und mehr, dass das Erlernen von Kontrolle der destruktiven Emotionen, zu denen auch anhaltende Trauer zählt, notwendig ist, um geistig seelisches Wohlbefinden zu erlangen (Goleman 2003).

Viele unserer PatientInnen sind von der Vorstellung überzeugt, dass Gefühle intensiv zu fühlen per se gut und erstrebenswert sei. Das intensive – je intensiver desto besser – Erlebenkönnen von belastenden Gefühlen scheint nach diesem Konzept Menschen regelrecht zu adeln. Wehe also der oder dem, die oder der seine Gefühle »versteckt«, »unehrlich ist« usw. Gerade in Gruppen galt und gilt es als unschicklich, nicht über seine Gefühle sprechen zu können.

Dazu kommt, dass wir Deutsche Meister darin sind, auch noch das Leichte schwer zu machen – etwas, womit sich schon Georg Büchner in seiner Komödie »Leonce und Lena« auseinander gesetzt hat – sodass jedem misstraut wird, der die Dinge allzu leicht nimmt. So erfahre ich auch immer wieder, dass mein Motto »Das Schwere leicht machen« auf einiges Befremden stößt. An dieser Stelle möchte ich noch einmal betonen, dass das Eine nicht wahrer ist als das andere, vielmehr geht es immer wieder darum, sich zu fragen, wie sich derartige Konzepte auf uns bzw. unsere PatientInnen auswirken. Selbstverständlich gibt es »das Menschenrecht auf Scheitern« (und Unglück), wie es »Amelie« im gleichnamigen Film ausdrückt. Ob eine solche Überzeugung therapiedienlich ist, sei dahingestellt. Daraus ergibt sich die mir häufig gestellte Frage: »*Wie viel Platz braucht das Leid, damit die Ressourcen genutzt werden können?*« Diese Frage lässt sich nicht generell beantworten, weil jeder Mensch unterschiedlich viel Platz braucht. Hier einige Hinweise:

1. Würdigen Sie das Leid grundsätzlich. Stellen Sie am Anfang der Therapie die Sichtweise der Patientin möglichst nicht oder nur behutsam infrage, auch wenn Sie das Gefühl haben, dass sie z. B. übertreibt oder einen »sekundären Krankheitsgewinn« hat.

2. Denken Sie daran, dass es in unserer Kultur auch eine Sichtweise gibt, die lautet: »Selig sind, die das Leid tragen.« und dass diese Sichtweise der Patientin viel bedeuten kann.

3. Nehmen Sie sich Zeit, dem Patienten zu erklären, warum eine *einseitige* Beschäftigung mit Leid nicht das Leiden mindert.

4. Klären Sie, ob es innere Verbote oder Gebote gibt, die eine Besserung verhindern, das sind häufig transgenerationale Loyalitäten, möglicherweise verstehen manche Menschen auch darunter, dass das Annehmen von Leiden und nicht davon lassen Teil ihrer Würde ist.

5. Klären Sie für sich selbst, wie lange Sie bereit sind, Geduld für das Leiden aufzubringen. Viele TherapeutInnen sind am Anfang beinahe einladend in Bezug auf Leid und Leiden, und

irgendwann werden sie sehr ungeduldig, weil ihnen das Leiden zu viel wird. Das ist ein ungünstiger Umgang mit der Thematik.

6. Machen Sie sich klar, dass Ihr Verhalten und Ihre Fragen zu Beginn die Beziehung konstellieren. Viele PatientInnen verharren im Leiden, weil ihnen am Anfang nicht deutlich genug vermittelt wurde, dass die Therapeutin sowohl am Leid wie an den sogenannten erhobenen Gefühlen interessiert ist.

7. Ziehen Sie in Betracht, dass es menschliche Erfahrungen gibt, die so leidvoll sind, dass ein Mensch sich von ihnen nicht befreien kann – und will.

8. Mitgefühl mit der Patientin und mit sich selbst ist nach meiner Erfahrung am hilfreichsten, um zu spüren, was der geeignete Weg ist.

9. Manchmal kann Festhalten am Leid unterschwellige Aggression gegen die Therapeutin oder gegen andere Menschen sein. In diesem Fall sind entsprechende Deutungen manchmal hilfreich, da klärend.

10. Manchmal hilft eine Ohnmachtserklärung. Dadurch fühlen sich die PatientInnen entweder bestätigt, wie schlimm alles ist, manchmal wird ihnen dadurch bewusst, dass es auch einiges andere gibt außer Leid.

11. Manchmal ist es am günstigsten, wenn man die Patientin bittet, sich »noch intensiver« mit dem Leid zu beschäftigen. Denn viele PatientInnen beschäftigen sich damit trotz allem vermeidend. Dies hilft manchen, von selbst darauf zu kommen, dass es jetzt genug ist.

12. Manchmal hilft es, eine stundenweise Beschäftigung mit Leidvollem zu empfehlen.

Zum Schluss möchte ich Ihnen vorschlagen: Hören Sie sich die Klage der Dido aus Purcells Oper »Dido und Änäas« an – möglichst in der unvergleichlichen Interpretation von Janet Baker. Hier kann man hören, dass in nichts als tief empfundener Verzweiflung eine

Stille verborgen ist, die einen sogar tragen kann. (Dennoch ist nicht außer Acht zu lassen, dass Dido ihrem Schmerz erliegt. Sie stirbt daran. Sie sollten daher diese Musik Ihren Patienten nicht empfehlen.)

Gefühlsüberflutung

Auch in den neueren Veröffentlichungen zum Umgang mit Emotionen wird trotz der jetzt nicht mehr neuen Debatte über Trauma und Traumafolgestörungen auf das Problem der Gefühlsüberflutung selten eingegangen. Miethge (2002) hebt in seinem Buch »Heilsame Gefühle« immerhin hervor, dass er bei Trauma- und Borderlinepatienten mit der Anwendung seines Konzeptes zum Umgang mit intensiven Gefühlen vorsichtig ist.
Ähnlich wie Miethge meine ich, dass man jeweils individuell vorgehen sollte, d. h., es mag traumatisierte PatientInnen geben, die von einer gefühlsbetonten Arbeit profitieren, dann sollte man sie ihnen nicht vorenthalten, aber *die meisten verschlechtern sich durch stark gefühlsorientierte Arbeit, weil sie den damit verbundenen Kontrollverlust schlecht verkraften.*
Die Traumaforschung hat uns darüber belehrt, dass Menschen nach einem Trauma »dichtmachen«, ihre Gefühle nicht mehr spüren können und *dass das ein Schutz ist*. Andererseits leiden viele auch oder ausschließlich an der Überflutung durch Gefühle. Wie bekannt sein dürfte, reagiert dann der Mandelkern im Gehirn wie ein überempfindlicher Feuermelder, der schon auf eine brennende Zigarette Alarm schlagen würde. Wir wissen auch, dass wir insbesondere bei in der frühen Kindheit traumatisierten PatientInnen mit einer ineffizienten reparativen Funktion der orbitofrontalen Region zu rechnen haben (Schore 2002), was dazu führt, dass der betroffene Mensch sich schlecht oder gar nicht selbst beruhigen kann. Wenn man dieses Wissen zugrunde legt und mit klinischer Erfahrung ergänzt, wie kann man dann noch intensives Gefühlserleben für belastende Gefühle fordern?
Es gibt also im Umgang mit Gefühlen von traumatisierten PatientInnen ein Dilemma. Wir haben in früheren Jahren vielfach erlebt, wie ungünstig es sich auf traumatisierte Patientinnen ausgewirkt hat, wenn wir ihr Schutzbedürfnis des Dichtmachens nicht genü-

gend be- und geachtet haben. Gleichzeitig ist es aber notwendig, dass traumatisierte Patienten – nach und nach – Vertrauen zu sich und ihren Gefühlen aufbauen.

Zu intensiver Ausdruck von Gefühlen ist in der Regel mit einer Überidentifikation mit dem Gefühlszustand verbunden. Dies aber fürchten die Menschen, die dichtmachen, und wahrscheinlich haben sie zuvor irgendwann erlebt, wie schrecklich es ist, von einem oder mehreren Gefühlen überwältigt zu sein. Nicht selten werden ja in diesem Zusammenhang auch Metaphern benutzt wie »Dammbruch« oder »in den Gefühlen ertrinken«.

Ein Ausweg scheint mir der Umgang mit Gefühlen, der Schutzmechanismen aufgreift und diese als Ressource nutzt.

1. Das Konzept »emotionale Intelligenz« impliziert einen *nicht* »*gefühlsbetonten*« Umgang mit Gefühlen, d. h., Gefühle werden genutzt und geschätzt und sollten bewusst wahrgenommen werden, aber insbesondere die Kontrolle belastender Gefühle für das Selbst oder für andere wird empfohlen. Das Konzept »rauslassen« gilt als nichtfunktional und wird daher abgelehnt. (Klein a. a. O., S. 58 ff.)
Eine hilfreiche Übung in diesem Kontext ist die »Hoover-Damm-Übung« nach Catherine Fine. Hier geht es darum, sich einen Damm vorzustellen mit dem gestauten Wasser vor dem Damm und dem seichten Wasser hinter dem Damm. Nun wird das Ventil des Dammes langsam geöffnet und etwas von dem gestauten Wasser in das seichtere Wasser abgelassen, sodass dieses »lebendiger« wird, während andererseits der Stau sich zurückbildet.
2. Alltagsstrategien im Umgang mit Gefühlen, wie z. B. Verdrängen und Verleugnen, werden nicht grundsätzlich für falsch gehalten, sondern situativ auch für sinnvoll erachtet und ggf. verstärkt und »verschrieben«. »Gefühle ins Archiv« könnte man sagen.
3. Die Vorteile eines »kühlen Kopfes« in bestimmten Situationen wird für klug gehalten. Benard und Schlaffer (2002) sprechen in diesem Zusammenhang von »Gefühle in den Kühlschrank«, besser vielleicht sogar ins »Gefrierfach«.
4. Fähigkeiten zur Distanzierung von Gefühlen werden ausdrücklich gefördert. Als besonders wirksam hat sich dabei die Arbeit

an der Fähigkeit, sich selbst beobachtend wahrzunehmen, herausgestellt.

Die Kompetenzen der Emotionalen Intelligenz (EI) sind nicht angeboren, sondern erlernbar. Infolgedessen können auch Menschen mit Traumafolgestörungen EI erlernen, für sie scheint es mir sogar besonders wichtig. EI beinhaltet folgende Kompetenzen: Selbstwahrnehmung, Selbstmanagement, soziales Bewusstsein und Beziehungsmanagement.

Für Menschen mit Traumafolgestörungen möchte ich diese Kompetenzen etwas modifizieren: genaue Selbst- und Fremdwahrnehmung, *Selbstmanagement zunächst insbesondere als Selbstberuhigung,* Kompetenz im Umgang mit der »inneren Familie« und soziale Kompetenz. Diese resultiert aus den vorausgegangenen Fähigkeiten, ebenso wie soziales Bewusstsein und Beziehungsmanagement. Beim Beziehungsmanagement geht es wiederum zunächst um eine wohlwollend-liebevolle Beziehung zum eigenen Selbst. Die genannten Kompetenzen lassen sich nach dem EI-Konzept durch Achtsamkeit und Mitgefühl erwerben. (EI greift Vorstellungen aus dem Buddhismus auf. In unserer Kultur wurden ähnliche Gedanken z. B. von Seneca vertreten.)

In der PITT, ähnlich wie in der Gestalttherapie, kann mit Gefühlen auch spielerisch umgegangen werden, so, dass man ihnen z. B. eine Gestalt gibt, mit ihnen spricht etc. (s. »Imagination ...«, S. 166)

Selbstwahrnehmung wird nicht in allen Therapieschulen explizit gefordert, sie erscheint mir aber jeder Psychotherapie implizit. Dennoch ist die auf dem buddhistischen Prinzip Achtsamkeit beruhende Selbstwahrnehmung graduell ein wenig anders.
1. Impliziert das Prinzip Achtsamkeit keine Wertung, es wird – als Ideal – vom »reinen Gewahrsein« gesprochen.
2. Ist das Prinzip Achtsamkeit etwas, was im Alltag praktiziert sein will, letztlich mit dem Ziel zu »rechtem Handeln« zu kommen und die »wahre Natur« unseres Wesens (unsere »Buddhanatur«) zu erkennen.
3. Sollte erklärt werden, dass es bei einem achtsamen Umgang mit sich und der Welt nicht um ein »Hab acht!-Prinzip« geht, sondern dass Achtsamkeit so etwas wie Zärtlichkeit für das Leben beinhaltet. (s. dazu Hell 2005)

Für die Therapie leite ich daraus ab, dass es wohltuend ist, wenigstens gelegentlich eine Haltung des nicht oder minimal wertenden Umgangs mit sich selbst zu *üben*, das bedeutet, sich möglichst täglich bewusst und entschlossen Zeiten des achtsamen Wahrnehmens von dem, was jetzt gerade ist, zu nehmen. Dabei ist es nach meiner Erfahrung besonders günstig, wenn diese Form des Übens Platz im Alltag findet, d. h., man kann z. B. den Weg zur Bushaltestelle achtsam gehen oder die Spülmaschine achtsam einräumen oder sich achtsam rasieren. Damit entfällt die Behauptung, für solches Üben keine Zeit zu haben. (Viele Anleitungen zu Achtsamkeit im Alltag finden sich bei Thich Nath Han 1996 und bei Sylvia Wetzel 2002 sowie bei Hofmann 2002, der ein Buch mit dem Titel »Achtsamkeit« geschrieben hat, das eine Fülle von Anregungen und Übungen enthält.)

Wenn die Patientin sich in dieser Form der Achtsamkeit übt, ergibt sich daraus nach und nach, dass sie sich auch darin üben kann, sich ihrer Gefühle etwas bewusster zu werden oder ihrer Tendenz, Gefühlen auszuweichen, d. h., sie bemerkt mehr, was gerade ist.

Hilfreich ist auch zu üben, so genannte »Sternstunden« (Wetzel a. a. O.) wahrzunehmen, was einem einen Geschmack der »Buddhanatur« oder von Gipfelerlebnissen (Csikszentmihalyi 1999) vermitteln kann. Je mehr wir bemerken, dass wir über diese Fähigkeiten verfügen, desto mehr können wir sie nutzen und desto mehr ist es möglich, innere Stärke zum Umgang mit schmerzhaften Gefühlen zu entwickeln.

Nach und nach kann dann achtsameres Wahrnehmen von anderen dazugenommen werden, was im Allgemeinen dann auch mit Mitgefühl verbunden geschieht bzw. die Entwicklung von Mitgefühl für sich und andere unterstützt. Selbstverständlich handelt es sich hier um Prozesse, die Zeit brauchen.

Manchen Menschen, insbesondere solche mit Traumafolgestörungen, fällt es leichter, Mitgefühl für andere zu empfinden als für sich selbst. Dies kann als Ressource genutzt werden. (Während es in der Psychotherapie traditionell als Defizit bezeichnet wird. Dabei wird übersehen, dass wir in der westlichen Tradition in Philosophie und Religion das Mitgefühl für andere kaum kennen. [Dazu Flanagan in Goleman 2003].) Wenn jemand zu Mitgefühl grundsätzlich fähig ist, kann er/sie lernen, dieses auch sich selbst gegenüber anzuwenden.

Menschen mit einer Traumafolgestörung können ihrem oft gewohnheitsmäßigen Dissoziieren mit der Übung in Achtsamkeit wirksam begegnen.
Dies hat damit zu tun, dass Achtsamkeit stets mit dem »Hier und Jetzt« verbunden ist. Damit entdecken die PatientInnen immer mehr, dass es Dinge »in ihrem Kopf« gibt, die sie in die Gegenwart hineinprojizieren, und das bedeutet, dass es sich bei genauer Betrachtung um Vergangenes handelt und dass es die jetzt aktuelle äußere Wirklichkeit gibt. Wenn es dem Patienten auch nur gelegentlich gelingt, Achtsamkeit mit einer nichtwertenden Haltung zu verbinden, erlebt er, wie entlastend sich das auswirken kann, nicht andauernd mit »einer Schere im Kopf« herumzulaufen, sondern die Dinge mit mehr Gelassenheit wahrzunehmen.
Bei dieser Art des Übens im Alltag geht es nicht um Perfektion, sondern eher um eine Haltungsänderung. Die Übungseinheiten sollten eher kurz sein, ca. 5 Minuten, dafür eher öfter mit Alltagstätigkeiten verknüpft werden.
Wird das Wahrgenommene als zu schmerzhaft empfunden, z. B. Gefühle oder auch Körperempfindungen, sollte ergänzend empfohlen werden, dass die Patientin bewusst mit der Vorstellung ihrer »inneren Beobachterin« arbeitet und sich dadurch wiederum vom Wahrgenommenen distanzieren kann. Wobei die Haltung der Achtsamkeit selbst bereits eine gewisse Distanz beinhaltet, sie muss aber gelegentlich noch verstärkt werden.
Viele traumatisierte Patientinnen praktizieren die Selbstbeobachtung bereits annähernd, sind sich aber nicht bewusst, dass man genau dies gezielt als Ressource verwenden kann. Auch TherapeutInnen könnten meinen, dass allzu häufige Selbstbeobachtung ungesund sei. Wenn Achtsamkeit bewusst verwendet wird, hat dies andere Auswirkungen, als wenn die Patientin unbewusst »neben sich steht«, obwohl der Mechanismus vermutlich ein ähnlicher, wenn nicht der gleiche ist.
Soziale Kompetenz beziehe ich zunächst auf einen »sozial kompetenten« Umgang mit der »inneren Familie« oder, anders ausgedrückt, mit den unterschiedlichen Selbstanteilen. Wenn dieser besser gelingt, gelingt soziale Kompetenz in Außenbeziehungen meist von alleine oder zumindest leichter. Wer gelernt hat, sich selbst zu akzeptieren, insbesondere die sonderbaren und wenig begeisternden

Seiten seiner selbst, der wird auch freundlicher im Umgang mit anderen. Das ist altes psychotherapeutisches Erfahrungswissen.
PsychotherapeutInnen, die vorhaben, mit PITT zu arbeiten, möchte ich empfehlen, Achtsamkeit bzw. wenigstens genaues Wahrnehmen zu praktizieren. Zum einen sind Sie dann überzeugender, wenn Sie sie Ihren PatientInnen empfehlen, zum anderen wirkt sie sich i. S. von Selbstfürsorge aus.

Soziale Kompetenz entwickelt sich aus einem kompetenten Umgang mit verschiedenen Selbstanteilen, der inneren Familie also. In diesem Sinn ist daher Ego-State-Arbeit hilfreich. PITT regt an, dieser inneren Familie auf der inneren Bühne zu begegnen.

2.5 Zum Umgang mit regressiven Prozessen

Regression spielt in der analytischen Psychotherapie und allen psychodynamischen Verfahren eine bedeutende Rolle.
Was wird unter Regression verstanden:
Ein innerseelisches Zurückgehen auf eine frühere Entwicklungsstufe, das sich auch in entsprechendem Verhalten etc. ausdrückt. Regression ist ein normaler Vorgang, der durchaus zur psychischen Gesundheit gehört. Erst wenn jemand über regressive Prozesse keine Kontrolle mehr hat und sie nicht aktiv rückgängig machen kann, werden sie zum Problem. Kreative Prozesse z. B. wären ohne die Fähigkeit zur Regression kaum vorstellbar. In der Psychoanalyse ist Regression ein wichtiges Mittel der Selbsterfahrung und Selbsterkenntnis. In der tiefenpsychologisch fundierten Psychotherapie geht es aufgrund der begrenzten Zeit um Eingrenzung der Regression. Hier geschieht das meist mittels der Fokussierung auf einen Konflikt und Bearbeitung desselben.

In der PITT geht es um Eingrenzung der Regression mit Hilfe des Instrumentes der »inneren Bühne«, um erwachsene Kompetenzen i. S. der »therapeutischen Ich-Spaltung« zu erhalten und zu fördern.
Die innere Bühne ist zu verstehen als ein imaginierter oder imagi-

närer innerer Ort, an dem verschiedenste Selbstanteile ihren Platz finden bzw. haben. Das Ich von heute hat dort einen zentralen Platz insofern, als es in der Regel die Funktionen des Autors und Regisseurs wahrnimmt. Kann das erwachsene Ich dies nicht erbringen, so hilft es, diesen Regisseur zu »erfinden«. Das »innere Kind oder die inneren Kinder« befinden sich ebenso auf der inneren Bühne wie die verinnerlichten realen Eltern, die »idealen Eltern« u. v. a. m. *Keinesfalls sollte sich die Therapeutin als »Regisseurin« verstehen. (Vielleicht hilft die Vorstellung, »Regieassistentin« zu sein.)*
Das Konzept der inneren Bühne hat in vielem Anklänge an die Jung'sche Psychologie, aber auch an andere Therapieschulen, z. B. die Transaktionsanalyse, die Gestaltarbeit, das Psychodrama, und alle Verfahren, die innere Prozesse psychodramatisch in Szene setzen, sind ebenfalls verwandt. Aber auch die Psychoanalytikerin Joyce McDougall (1988) spricht von »inneren Theatern«.

Spieltherapie im Kopf

Ich spreche gerne von »Spieltherapie im Kopf«, weil mir der spielerische Aspekt sehr wichtig ist. Dieser Aspekt ergänzt sich nach meiner Vorstellung mit dem Konzept der »therapeutischen Kunst«.
Es wird mit der Hypothese gearbeitet, dass das Ich von heute auf der inneren Bühne gestalten kann. Hat der Patient sich davon erst einmal überzeugt, so kann allein diese Haltung bereits Erleichterung verschaffen. Es geht allerdings nicht ohne Verhandlungsbereitschaft mit den Akteuren bzw. Verhandlungsbereitschaft dieser Akteure. Dazu sind manchmal erst »Vorverhandlungen« zu führen. Die therapeutische Aufgabe besteht in erster Linie darin, die innere Kommunikation anzuregen und zu fördern. Die Therapeutin wäre ggf. auch als Moderatorin zu verstehen.
Regression ist durch die »innere Bühne« jederzeit möglich, d. h., sie wird genau genommen überhaupt nicht eingegrenzt. Was aber geschieht, ist, dass *die Regression innerhalb der therapeutischen Beziehung eingegrenzt wird.*
Freuds ursprüngliches Konzept der Übertragung als Widerstand (Freud 1912) kommt hier zum Tragen.
Es war der von mir hoch geschätzte Ferenczi, der sich für die Ausdehnung regressiver Prozesse stark gemacht hat. Er hat aber auch

hervorgehoben, dass das heuchlerische Verhalten des Analytikers – wenn er z. B. seine Gefühle verbirgt oder leugnet – Regression in traumatische Zustände begünstigt (Ferenczi 1932).

In seiner Arbeit »Sprachverwirrung zwischen den Erwachsenen und dem Kind« (a. a. O.) beschreibt Ferenczi eine Situation, in der die Patientin so sehr regrediert ist, dass sie ihn mit »Großpapa« anredet und er ihr dann antwortet, als sei er der Großpapa. Aus unserer heutigen Sicht würden wir eher versuchen, der Patientin deutlich zu machen, dass die Therapeutin nicht »Großpapa« ist, d. h., wir würden dieses Übertragungsangebot *so* nicht annehmen.

Ferenczi hat seinen Patientinnen und Patienten dann immer tiefere Regressionen ermöglicht, leider nicht unbedingt zu deren Nutzen. Heute können wir sagen, dass zumindest diejenigen unter ihnen, die traumatisiert waren, mit diesen regressiven Angeboten allein schon deshalb nicht umgehen konnten, weil sie immer tiefer in Retraumatisierungen hineingerieten. Heute wissen wir, dass die hier geförderte Regression keine im »Dienste des Ich« war. Gesunde Regression sollte ein wachstumsfördernder Prozess sein. Wie wir aus der »Neurobiologie der Angst« (Hüther 1997), aber auch aus alltäglichen Erfahrungen wissen, ist zu viel Angst nicht wachstumsfördernd. Regression, die allzu viel Angst aktiviert, ist daher therapeutisch nicht empfehlenswert. Sie fordert die Therapeuten zu immer mehr Aktivität und Verantwortungsübernahme heraus und macht die Patienten abhängig.

Die Vorstellung der Autorschaft ermöglicht es der Patientin, sich immer wieder neue Situationen und Möglichkeiten auszudenken, diese zu erfinden und so auch aus der Ohnmacht und Hilflosigkeit herauszukommen. Manchmal geht dies nur auf Umwegen: »Wenn Sie sich vorstellen, Sie würden eine Geschichte erfinden oder ein anderer würde eine Geschichte erfinden, was wäre das für eine Geschichte?« »Schauspieler« mit scheinbar festgelegten Rollen können aufgefordert werden, diese einmal ganz anders zu gestalten. Der »Regisseur« wiederum kann das Stück weiter gestalten und »Umbesetzungen« vornehmen.

Wie erwähnt beinhaltet das Konzept »innere Bühne« auch die Möglichkeit der »Spieltherapie im Kopf«, sodass es einleuchtet, *dass kinder- und spieltherapeutische Techniken ohne weiteres mit diesem Konzept zu vereinbaren sind.*

In all diesen Fällen gibt es einen imaginären Aktionsraum zwischen Therapeutin und Patientin, in dem sich auch das Übertragungsgeschehen entfalten kann, ohne dass das Arbeitsbündnis davon tiefer gehend gestört wird.

Zur Eingrenzung der Regression empfiehlt sich auch das »beidäugige Sehen« (Fürstenau 2002) in Diagnostik und Therapie. Darunter wird eine ganzheitliche Sicht des Patienten verstanden, d. h. seiner Gesamtpersönlichkeit mit ihren Fähigkeiten und Ressourcen sowie andererseits der kranken Seiten. Die gängige therapeutische Praxis betont allzu sehr das Kranke, die Pathologie, das Defizitäre, was sich bei Patientinnen mit Traumafolgeerkrankungen besonders ungünstig auswirkt. Wenn wir uns im Erstgespräch zunächst für diesen ganzen Menschen interessieren, d. h. vor allem auch den Erwachsenen mit seinen Lebenszielen, dann wirkt sich auch dies antiregressiv aus. Erst wenn der/die Erwachsene ausreichend zur Darstellung kam, folgt in einem nächsten Schritt die Frage: Was hindert diesen erwachsenen Menschen an der Verwirklichung seiner Ziele? Und daraus ergibt sich die Erkenntnis, dass »verbliebene Kindlichkeit« (Fürstenau a. a. O.) oder Unaufgearbeitetes aus der Vergangenheit diesen Menschen an der Erreichung seiner erwachsenen Ziele hindert. Daraus folgt dann, *dass mit der erwachsenen Patientin eine Verabredung getroffen werden kann, gemeinsam an den Problemen der kindlichen oder jüngeren Teile in ihr zu arbeiten.* Dieses explizit formulierte Angebot halte ich für sehr wichtig, damit die Patientin eine Chance erhält, sich explizit dazu zu äußern. Darüber hinaus erfolgt eine Erklärung, dass kindliche Teile auf der »inneren Bühne« den Raum erhalten sollen, sich zu zeigen, und dass dort der Ort sein soll, auf dem imaginativ Heilung geschehen soll.

2.6 Die häufigsten Fallen in der Einleitungsphase

1. Rettungsphantasien und gesteigertes Helfen wirken sich nicht günstig aus.
2. Falsch verstandene Abstinenz und die Weigerung, hilfreich beizustehen, ebenso.
3. Eine schulmeisterliche Aktivität ist ebenso ungünstig wie allzu langes Warten, insbesondere wenn Patienten sich durch ausdauerndes Beschäftigen mit Belastendem immer mehr in einen belasteten Zustand hineinmanövrieren.
4. Zu starke Orientierung an einem auf Assoziation ausgerichteten Modell ist ebenso schädlich wie eine *streng* auf bestimmte Phasenprinzipien gerichtete Haltung.
5. Viel Information am Anfang ist wichtig, sie sollte aber nicht dazu dienen, die Beziehung außer Acht zu lassen. Die Aufrechterhaltung einer tragfähigen therapeutische (Arbeits-)Beziehung hat immer Vorrang vor jeder anderen Intervention.
6. Viele KollegInnen lassen sich verleiten, zu viel traumatisches Material zu erfragen.
7. *Es ist notwendig, das Kennenlernen von traumatischen Inhalten zugunsten der Erarbeitung von äußerer und innerer Sicherheit der Patientin zurückzustellen. Diese sollte immer Vorrang haben!*
8. Die Schutzmechanismen der Patienten werden oft zu früh infrage gestellt, wichtig ist, diese zu würdigen und dann behutsam ihren Wert im aktuellen Leben kritisch zu überprüfen (z. B. selbst verletzendes oder süchtiges Verhalten).
9. Fischer beschreibt Verhalten, das sich entwickelt(e), um das Ich vor Überflutung mit traumatischem Material zu verhindern, als traumakompensatorisches Schema. Er rät, dieses Schema zunächst zu würdigen und – soweit vertretbar – zu fördern.

Handelt es sich um selbst schädigendes Verhalten, kann man darauf hinarbeiten, es durch funktionaleres zu ersetzen. *Keinesfalls sollte man vor Festigung traumakompensatorischer Fähigkeiten das Trauma bearbeiten wollen* (Fischer a. a. O.).

2.7 Zusammenfassung: Vorgehen in der Einleitungsphase

- Seien Sie freundlich und zugewandt und denken Sie daran, dass jede Therapie von einer hilfreichen Beziehung lebt.
- Fühlen Sie sich für die Beziehung verantwortlich.
- Klären Sie den Auftrag der Patientin/des Patienten an Sie *explizit!* und frühestmöglich.
- Erheben Sie die Anamnese, ohne Belastungen zu fokussieren oder durch *Betonung* schwieriger Themen zu belasten. Erheben Sie parallel zur Problemanamnese auch die »Freudebiographie« (Kast 1994) und fragen Sie, was dem Patienten geholfen hat, schwierige Situationen zu überstehen. Die Frage kann lauten, »wie haben Sie es geschafft, mit all dem Schweren fertig zu werden.«
- Führen Sie falls erforderlich sofort eine Distanzierungstechnik (Innerer Beobachter, Bildschirm) ein.
- Verstärken Sie Ressourcen durch Würdigung derselben
- Erklären Sie, warum Sie ressourcenorientiert arbeiten..
- Klären Sie die Lebensziele der erwachsenen Person.
- Daraus ergeben sich die Therapieziele.
- Stellen Sie einen Zusammenhang zwischen Auftrag/Zielen Beschwerden und Lösungsmöglichkeiten frühestmöglich her.
- Regen Sie die Fähigkeit zur Selbstbeobachtung an, dazu gehört

insbesondere das Wahrnehmen von Erfreulichem (Zufriedenheits-oder Freudetagebuch)

- Erarbeiten Sie mit der Patientin möglichst schon in der ersten Sitzung, welche Möglichkeiten der Selbstberuhigung sie einsetzen kann. Bitten Sie sie, dass sie sich das auf einen Zettel schreibt, den sie immer bei sich führt.
- Weisen Sie darauf hin, dass Sie nicht immer erreichbar sind. Vereinbaren Sie eventuell Telefonzeiten.
- Schlagen Sie ressourcenorientierte Selbstbeobachtungen vor (z. B. »Bitte achten Sie bis zu unserem nächsten Termin auf alles, was Ihnen gut tut, und notieren Sie es.«).
- Erbitten Sie Rückmeldungen.
- Erklären Sie das gesamte Therapieprozedere.
- Greifen Sie positive Sprachbilder der Patientin auf.
- Regen Sie, wenn die Sprachbilder negativ sind, zu innerem Pendeln zwischen negativen Bildern und entsprechenden Gegenbildern an.
- Führen Sie ggf. die eine oder andere Imaginationsübung ein. (S. dazu: »Imagination als heilsame Kraft«.)
- Erklären Sie das Prinzip »innere Bühne« und die Arbeitsbeziehung und bitten Sie um Einverständnis zu dieser Arbeit.
- Führen Sie die Arbeit mit dem inneren Kind bzw. jüngeren Ich (ggf. erklärend) ein.
- Regen Sie so früh wie möglich an, dass sich die Patientin ihre »innere Weisheit« bewusst macht.
- Achten Sie darauf, dass die Arbeitsbeziehung erhalten bleibt. Klären Sie Übertragungsmanifestationen negativer oder idealisierender Art immer sofort und seien Sie bemüht, wieder auf die Ebene der Arbeitsbeziehung zu gelangen.
- Finden Sie Gelegenheiten, miteinander zu lachen – vielleicht nicht immer die beste Medizin, aber eine der wirksamsten.

3. Die Stabilisierungsphase

*Lass den Tag nicht verstreichen
Ohne ihm ein großes oder kleines Geheimnis abzuringen.
Es sei dein Leben wachsam,
täglich eine Entdeckung.
Für jede Krume harten Brotes,
die dir Gott gibt, gib du ihm
den reinsten Edelstein deiner Seele.*

J. R. Jimenez

Stabilisierung als Prinzip sollte bei der ersten Kontaktaufnahme beginnen, d. h., das hier Beschriebene ist wiederum vernetzt mit dem bereits Ausgeführten.

3.1 Äußere Sicherheit

Diesen Punkt will ich hier besprechen, da ich in vielen Seminaren und Supervisionen immer wieder danach gefragt werde und es für viele Kolleginnen und Kollegen offenbar sehr schwierig ist, hier zu einer klaren Haltung zu finden.

Dies ist verständlich. Therapeuten sind ja eher gewöhnt, dass alles, was ein Patient mitbringt, so lange akzeptiert wird, bis er es von sich aus verändert. Und diese Haltung ist sinnvoll, aber eben – wie bei fast allem im Leben – nicht immer. *Anhaltender Täterkontakt macht nutzbringende Therapie zunichte.*

Während Traumakonfrontation auf jeden Fall kontraindiziert ist, kann sorgfältig eingesetzte Stabilisierungsarbeit den Patientinnen helfen, sich innerlich stärker zu fühlen und sich dadurch auch eher zuzutrauen, sich von den sie – immer noch – schädigenden Menschen zu distanzieren. In diesem Zusammenhang bewähren sich Gespräche über die Sehnsucht der Patientinnen nach »guter Beelterung« und Vorstellungen von »idealen, immer bedürfnisbefriedigenden Wesen« besonders.

Die Frage »Wer kann keinen Abstand halten, Sie oder Ihr inneres Kind?« führt häufig zu der Antwort »Das Kind, ich finde es sogar dumm, dass ich den Kontakt halte«. Damit besteht dann wiederum ein Ansatz für die Arbeit mit dem inneren Kind (s. u.). Es sollte auch in Betracht gezogen werden, dass eine länger dauernde stabile und Halt gebende therapeutische Beziehung erst einmal aufgebaut werden muss als ein gewisses Gegengewicht zu den schädigenden, aber doch auch bedeutsamen Beziehungen (Reddemann, Wöller, Kruse 2005). Die durch das Wiedererleben traumatischer Affekte im Alltag aktivierten Verlassenheitsängste führen dazu, dass Traumaopfer sich an Personen binden, die ihnen Nähe und Geborgenheit anzubieten scheinen; in diesem Fall können sogar gewaltsame Handlungen toleriert werden. In vielen Fällen wird Leiden bewusst in Kauf genommen, da nur so ein Gefühl von Nähe, Geborgenheit und Heimat möglich ist. Verschiedentlich ist auf den Aspekt hingewiesen worden, dass das Sicherheitsgefühl auf das Bekannte, das Vertraute angewiesen ist, auch wenn dieses Gewalt, Chaos und Betrug bedeutet. Reviktimisierungen geschehen oft in einem Umfeld, in dem die Bereitschaft dazu schon angelegt ist. Gerade ein solches Umfeld vermittelt die Nähe zum Elternhaus und erfüllt das Bedürfnis, auch in einer gewaltsamen Umgebung Vertrautes, Bekanntes wiederzufinden. In einer missbräuchlichen Beziehung selbst kann Nähe nur in Verbindung mit Gewalterfahrung erlebt worden sein. Schmerz und Leiden werden dann besonders gesucht, wenn sie über eine Assoziation mit »Mutter« oder »Vater« oder über das Gefühl des Bekannten und Vertrauten indirekt ein Gefühl von Geborgenheit, Sicherheit und Heimat vermitteln. Manchmal sind ja leider die Schädiger die einzigen Menschen, zu denen ein emotionaler Kontakt besteht. Das sollte die Therapeutin allerdings nicht – allzu lange – dazu verführen, sich für die Retterin der Patientin zu halten. Nur die Patientin selbst kann sich retten – vorausgesetzt, sie will es wenigstens ein wenig. Darüber hinaus sollte in solchen Fällen auch an eher sozialpsychiatrische Interventionen und Unterstützung gedacht werden, die gegebenenfalls, d. h. je nach Patientin und Störung, auch von der Therapeutin selbst zur Verfügung gestellt werden sollte.

Woran können TherapeutInnen erkennen,
dass KlientInnen noch Täterkontakt haben?

Zunächst empfiehlt es sich, danach zu fragen. Aus den oben genannten Gründen haben viele PatientInnen kein Problembewusstsein dafür, dass ihnen der anhaltende und oft sehr intensive Kontakt zu Angehörigen, die ihnen geschadet haben, aktuell ebenso schadet. Schwieriger wird es bei PatientInnen mit höhergradigen dissoziativen Störungsbildern. Bei ihnen gibt es oft Teile – oder States –, die überzeugt sind, keinen Kontakt zu haben, und andere, die diesen Kontakt pflegen. Oft kann man das bemerken bzw. vermuten, wenn der sichere Ort nicht herstellbar ist, obwohl die Patientin dies wünscht. Auch wenn Therapiefortschritte immer wieder zunichte gemacht erscheinen, sollte man sich und der Patientin die Frage stellen, wie es mit Täterkontakt steht. Manchmal hilft auch eine hypnotherapeutische Technik weiter: Über Fingersignale wird abgefragt, ob es noch Kontakte gibt. Dabei werden ein Ja-Finger und ggf. ein Nein-Finger und ein neutraler Finger festgelegt und unterstellt, dass das Unbewusste der Patientin dann jeweils über den Finger antwortet. Unsere diesbezüglichen Erfahrungen sind positiv, sodass wir diese Technik gelegentlich anwenden. Sie setzt aber eine tragfähige therapeutische Beziehung voraus und sollte nicht nur technisch verstanden werden. PatientInnen, die unter dem Verdikt von Schweigegeboten stehen, können so Auskunft geben, wenn ein Teil von ihnen das will.

3.2 Psychoedukation

Psychoedukation wird inzwischen auch im psychodynamischen Umgang mit vielen Störungsbildern als hilfreich angesehen. So z. B. in der Behandlung von Somatisierungsstörungen (Henningsen et al. 2002). Sie hat in der Behandlung posttraumatischer Störungsbilder ebenfalls einen festen Platz. Unsere klinische Erfahrung hat uns gezeigt, dass die Behandlungsverläufe unkomplizierter werden, wenn wir eine einleitende Phase der Psychoedukation vorsehen.

Es geht darum, die PatientInnen über Trauma, Traumacoping und Traumafolgen zu informieren. Dies führt zu einem besseren Verständnis der oft bizarr erscheinenden Verhaltensweisen für die Patientin, d. h. zu einer verbesserten Selbstakzeptanz. (Reddemann und Dehner-Rau 2004) Psychodynamisch arbeitende TherapeutInnen sollten lernen abzuwägen, ob es Zeit für Psychoedukation ist oder für eine Deutung. Psychoedukation kann minimal direktiv sein, indem man z. B. anregt, dass sich die Patientin an frühere Lösungen erinnert, in jedem Fall erfordert sie aktiveres Handeln des Therapeuten, als Psychodynamiker es gewohnt sind.
Bitte bedenken Sie immer, dass letztlich die Patientin oder der Patient entscheidet, was für sie oder ihn stimmt, d. h., wir ermutigen die PatientInnen zur Meisterschaft im Umgang mit sich selbst.

Fallvignette

> Ein Patient hat nach einem sehr schweren Unfall in seinem Betrieb große Angst, diesen wieder zu betreten, und vermeidet das Gelände des Betriebes sogar von weitem. Der tiefenpsychologisch ausgebildete Therapeut deutet ihm dieses Verhalten im Zusammenhang mit einer Kränkung am Arbeitsplatz. In der Supervision dieses Falles wird deutlich, dass der Patient darauf mit Ärger reagierte, was wiederum zu einer weiteren Deutung führte. Dieses Vorgehen war nicht falsch, da es auf Konflikte des Patienten einging. Dennoch erscheint es aus traumatherapeutischer Sicht angemessener, dem Patienten zu erklären, dass das Vermeiden des Ortes einer Traumatisierung zu den typischen und eigentlich ja auch gesunden Reaktionen auf eine traumatische Erfahrung gehört. Im Sinne des Konzeptes des traumakompensatorischen Schemas hätte man also sein Verhalten erst einmal als sinnvoll und gesund gewürdigt. Damit hätte sich der Patient vermutlich besser verstanden gefühlt. Anschließend könnte man mit ihm erarbeiten, wie er nach und nach seine Angst überwinden kann. In diesem Zusammenhang hätte dann sein Ärger über Kollegen und Vorgesetzte auch Platz gehabt und hätte natürlich auch bearbeitet werden müssen.
> *Zur Psychoedukation sollten auch Informationen über Selbstmanagementtechniken und über die Therapie gehören.*

Wie eine Patienteninformation zu »Trauma« aussehen könnte, ist dem Text auf der folgenden Seite zu entnehmen.

Patienteninformation: Was ist ein Trauma

Nicht alles Belastende ist ein Trauma.
Unter einer traumatischen Erfahrung versteht man, dass die Situation überwältigend ist und dazu führt, dass man sich extrem ohnmächtig und hilflos fühlt. Außerdem erlebt man Gefühle von Panik, Todesangst, Ekel.
Gesunde Menschen reagieren auf solche Situationen mit einem (Auf-)Schrei.
Alle Menschen brauchen eine gewisse Zeit, um mit solchen Erfahrungen fertig zu werden.
Sie setzen sich längere Zeit damit auseinander, indem sie oft daran denken und von Gefühlen, die damit in Zusammenhang stehen, eingeholt werden. Viele fühlen sich auch über längere Zeit verwirrt und geradezu desorientiert. Andererseits gibt es auch immer wieder Phasen des Dichtmachens, wo man sich ablenken möchte und von allem nichts mehr wissen will.
Dies alles ist normal und dient der Verarbeitung.
Unter ungünstigen Umständen, z. B., wenn der Mensch, dem das Trauma widerfährt, noch sehr jung und sehr allein gelassen ist, kann eine Traumaverarbeitung nicht stattfinden.
Besonders belastend ist es, wenn die Traumatisierungen sich wiederholen, wie z. B. bei Gewalt in der Familie oder Folter.
Fast alle Menschen schützen sich während einer traumatischen Erfahrung mittels eines Mechanismus, den man Dissoziation nennt. Verschiedene Bereiche des Erlebens werden weit auseinander gehalten. So kann es vorkommen, dass jemand sagt, ich habe das beobachtet und es war, als würde das gar nicht mir geschehen. Dabei werden also die Gefühle dissoziiert.
Dieser Schutzmechanismus kann später zum Problem werden, da er eine Tendenz hat, sich rasch zu verselbstständigen und sich zu generalisieren.
Dann dissoziieren Menschen auch dann, wenn »nur« eine Alltagsbelastung vorliegt.
In ihrem Gehirn haben sich dann meist Veränderungen vollzogen, die es unmöglich machen, Alltagsstress gut zu verarbeiten. Kleiner Stress wird dann zur Riesenbelastung.

Es können sich dann vielfältige Störungen entwickeln, nicht nur die Posttraumatische Belastungsstörung, sondern auch depressive Störungen, Suchterkrankungen, Angststörungen und vieles andere mehr kann eine Folge von nicht verarbeiteten traumatischen Erfahrungen sein.
Hier kann Traumatherapie helfen:
Traumatherapie wird heute in einer dreiphasigen Behandlung durchgeführt.
1. *Stabilisierung*
2. *Traumakonfrontation, vorausgesetzt, die Patientin/der Patient ist dafür stabil genug*
3. *Integration und Neubeginn*

3.3 Kreativer Umgang mit den Imaginations-»Übungen«

Weiter oben wurde ausgeführt, dass jeder Mensch über Vorstellungskraft verfügt. Die Möglichkeit, dabei auch innere Bilder zu sehen, innere Filme, ist mehr oder weniger stark ausgeprägt und nicht Bedingung für die Arbeit mit »Imaginationen«.
In früheren Veröffentlichungen wurde möglicherweise der Eindruck erweckt, dass sich die imaginative Arbeit vor allem in Übungen vermitteln sollte. Diese Sicht hat zwar Gültigkeit, jedoch hat sie sich zunehmend erweitert.

Die Übungen als Ausgangsmaterial

Über die Jahre hat sich bei mir zunehmend ein Umgang mit den Übungen als Ausgangsmaterial entwickelt, es sei denn, ich leite in einer Übungsgruppe diese Übungen an (dazu mehr: s. u.).
Ausgangsmaterial meint, dass die Übungen nur noch als »Ideengeber« verstanden werden, die dann je nach therapeutischer Situation kreativ eingesetzt werden.

Z. B. kann man *ein Gespräch* über die eine oder andere Übung führen. »Angenommen, Sie würden sich so etwas wie einen guten, sicheren Ort vorstellen, wie würde der aussehen ... was könnten Sie tun, damit der Ort so gestaltet ist, dass Sie sich dort ganz und gar wohl fühlen ... Angenommen, Sie haben sich es dort bequem gemacht, würden Sie dann auch noch hilfreiche, Sie unterstützende Wesen dort haben wollen, oder wie sonst könnten Sie für noch mehr Wohlgefühl sorgen?« Wenn der Patient sich erst einmal auf die Bilder eingelassen hat und sie für hilfreich hält bzw. erlebt, dass sie ihm gut tun, ermutige ich dazu, sich bis zur nächsten Therapiesitzung damit etwas zu beschäftigen und mir davon zu berichten, wie sich die Beschäftigung auswirkt. Das ist zwar immer noch direktiver als das herkömmliche Verfahren der Tiefenpsychologisch fundierten oder gar Analytischen Psychotherapie, jedoch gerate ich dadurch nicht in die Rolle, direkt Übungen anzuleiten, was mir in Einzeltherapien meist widerstrebt.

Es ist oft auch erstaunlich, wie kreativ PatientInnen die Übungen umgestalten. Auch dies ist sehr zu begrüßen, solange erkennbar ist, dass die Patientin sich damit gut oder sogar besser fühlt. Ungünstig wäre die Umgestaltung der Übungen in selbstdestruktiver Weise.

Die Baumübung (s. »Imagination ...« S. 49) kann man ins Gespräch bringen, wenn Patientinnen sich über einen Mangel beklagen, zu wenig hiervon, zu wenig davon zu bekommen. »Mir geht da durch den Kopf, dass Pflanzen, Bäume z. B., alles bekommen, was sie brauchen, ohne sich anzustrengen. Sie öffnen sich quasi der Nahrung, und im Allgemeinen bekommen sie von der Erde und von der Sonne die Nahrung, die sie brauchen. Können Sie mit diesem Gedanken etwas anfangen, hat der für sie irgendeine Bedeutung? ... Angenommen, Sie würden sich mit einem Baum identifizieren, wie wäre das, ›einfach so‹ Nahrung zu bekommen? ... Wenn Sie sich probeweise eine Weile lang verhalten würden, als wären Sie ein Baum, der sich nicht anstrengen muss, was würde das bedeuten? Wie würde sich das auf Sie auswirken? ...«

Die Übung »*Gepäck ablegen*« (»Imagination ...« S. 50) könnte ein Gespräch über mitgeschleppte Lasten anregen. »Es kommt mir so vor, als würden Sie ganz viel schweres Gepäck mit sich herumschleppen. Angenommen, Sie würden sich vorstellen, dass Sie das einmal für eine Weile ablegen, wie würden Sie sich dann fühlen?

Könnten Sie dann spüren, dass Sie sich leichter fühlen? ... Wären Sie dann vielleicht offener für Neues? ... Und wenn Sie sich so für eine Weile leichter fühlen würden, wäre es Ihnen dann vielleicht möglich, Ihr Gepäck einmal zu sortieren und zu prüfen, was davon Sie noch brauchen und was nicht? ... Eine Patientin hatte beim Sortieren des Gepäcks die Idee, sich jeweils mit einem kleinen ›Tagesrucksack‹ auszustatten. Solch kreatives Weitergestalten ist immer der beglückendste Hinweis, dass die Patientin von der imaginativen Arbeit profitieren kann.«

Die Achtsamkeitsübung kann, wie oben bereits beschrieben, zu einer Übung im Alltag und in diesem Sinn besprochen werden: »Wenn Sie sich einmal vorstellen, Sie räumen gerade die Spülmaschine ein, wie machen Sie das eigentlich? Sind Sie da ganz bei der Sache oder denken Sie an tausend andere Dinge?« – »Da denke ich an was anderes, ist doch reine Routine« – »Ja, so wird das in unserer Kultur meist gesehen. Heute wissen wir allerdings, dass wir uns selbst Stress machen, wenn wir das eine tun und das andere denken. Wie wäre es, wenn Sie einmal beobachten, wie es Ihnen geht, wenn sie mit voller Aufmerksamkeit und ganz achtsam Ihre Spülmaschine einräumen? Wir könnten das dann beim nächsten Mal zusammen auswerten, wie es Ihnen damit ergangen ist.«

Die *Glücksübung* (»Imagination ...« S. 53) führe ich gerne so ein: »Sie haben viel Unglück in Ihrem Leben aushalten müssen, gibt es auch so etwas wie kleine Momente des Glücks oder wenigstens der Zufriedenheit?« Dann werden diese Momente zusammengetragen. Sagt ein Patient, er kenne Glück gar nicht, sollte man es mit Zufriedenheit oder Freude versuchen. »Wäre es Ihnen recht, wenn Sie sich jetzt noch einmal an diesen Glücksmoment erinnern? ... Können Sie spüren, dass er dadurch wieder lebendig wird? ... Und könnten Sie sich vorstellen, dass Sie diese Empfindung von Glück in die Zeit vor und nach dem Glücksmoment hinein ausdehnen könnten?« Danach erkläre ich den Unterschied von Glücksempfinden und Glücksfähigkeit, und dann könnte das ein guter Moment sein, eine Geschichte zu erzählen, die ich hier einfügen möchte:

Die Geschichte von Fortunata

»Ein König lebte sehr glücklich mit seiner Frau und sieben Töchtern. Aber eines schönen Tages wurden er und sein Land von einem Nachbarland angegriffen, er wurde gefangen genommen, und die Königin und ihre schönen Töchter mussten fliehen. Sie fertigten wunderschöne Stickereien, aber niemand wollte sie haben, und oft hatten sie nicht genug zu essen. Eines Tages hörte die Königin von einer alten Zigeunerin, dass ihre jüngste Tochter ein unglückliches Schicksal habe und das sei der Grund, warum sie so glücklos seien. Die Königin möge diese Tochter wegschicken, dann kehre das Glück zurück. Die Königin war entsetzt, denn natürlich wollte sie sich nicht von ihrer Tochter trennen. Diese bemerkte, dass die Mutter irgendeinen Kummer hatte, und bestand schließlich darauf, nachdem ihr die Mutter von der Zigeunerin erzählt hatte, Mutter und Schwestern zu verlassen. Von nun an nannte sich das Mädchen ›Glücklos‹, und alles, was sie begann, missglückte ihr. Sie mühte sich und mühte sich, doch alles misslang. Schließlich, als Glücklos ganz verzweifelt war, traf sie ihre alte Amme wieder und erzählte ihr von ihrem Unglück. Da sagte die alte Amme: ›Es werden bessere Zeiten kommen, komm mit mir, ja, sie werden kommen. Du kannst mir bei der Wäsche helfen.‹ Die Amme wusch die Wäsche des Königs, in dessen Land sie inzwischen lebte, und als ihr Glücklos zum ersten Mal half, da machte das Hemd, das sie gerade wusch, einen Satz, drehte sich, trieb den Bach hinunter und blieb an einem Brombeerstrauch hängen. Als Glücklos es vom Busch nehmen wollte, hatte es einen gewaltigen Riss auf dem Rücken. Die Amme sagte: ›Du musst ein unglückseliges Schicksal haben, ich werde mir über dein Schicksal und wie wir es ändern können Gedanken machen.‹ Die Amme und die Königstochter konnten nun Tag für Tag beobachten, wie das Schicksal von Glücklos gegen sie war. Eines Tages sprach die Amme. ›Nimm diese Kuchen hier, stell dich an den Strand und rufe mein Schicksal dreimal, laut und deutlich. Beim dritten Mal kommt mein Schicksal aus dem Meer zu dir. Gib ihm einen von den Kuchen mit meinen besten Grüßen und bitte es sehr höflich darum, dir zu sagen, wo dein Schicksal zu finden ist.‹ Das Mädchen tat, wie ihm geheißen, und das Schicksal ihrer Amme, das eine wunderschöne Frau

war, gab ihr folgenden Rat: ›Nimm diesen schmalen Eselspfad über die Sandhügel und durch das Dickicht. Mitten im Dickicht wirst du eine alte Hexe finden. Sie ist dein Schicksal. Grüße sie freundlich und biete ihr einen Kuchen an. Sie wird sehr unhöflich sein und den Kuchen zurückweisen. Leg ihn ihr aber zu Füßen und gehe fort.‹ Alles trat so ein, wie es das Schicksal der Amme vorhergesagt hatte. Da ging Glücklos zu ihrer Amme zurück und erzählte ihr alles. Die meinte: ›Kopf hoch, wir werden die Alte schon noch rumkriegen.‹ Als sie diesmal zum König kam, gab dieser ihr zwei Goldmünzen, denn er war mit ihrer Arbeit sehr zufrieden. Und was tat die Amme mit den Goldmünzen? Sie kaufte ein schönes Kleid, feine Wäsche, ein zartes Kopftuch, einen Schwamm, ein Stück duftende Seife, eine Haarbürste, einen Kamm und eine Flasche Parfüm. Alle diese Dinge gab sie Glücklos. Und dann befahl sie Glücklos, wieder zu der alten Hexe zu gehen. ›Und ob sie es will oder nicht – du ziehst ihr die Lumpen vom Leib, wäschst sie vom Scheitel bis zur Sohle, bürstest und kämmst sie, ziehst ihr die neuen Sachen an und besprühst sie am Schluss mit dem Parfüm. Sie ist nur eine schwache alte Frau, du aber bist jung und kräftig. Zum Schluss gibst du ihr diesen Kuchen und sprichst zu ihr: Mein kleines Schicksal, ich, Glücklos, wünsche dir alles Gute. Gib mir bitte einen neuen Namen!‹
Wieder tat Glücklos alles so, wie es ihr gesagt worden war. Und nachdem sie ihr Schicksal neu eingekleidet hatte, bat sie um einen neuen Namen. Und die Alte gab ihr für alles, was sie für sie getan hatte, einen neuen Namen. Fortan sollte sie ›Fortunata‹ heißen. Und sie gab ihr ein kleines Kästchen. Als sie wieder bei ihrer Amme angelangt war, öffnete Fortunata das Kästchen und fand darin ein kleines Stück einer goldenen Tresse. Sie und ihre Amme waren enttäuscht und dachten, das sei ja kein besonderes Geschenk, aber als die Amme diesmal zum König kam, klagte der darüber, dass an seiner Uniform ein Stück Tresse fehlte und er es unbedingt finden müsse, denn er könne sich in einem solchen Zustand nicht blicken lassen.
Und was sagte die Amme? Für die meisten Dinge gibt es eine Lösung, ging nach Hause und holte das Stück Goldtresse, das Fortunata von ihrem Schicksal bekommen hatte. Natürlich wollte der König, der überglücklich war, nun seine Schuld begleichen. Er legte das Kästchen mit der Tresse auf eine Waage und wollte es mit

Gold aufwiegen. Aber so viel Gold er auch in die andere Waagschale legte, es wollte nicht reichen. Da holte die Amme Fortunata und erzählte dem König alles. Der sagte, dass alles beglichen werden solle, und er kämpfte mit seiner Armee für den Vater der Prinzessin, schlug den Feind in die Flucht, und der alte König war frei. Jetzt konnten die Königin und ihre Töchter die armselige Hütte verlassen, und alle wurden wieder miteinander vereint.

Und natürlich heirateten Fortunata und der König, und alle waren glücklich, und die Amme sang und lachte und kümmerte sich um die hübschen Kinderchen der jungen Königin.«

An dieser Geschichte lässt sich dann vieles erklären, z. B., dass, wenn man sich selbst für glücklos hält – im Märchen ist es der Name –, es dann auch ist. (Wir sind, für was wir uns halten.) Der erste Schritt zur Veränderung ist, dass das Mädchen ihrer Amme ihr Leid klagt und diese anerkennt, ja, du hast ein schlechtes Schicksal, aber gleichzeitig hat sie auch die notwendige Zuversicht, dass sich das ändern lässt. (Für die Therapeutin heißt das nach meinem Verständnis, dass sie Hoffnung und Zuversicht ausstrahlen und vermitteln sollte, dass man ein »schlechtes Schicksal« besiegen kann, und sie zeigt auch Wege auf.) Das Mädchen tut nun alles, was ihre Amme ihr sagt, nimmt auch einige Schwierigkeiten auf sich, um schließlich ihr Glück zu machen.

Zurück zur Glücksübung:

Dieses Beispiel soll deutlich machen, dass es manchmal nötig ist, einige »Umwege« zu gehen, bis man wieder zum Inhalt der Übung zurückkehrt.

Zu der Übung gehört auch die Vorstellung der Lebenslinie – man stellt sich dabei das eigene Leben wie auf einer Linie gezeichet vor – mit leuchtenden Glückspunkten. Man kann diese Vorstellung auch umformulieren in: »Wenn Sie sich für die Zukunft etwas wünschen könnten, wie viel Glück wünschen Sie sich dann?«

Die Übung *»Frieden schließen mit sich selbst«* (»Imagination ...« S. 55) könnte ein Ausgangspunkt für ein Gespräch über Akzeptanz verschiedener Seiten des Patienten sein. »Es kommt mir so vor, als gäbe es in Ihnen verschiedene Teile, einen, der recht gelassen und akzeptierend im Umgang mit sich selbst ist, und einen, der dauernd

gegen sich selbst kämpft. Können Sie damit etwas anfangen? ... Wie wäre es, wenn Sie sich vorstellen, dass diese beiden Seiten eine Gestalt haben, dass Sie sich die konkret vorstellen ... könnten die einander begegnen und miteinander ein freundliches Gespräch führen?«
Dies sollen einige Beispiele sein, wie man die Bilder der Übungen verwenden kann.
Jede der beschriebenen Übungen kann auf diese Art genutzt werden. Man kann sie dann auch sehr genau auf die Bedürfnisse der Patientin abstimmen oder anpassen, während die Übung an sich eher allgemein gehalten und nicht unbedingt passgenau ist. Erlauben Sie sich, mit den Übungen kreativ umzugehen!
Einige weitere Bilder möchte ich ergänzend zur Verfügung stellen:

Arbeit am Selbstbild

Über das *Selbstbild der PatientInnen* kann man gut anhand der Geschichte vom Adler, der ein Huhn sein sollte, sprechen. Sieht der Patient seine »Adler-Natur«, sieht er sich als ein Wesen, das »zur Sonne fliegen kann«? Gibt es in ihm diesen »naturkundigen Mann«, der um sein wahres Wesen weiß, oder ist der Teil, der ihn ein Huhn, das im Staub nach Würmern sucht, sein lassen will, stärker? Wie fühlt es sich an, sich vorzustellen, sich der Sonne zuzuwenden?

Bilder für Schutz

Unsere Patientinnen wünschen sich oft *Bilder, die Schutz implizieren*. So z. B. die Imagination einer eiförmigen Lichthülle (»Das Ei aus Licht«), in dessen Mitte man sich befindet, und dieses Licht schützt vor schädigenden Einflüssen. Wer mit dieser Imagination arbeiten mag, fühlt sich schon allein deshalb besser, weil er sich auf geschützt sein fokussiert, genauso wie bei einer anderen Imagination, der des Schutzmantels. In vielen Madonnendarstellungen, vor allem des Mittelalters, gibt es ja den *blauen Schutzmantel*. So ein Mantel kann ebenfalls imaginiert werden, um sich besser geschützt zu fühlen. Es sollten dann die Farbe – welches Blau? –, der Stoff und die Form des Mantels genau ausgemalt werden.

Bilder für Reinigung

Reinigung, die auch häufig gewünscht wird, kann durch ein Bad im Meer, eine Reinigung in einem Wasserfall, aber auch durch ein Bad aus Licht imaginiert werden. Auch die Vorstellung, dass alles, was man nicht mehr braucht, einen mit Hilfe des Atems wieder verlässt, kann helfen. Manchen hilft es auch, sich vorzustellen, dass sie über Urin und Kot »ihren Dreck« loswerden. Lassen Sie Ihre Patienten das zu ihnen Passende finden!
Selbstverständlich ist auch zu empfehlen, eigene Bilder der Patienten so oft wie möglich zu verwenden. Positive, indem man sie verstärkt, negative, indem man zu Gegenbildern und zu innerem Pendeln anregt.
Die innere Bewegung zwischen dem belastenden und einem beruhigenden Bild ist vermutlich eine der einfachsten und wirksamsten Möglichkeiten, aus innerer Ohnmacht herauszufinden.
Dabei scheint es auch wichtig zu sein, dass sich TherapeutInnen nicht ganz und gar von den schlechten Bildern ihrer PatientInnen beeindrucken lassen. Dann besteht die Tendenz, diesen nachzugehen, was sehr häufig zu mehr statt zu weniger Belastung führt.

Kürzlich arbeitete ich in einer KollegInnengruppe zu diesem Thema. Ein Therapeut berichtete von einem Patienten, der sich dauernd von einem schwarzen Loch wie magisch angezogen fühlte. Er habe den Patienten dazu bewegen können, dass er sich vorstelle, wie er um das Loch herumgehe. Der Kollege fand diese Lösung unbefriedigend, wusste aber keinen Ausweg, Gegenbilder wie blauer Himmel, schneebedeckter Berg etc. würde der Patient hohnlachend abweisen. Es war dann ein Gestaltungstherapeut, der vorschlug, der Patient könne z. B. ein Geländer um das Loch herum bauen, eine Strickleiter nutzen, um hinein- und wieder herauszukommen und wieder hinein und auch die Kontrolle zu behalten. Aufgrund der vom Kollegen zur Verfügung gestellten Biographie des Patienten kam mir der Einfall, dass in dem Loch möglicherweise all die verletzten inneren Kinder des Patienten sein könnten, um die er sich nicht kümmern wollte. Dies schien dem Kollegen ebenfalls plausibel, und er konnte sich auch vorstellen, dass der Patient einen Vorschlag, mittels eines hilfreichen Wesens diese Kinder aus dem Loch herauszuholen, wohl annehmen könne.

Mit dieser Vignette möchte ich verdeutlichen, dass »Gegenbilder« manchmal keine »strahlenden« und schönen Bilder sind. Vielmehr geht es wieder um die Unterschiede, die einen Unterschied machen. Der Patient gewinnt mit der veränderten Vorstellung ein wenig mehr inneren Raum, ein wenig mehr Handlungsspielraum.

Besonders wichtig ist das Prinzip der kreativen Nutzung, wenn man mit Patienten und Patientinnen aus anderen Kulturen arbeitet. Hier hat sich »Geschichten erzählen« sehr bewährt. Das bedeutet, man erfindet um die Kernaussagen der einzelnen Übungen herum kleine Geschichten und regt die Patientin an, eigene passende zu (er-)finden. Oft gibt es in der jeweiligen Kultur tradierte Geschichten, die den Patienten einfallen und die dann eine machtvolle Ressource darstellen.

Meist ist es auch günstiger zu empfehlen, dass die Patientin sich diese Geschichten oft ins Gedächtnis ruft, und nicht eine Übung im engeren Sinn vorzuschlagen.

Auch andere Ressourcen sollte man mit einsetzen. Ein Patient hatte z. B. vor einem schweren Unfall Freude am Angeln. Nach dem Unfall ist er überängstlich und traut sich nicht mehr, zum Angeln zu gehen. Nun kann man mit ihm imaginativ daran arbeiten, wie er sich Schritt für Schritt wieder dem Angeln nähern könnte. Jedes Detail könnte genau ausformuliert werden, und gleichzeitig würde anhand der Körperreaktionen überprüft, womit sich der Patient wohl fühlt. So könnte über imaginative Arbeit nach und nach diese Ressource wieder hergestellt werden.

In diesem Fall handelt es sich um eine Kombination von Imagination und Körperwahrnehmung, die dem Patienten hilft, eine alte Ressource wieder zu aktivieren.

Genauso kann man Patientinnen und Patienten aus anderen Kulturen, Kriegsflüchtlingen z. B., nach deren Ressourcen vor der Vertreibung fragen und beginnen, sie zu ermutigen, imaginativ auf diese Ressourcen zurückzugreifen. (In diesem Fall könnte es auch hilfreich sein, darauf hinzuweisen, dass, selbst wenn der Patientin »alles« genommen ist, ihr doch niemand ihre guten Erinnerungen wegnehmen kann. Genauso wie ihr niemand ihren Überlebenswillen streitig machen kann.)

Übungen, die mit jüngeren Ichs arbeiten

Beispiele hierfür wären die Mitgefühlsübung (»Imagination ...« S. 56) oder das Innere Team (»Imagination ...« S. 47). Es empfiehlt sich am Anfang, wenn noch wenig Vertrauen in diese Übungen besteht und wenn sich Therapeut und Patient noch nicht gut kennen, anzuregen, dass der Patient sich mit jüngeren Ichs verbindet, die sich wohl fühlen. Ich sage:»Bitte erinnern Sie sich an einen Moment in Ihrer Pubertät, wo Sie sich wohl gefühlt haben.« Auch die alte Person sollte als weise und kraftvoll imaginiert werden. Ich habe gelernt, dass es günstig ist, dies als Vorschlag einzubringen. (Reddemann 2004)

Besonderheiten beim »sicheren Ort«

Wenn Patienten mit Menschen, die Sicherheit spenden sollten, genau das Gegenteil erlebt haben, kann allein das ein Grund sein, dass ihnen mit der Metapher des »sicheren Ortes« ein Trigger geliefert wird. Es wäre dann geschickter, von einem Ort zum Wohlfühlen zu sprechen. In unserer Veröffentlichung von 1997 (Reddemann und Sachsse a. a. O.) haben wir noch empfohlen, wenn eine Patientin einen sicheren Ort nicht finden kann, darauf zu bestehen, dass das möglich sei. Das war eine Fehleinschätzung. Es gibt viele Patienten, die gerade die Übung des »sicheren Ortes« nicht verwenden können. Dafür gibt es zwei wichtige Hindernisse:
1. ist äußere Sicherheit eine Voraussetzung für die Möglichkeit, sich innere Sicherheit vorzustellen. Wer außen bedroht ist, keinerlei Sicherheit hat, kann sich im Allgemeinen auch innen nichts Sicheres vorstellen.
2. können Täterintrojekte so mächtig sein, dass sie diese Imagination immer wieder untergraben. Und da hilft es auch nicht viel, wenn man empfiehlt, sich einen anderen Ort vorzustellen. Es sollte in diesem Fall erst mit den Täterintrojekten gearbeitet werden (s. u.).

Das heißt: Nicht auf einer bestimmten Übung bestehen, sondern diejenige herausfiltern, die vorstellbar ist und – etwas – Erleichterung bringt.

Tonträger

Patientinnen und Patienten haben mich immer wieder darum gebeten, Aufnahmen in den Therapiesitzungen zu machen. Dies erschien mir vor Jahren ganz unmöglich. Nach und nach habe ich mich der Vorstellung geöffnet, dass man Aufnahmen aus Therapiesitzungen oder eben auch Aufnahmen der Übungen auch als Übergangsobjekte verstehen kann, und mit dieser Vorstellung konnte ich mich schließlich gut anfreunden. Einen letzten Impuls gab mir Onno van der Hart in einer Supervision einer schwerst dissoziativen Patientin. Seiner Anleitung folgend sprach ich für die Patientin einige sie ermutigende Texte auf Band, gekoppelt mit dem Hinweis, dass diese Aufnahme vom ... 1994 stammt, um der Patientin zu helfen, sich besser in der Jetztzeit zu orientieren. Der Erfolg dieses Tonbandes hat mich sehr ermutigt. Mittlerweile stehen Aufnahmen der Übungen von mir gesprochen zur Verfügung, die Sie Ihren PatientInnen empfehlen können. Es kann aber auch sinnvoll sein, wenn Sie selbst eine Kassette besprechen.

Missverständnisse

Manche KollegInnen setzen die Übungen allzu mechanisch ein. Man kann damit aber nicht die Arbeit an einer tragfähigen therapeutischen (Arbeits-)Beziehung umgehen bzw. ersetzen.
Insbesondere ist es unbedingt erforderlich zu erklären, warum man diese oder jene Übung vorschlägt, und die Patientin um ihre Zustimmung dazu zu bitten. Sie machen es sich leichter, wenn Sie die PatientInnen dazu anregen, alle Übungen, die Sie vorschlagen möchten, erst einmal selbst zu lesen und eine Auswahl zu treffen. Damit übernimmt die Patientin selbst einen Teil der Verantwortung für diese Arbeit.

3.4 Häufig gestellte Fragen zu den Imaginationsübungen

Im Folgenden möchte ich einige Fragen beantworten, die mir von Kolleginnen und Kollegen häufig im Zusammenhang mit den Imaginationsübungen gestellt worden sind.

■ **Was tun, wenn sich Bilder und Intrusionen nur für kurze Zeit in den Tresor verpacken lassen und nach kurzer Zeit wieder auftauchen?**

Versuchen Sie, ob »Innere-Kind-Arbeit« erfolgreicher gelingt. Setzen Sie Distanzierungstechniken ein.

■ **Kann man in den Tresor sowohl Belastendes wie Erfreuliches packen?**

Man könnte, aber es ist nicht sinnvoll, besser ist es, wenn Sie zwei Tresore empfehlen, einer für die Schätze und einer für die Lasten.

■ **Wie gelingt es, Imaginationen stabil zu installieren, wenn Anteile der Persönlichkeit noch nicht »konform« sind?**

Arbeiten Sie direkt mit den Anteilen, d. h., schlagen Sie der Patientin Ego-State-Therapie vor. Helfen Sie der Patientin, sich für die Gründe zu interessieren, die den Teil zögern lassen. Nehmen Sie sie ernst und ermutigen Sie die Patientin, sie ernst zu nehmen. Schlagen Sie vor, dass nur die Teile imaginieren, die Freude daran haben, lassen Sie die Patientin die anderen bitten, das zu beobachten.

■ **Jugendliche sind noch schwerer zu motivieren, warum? Gibt es spezielle Übungen?**

Ja, Jugendliche sind altersgemäß an Autonomie interessiert und weniger an Psychotherapie, sie müssen sehr in Not sein, dass sie sich einlassen. Es ist »normal«, dass sie nicht wollen. Drängen Sie auf keinen Fall, ermutigen ist besser.
Erkundigen Sie sich nach ihren Vorlieben, ihren Lieblingsfilmen, ihren Lieblingsbüchern, ihrer Musik. Das gibt oft Aufschluss über mögliche Ressourcen und evtl. auch Übungen. Die modernen Mär-

chen wie »Harry Potter« sprechen Jugendliche oft eher an. Oder auch die Sciencefiction-Filme, in denen es genau wie in traditionellen Märchen um den Kampf zwischen Gut und Böse geht. *Gespräche über bestimmte imaginative Inhalte sind günstiger als Übungen.*

■ **Was kann man tun, wenn die Patientin sich nicht auf die Vorstellung, dass es z. B. innere Helfer geben könnte, einlassen kann?**

Es ist das Recht einer Patientin, sich auf bestimmte Vorstellungen nicht einlassen zu wollen. Man kann eine andere Übung, die »realistischer« erscheint, vorschlagen. Manchmal ist es auch wichtig, den Unterschied zwischen innerer und äußerer Wirklichkeit zu erklären.

■ **Was ist zu tun, wenn die Patientin die Therapeutin als innere Helferin wählt?**

Würdigen Sie das zunächst. Dann könnten Sie fragen, was an Ihnen hilfreich ist, und die Patientin bitten, für diese Eigenschaften eine Helferin zu kreieren. Erklären Sie auch, dass Sie kein idealer Mensch sind und dass es die auch gar nicht gibt. Dass die Patientin aber ein ideales Wesen braucht, das *immer* für sie da ist. In der Regel leuchtet diese Erklärung den PatientInnen ein. Wenn die Patientin sich enttäuscht fühlt, geht es im Allgemeinen um einen kindlichen Teil, der benannt werden und dessen Leiden verstanden werden sollte (s. Arbeit mit dem inneren Kind).

■ **Wie kann der »spirituelle Touch« mancher Übungen wie z. B. bei den inneren Helferinnen (»Wesen«) herausgenommen werden, da manche eher einfach strukturierte, bodenständige Frauen und Männer solche Vorstellungen eher seltsam finden?**

Statt vom »Helfer« können Sie z. B. vom »Coach« oder Trainerin oder Beraterin oder guter Freundin sprechen. Fragen Sie, was der Patientin hilft und früher geholfen hat. Erklären Sie, dass wir gute innere Bilder brauchen, fragen Sie nach Filmen oder Büchern, die sie gerne sieht, vielleicht gibt es da Anknüpfungspunkte, *verwenden Sie die Sprache der Patientin.* Eine Patientin sah z. B. am liebsten

Liebesfilme, die unter bestimmten Gesichtspunkten als kitschig gelten. Für sie waren diese aber Ausdruck ihrer Sehnsucht nach Liebe und Anerkennung. Es war ihr selbst bewusst, dass es sich hier um eine Traumwelt handelte. Es wurde ihr vorgeschlagen, sich eine Art Filmhelden als »idealen Helfer« auszumalen, was sie als hilfreich erlebte.

Alle Übungen sind nur Vorschläge, wie ein bunter Strauß, aus dem man sich das Passende wählen kann. Erarbeiten Sie auch hier die Unterschiede zwischen innerer und äußerer Realität.

- **Wie geht man mit Zweifeln der PatientInnen an der imaginativen Arbeit um?**

Zweifeln ist das Normale. Würdigen Sie diese Zweifel. Zweifeln ist gesund, erst recht, wenn man viele schlechte Erfahrungen gemacht hat. Allzu große Begeisterung könnte sich außerdem früher oder später auch als Widerstand erweisen, es sei denn, die Patientin bringt bereits Imaginationen aus eigener Erfahrung mit. Machen Sie den Zweifel zum Verbündeten. Er hat immer gute Gründe. Die meisten Menschen wollen und wollen nicht gleichzeitig, d. h., sie sind ambivalent.

Der beste Motivator ist nach meiner Erfahrung: Freude.

- **Wie erreicht man Kontinuität der häuslichen Übung?**

1. Helfen Sie der Patientin, die für sie passenden Bilder zu finden.
2. Klären Sie (Übertragungs-)Widerstände, sie haben immer einen Sinn.
3. Sprechen Sie dann über Transfer anderer Erfahrungen. »Wie haben Sie es da geschafft, etwas in den Alltag zu transferieren?«
4. Erarbeiten Sie Symbole und Erinnerungshilfen (reminders). Z. B ein Bild einer Landschaft, die an den sicheren Ort erinnert, ins Büro hängen, einen Stein, der einen an hilfreiche Wesen erinnert, in die Tasche stecken usw.
5. Empfehlen Sie der Patientin, es sich leicht zu machen, nur 5 Minuten täglich zu üben; es reicht auch, sich eine Kassette anzuhören, sich die Übungen laut vorzulesen. Wichtig ist die Integration in den Alltag, z. B. Achtsamkeit bei Alltäglichem. Freudige Momente achtsam wahrnehmen und in einem Freudetagebuch festhalten.

6. Vermitteln Sie, dass alles leichter geht, wenn man Freude daran hat. Helfen Sie daher der Patientin, das zu finden, was ihr Freude macht, das geht besonders gut mit einem Freudetagebuch!

▪ **Was tun, wenn fast keine Bilder auftauchen?**
»Bilder« im Sinn von inneren Dias sind nicht erforderlich. Bildhafte Vorstellungen und Gedanken genügen.

▪ **Was mache ich, wenn nur die schöne Variante eines unsicheren Ortes aus der Kindheit auftaucht?**
Zunächst ist es ja schon eine kreative Leistung, wenn jemand einen ehemals unsicheren Ort verwandeln kann. Das sollte also gewürdigt werden. Anschließend kann man mit der Patientin besprechen, wie sie diesen Ort noch mehr zu ihrem ganz eigenen werden lassen könnte und dass es dazu wichtig ist, dass er nicht nur ein Abbild eines konkreten äußeren Ortes ist, weil er dann nicht ganz ihr eigener sein kann.

▪ **Was ist zu tun, wenn Patienten »schön brav« imaginieren, der Therapeut aber das Gefühl hat, das sei »nicht echt«?**
Ein solches Gefühl sollte ernst genommen und auf seine Implikationen hin untersucht werden.
Es könnte sich
1. um einen (Übertragungs-)Widerstand handeln,
2. könnte man die Ambivalenz i. S. verschiedener Ego States verstehen und damit arbeiten. (In diesem Fall würde ich vermuten, es gibt einen kindlichen State, der gefallen will, und es wäre zu klären, wo die kritische erwachsene Person bleibt.)

Nicht empfehlen würde ich eine Intervention, in der man der Patientin lediglich sagt, man habe ein unbehagliches Gefühl dabei, dass die Patientin »so brav« mitmache, denn die Patientin könnte das als Vorwurf verstehen. Eine Intervention, die ihr ermöglicht, sich Widerspruch zu erlauben, könnte ebenfalls in Betracht gezogen werden.

▪ **Was ist zu tun, wenn der innere sichere Ort nie sicher wird?**
Es könnte helfen, nicht »nie« zu denken, sondern »zur Zeit«. Es kann sich immer noch etwas ändern.

1. Ziehen Sie andere Übungen in Betracht.
2. Klären Sie die äußere Sicherheit, insbesondere Täterkontakt. Letzterer verhindert praktisch immer, dass der »sichere Ort« sicher werden kann.
3. Fragen Sie sich, ob sich die Patientin mit Ihnen sicher fühlt.

3.5 Zusammenfassung: Vorgehen bei der Anwendung imaginativer Übungen

1. Stellen Sie sicher, dass die Patientin stabil genug für Imagination ist. Bei dissoziativen Patientinnen zunächst »grounding« etc. üben.
2. Erklären Sie, was Imagination bewirken kann.
3. Erläutern Sie den Sinn stabilisierender Übungen oder auch Vorstellungen.
4. Klären Sie, ob dies der Patientin einleuchtet.
5. Stellen Sie ihr möglichst alle Übungen vor, z. B. als Text, oder benennen Sie alle kurz.
6. Die Patientin entscheidet, welche Übung sie ausprobieren will.
7. Klären Sie, in welcher Form die Patientin die Übung durchführen will: Möchte sie eine Anleitung, möchte sie darüber sprechen, darüber nachdenken, beim nächsten Mal von ihren Erfahrungen berichten etc. Eventuell die Übung auf eine Kassette sprechen oder auf die CD der Autorin verweisen (für viele Patienten ist dies eine Art Übergangsobjekt).
8. Erläutern Sie den Sinn von wiederholter Beschäftigung mit den Bildern.
9. Gewinnen Sie die Patientin dafür, dies selbstständig zu tun.

10. Helfen Sie, damit zusammenhängende Probleme zu klären und zu beseitigen.

11. Interessieren Sie sich in der folgenden Sitzungen für die – häusliche – Arbeit mit den Imaginationen. Das ist sehr wichtig. Wenn Sie nicht nachfragen, kann die Patientin das Gefühl haben, dass ihre Arbeit nicht von Bedeutung ist.

12. Wenn Imaginationen abgelehnt werden oder aus anderen Gründen z. Z. nicht indiziert erscheinen:

13. Arbeiten Sie mit kognitiver Umstrukturierung.

14. Achten Sie auf Sprachbilder.

15. Ziehen Sie gelegentlich in Betracht, dass eine Weigerung der Patientin etwas mit Ihrer Beziehung zueinander zu tun haben könnte, und klären Sie diesen Widerstand. Vielleicht haben Sie eine Angst nicht bemerkt, vielleicht wehrt sich etwas in der Patientin, allzu gefügig zu sein.

16. Regen Sie das Pendeln zwischen angenehmen und unangenehmen Bildern und Vorstellungen an. Häufig lassen sich die Bilder leichter für »das innere Kind« verwenden als für die erwachsene Person, d. h., bevorzugen Sie in diesem Fall Innere-Kind-Arbeit (s. S. 117 ff.).

17. Manchmal ist es am günstigsten, mit Ego-State-Arbeit zu beginnen, da viele verschiedene Teile mit widersprüchlichen Interessen dominant sind und ein arbeitsfähiges Ich nicht identifiziert werden kann (s. S. 139 ff.).

18. Denken Sie daran, dass Freude der beste Motivator ist. Ermöglichen Sie gemeinsames Lachen und fördern Sie es.

Fallen

1. Lassen Sie sich nicht dazu verführen, Traumakonfrontation zu machen, weil stabilisierende Arbeit schwierig erscheint. Dies ist der ungünstigste Weg und führt häufig zu kaum auflösbaren Schwierigkeiten.

2. Günstiger ist es, kleinere Schritte zu machen, noch mehr Sorgfalt für das Auffinden von Ressourcen oder das Ausphantasieren von Ressourcen für die Zukunft zu verwenden *und an einem tragfähigen Arbeitsbündnis zu arbeiten.*
3. Wenn stabilisierende Arbeit nicht gelingen will, obwohl ein gutes Arbeitsbündnis besteht, ist das in aller Regel ein Hinweis auf äußere Instabilität, meist Täterkontakt in irgendeiner Form.
4. Lassen Sie sich nicht verführen, die Übungen zu überschätzen bzw. sie allein als Technik anzuwenden. Die Übungen gehören eingebettet in ein therapeutisches Gesamtkonzept, bei PITT in ein psychodynamisches Gesamtkonzept.

3.6 Die Arbeit mit dem »inneren Kind«

Lauf nicht, geh langsam:
Du musst nur auf dich zugehn!

Geh langsam, lauf nicht,
denn das Kind deines Ich, das ewig neugeborene,
kann dir nicht folgen!

J. R. Jimenez

Wenn man mit dem Konzept »inneres Kind« arbeiten will, setzt dies unbedingt ein ausreichend stabiles erwachsenes Ich voraus, um im Bild des Dichters zu bleiben, eines, das nicht dauernd vor sich selbst davonrennt.

Das bedeutet, dass man oft genug erst einmal mit dem Patienten daran arbeiten sollte, dass er ein Empfinden für sich als erwachsenem Menschen – der er ja ist! – entwickelt und dass sich seine erwachsenen Kompetenzen entfalten. Selbst wenn man imaginativ die

Fürsorge für das innere Kind inneren »idealen Eltern« oder Helfern überlässt, sollte die erwachsene Person bereit und fähig sein, sich als solche zu sehen. Dies ist nicht immer selbstverständlich. Arbeitet man in solchen Fällen direkt mit dem »inneren Kind«, verstärkt man häufig ungünstige regressive Prozesse.
Es kann z. B. vorkommen, dass bereits die Beschäftigung mit dem inneren Kind so viel traumatisches Material aktiviert, dass die Patientin praktisch arbeitsunfähig wird. In diesem Fall ist es sehr wichtig, zunächst an Alltagssituationen zu arbeiten, die immer auch gute Gelegenheiten darstellen, Schwierigkeiten zu klären und das erwachsene Ich zu stärken.
Gegebenenfalls sind auch sozialpsychiatrische Interventionen zur Unterstützung vor weiterer Psychotherapie erforderlich.

Arbeit mit dem inneren Kind als Ego-State-Therapie

Die Arbeit mit dem »inneren Kind« lässt sich sehr gut als Ego-State-Arbeit konzeptualisieren. Allerdings sind aus Sicht der Ego-State-Therapie in einem Menschen mehr Teile präsent als das innere Kind, der Erwachsene und das Eltern-Ich.
Merke: Ego States sind konzeptuell zu verstehen, selbstverständlich leben in der Patientin nicht verschiedene Menschen. Sie ist auch nicht schizophren, wenn sie sich vorstellt, dass es in ihr verschiedene Teile gibt, sondern sie versucht damit, etwas in sich zu benennen, das man genauso anders benennen kann. Der Wert des Konzeptes liegt in seiner klinischen Stimmigkeit, Handhabbarkeit und Einfachheit.
Das innere Kind ist die Beschreibung eines energetischen Zustandes, der nicht dem Es entspricht, wie man zunächst meinen könnte. Jeder State hat bzw. hatte eine adaptive Funktion. Die States sind in unterschiedlicher Weise voneinander getrennt. Die Dissoziation mag schwächer oder stärker sein. Manche Autoren sprechen auch von einer »Membran« zwischen den States, die ganz durchlässig bis völlig undurchlässig sein kann, dann könnte man auch von einer Mauer sprechen.
Janet ging davon aus, dass verschiedene Aspekte der Persönlichkeit, die verschiedene Muster von Gefühlen und Kognitionen enthalten, nur durch Hypnose aktiviert werden können, eine Vorstellung, die man heute so nicht mehr teilen würde. Es genügt fast immer, eine

Patientin einzuladen, sich »ihr jüngeres Ich« vorzustellen und damit in Kontakt zu gehen.

C. G. Jung sah die Persönlichkeit ebenfalls als etwas Vielfältiges an mit verschiedenen Teilen (Archetypen, Komplexe), die sowohl bewusst wie unbewusst sein können, so gibt es das Konzept des ewigen Jünglings, des göttlichen Kindes usw. Auf diese kann man, wenn man die Innere-Kind-Arbeit einer Patientin näher bringen will, ebenfalls gut zurückgreifen.

Freuds Unterteilung der Persönlichkeit in Ich, Es und Überich könnte man beim Ego-State-Ansatz auf jeden State anwenden, was sich manchmal als sehr nützlich erweist, ebenso wie man jede Art von Psychotherapie mit den einzelnen Teilen durchführen kann.

Probleme können dadurch entstehen, dass verschiedene States verschiedene Interessen, Bedürfnisse, *Entwicklungsstadien* (das würde dann bedeuten, es gibt viele verschiedene kindliche Ego States) etc. aufweisen, die miteinander in Konflikt sind. So könnte z. B. ein jugendlicher State gänzlich andere Bedürfnisse haben als der State eines kleinen Kindes.

Symptome wie Angst, Panik, PTSD u. v. a. m. lassen sich häufig als Ausdruck verschiedener Ego States und deren Probleme verstehen. Oft handelt es sich um so genannte kindliche States, die in die Zeit der Traumatisierung/Verletzung wie eingefroren sind.

Wenn man die verschiedenen States willkommen heißen und nutzen kann, hat man einen großen Reichtum zur Verfügung, der anders oft gar nicht zum Tragen kommt.

Eine gute Übung, um sich mit diesen verschiedenen States vertraut zu machen, ist das »innere Team«. (S. Imagination ... S. 47 ff.) Bei dieser Übung ist rasch ersichtlich, wie die verschiedenen Teile dem Selbst dienen und zu mehr Vollständigkeit führen. Ich empfehle die Übung zur Einführung in das Konzept der Ego States in meinen Kursen. Bei PatientInnen ist auf Folgendes zu achten:
Raten Sie dem Patienten dazu, dass er jeweils gute Momente für seine jüngeren Ichs findet, also z. B. den Teenager in guter Verfassung. (Anleitungen zur Begegnung mit ressourcenvollen kindlichen states finden sich auf meiner Hör-CD: Dem inneren Kind begegnen.) Erst wenn der Patient mit der Übung vertraut ist und sich in der therapeutischen Beziehung sicher aufgehoben fühlt, sollte man diese Übung auch mit belasteten Teilen erwägen.

Bei traumatisierten Patienten lässt sich die Schutzfunktion der States oft besonders gut erkennen und benennen. Das gilt sogar, wenn das manifeste Verhalten eines States destruktiv erscheint oder dysfunktional (z. B. bei Täterintrojekten). Das wichtigste Ziel der Ego-State-Therapie ist es, dass verschiedene Teile der »inneren Familie« zu konstruktiver Kommunikation und Kooperation angeregt werden, im Fall der Inneren-Kind-Arbeit also, dass der kindliche und der erwachsene Teil lernen, miteinander zu sprechen oder nonverbal zu kommunizieren.

Fallvignette:

> Eine Patientin berichtet, sie kümmere sich ganz viel um ihr inneres Kind. Als ich sie frage, wie sie das mache, berichtet sie, sie mache für es »Tonglen«, eine spezielle buddhistische Mitgefühlsübung. Ich frage sie, ob sie ihr Kind denn schon einmal gefragt habe, was es von ihr wolle. Sie schaut mich verblüfft an, nein, das habe sie nicht gemacht. Ich nenne dies einen »*dialogischen Kontakt*« *mit dem inneren Kind.* Und es macht eben einen Unterschied, ob man diesen mit dem Kind herstellt oder ob man irgendetwas tut, von dem man annimmt, dass es gut für das Kind sei (ganz wie im »richtigen Leben«).
> Zunächst sollte ein stabiles Arbeitsbündnis mit dem Gesamtsystem hergestellt werden.
> Anschließend können folgende Ziele angestrebt werden:
> 1. Ego-State-orientierte Arbeit mit dem inneren Kind zur Stabilisierung bzw. Ich-Stärkung und für mehr innere Sicherheit.
> 2. Arbeit mit Ego States, die mit Symptomen belastet sind, bedeutet in der Phase der Stabilisierung ebenfalls vor allem, diesen States ein Gefühl von Sicherheit und Geborgenheit zu vermitteln, häufig kann dies mittels der Imagination des »sicheren Ortes« und durch hilfreiche Wesen geschehen.
> 3. Lösung von Symptomen und Neubewertung von traumatischen Erfahrungen mit einzelnen Ego States gehört im Allgemeinen der Traumakonfrontationsphase an und wird stets mit erneuter Stabilisierung verbunden (s. weiter unten).
> 4. Integration i. S. von mehr Ko-Bewusstheit der States.

Merke:

Da Ego-State-Therapie beziehungsorientierte Arbeit ist, sollte die Therapeutin auf vier verschiedene Formen der Beziehung achten:
1. Zusammenarbeit zwischen der Therapeutin und der Erwachsenen an erster Stelle;
2. Zusammenarbeit zwischen der Therapeutin und dem »inneren Kind«, wenn möglich über die Erwachsene;
3. Zusammenarbeit der Patientin mit ihren States, etwas, das sich besonders bewährt und das erwachsene Ich in der Regel stärkt;
4. Zusammenarbeit aller States.

Indikationen für Ego-State-orientierte Innere-Kind-Arbeit
1. Der Patient spricht von sich aus von verschiedenen Teilen und von einem Kind.
2. Auffälliges widersprüchliches Verhalten, das auf »innere Kämpfe« hindeutet, sowie länger dauernde oder mehrere erfolglose Therapien laden geradezu dazu ein, das Konzept der Ego States und des inneren Kindes anzubieten.
3. Schwere oder komplexe PTSD und/oder dissoziative Symptome sind eine wichtige Domäne für Ego-State-Arbeit allgemein und für die Arbeit mit dem inneren Kind.

Kontraindikationen
1. Der Patient lehnt die angebotene Sichtweise ab.
2. Wenn die Ego-State-orientierte Arbeit mit dem inneren Kind mehr Fragmentierung schafft als vorher bzw. mehr Ganzheitlichkeit nicht in Sicht zu sein scheint, sollte man auf Ego-State-Arbeit eher verzichten.

So kann man also für die Arbeit mit dem »Inneren Kind« die Ego-State-Sichtweise nutzen.
Das innere Kind oder die inneren Kinder werden dann als verschiedene Ego States verstanden.

3.7 Vorgehensweise zur Arbeit mit dem inneren Kind

1. Gewinnen Sie die Patientin für das Konzept »inneres Kind«, bzw. nutzen Sie ihre bereits vorhandene Sichtweise (viele Patienten kommen mit entsprechenden Vorstellungen und Bildern von sich).
2. Stellen Sie sicher, dass das erwachsene Ich ausreichend stabil ist, um sich mit dem inneren Kind zu beschäftigen, ansonsten Alltagsbewältigung erarbeiten, das stärkt das erwachsene Ich.
3. Führen Sie, falls erforderlich, erst eine klare Trennung zwischen der Erwachsenen und dem Kind ein. Solange die Patientin völlig mit dem Kind identifiziert ist, ist sie nicht in der Lage, diese Arbeit zu machen.
4. Erkunden Sie hilfreiche States (z. B. Helferwesen, ideale Eltern), die dem Kind beistehen können.
5. Ermutigen Sie die Patientin, dem Kind imaginativ zu geben, was es braucht, und damit »unterbrochene Handlungen« (Horowitz) zu vervollständigen und zur Heilung zu bringen
6. Denken Sie daran, dass Humor Kindern besonders gut tut, und helfen Sie der Patientin, humorvoll mit ihrem inneren Kind umzugehen.
7. Der Schmerz des Kindes sollte anerkannt, aber nicht vertieft werden, es sollte nicht »zurückgegangen werden«. Der Schmerz ist »nur ein wenig im Raum«.
8. Helfen Sie dem Patienten, das Hier und Jetzt vom Dort und Damals zu unterscheiden. (Der Erwachsene heute stellt eine andere Zeit dar und ist die Zukunft des Kindes.)
9. Vermitteln Sie, dass die erwachsene Person von heute in einer anderen Zeit lebt und somit die Zukunft des Kindes bereits eingetreten ist, und regen Sie den Patienten an, dies dem Kind in kindgerechter und altersentsprechender Form zu vermitteln.

10. Helfen Sie dem Patienten, Bilder zu finden, wie er das Kind aus der belastenden Szene herausnimmt.
11. Und anschließend an einen guten Ort bringt, der mit dem Kind gemeinsam so gestaltet wird, dass es sich dort wohl fühlen kann.
12. Regen Sie an, dass der Patient dem Kind hilfreiche Wesen beigesellt, damit es nicht mehr alleine ist.
13. Regen Sie den Patienten an, dass er regelmäßige Besuche verabredet, und betonen Sie die Notwendigkeit, dass er dies verlässlich tut.

Und noch einmal sei betont, wie wichtig es ist, vor Beginn der Arbeit mit dem inneren Kind ein stabiles erwachsenes Ich zu fördern.

Ohne ein stabiles erwachsenes Ich kann Innere-Kind-Arbeit nicht gelingen. Das bedeutet nicht, dass die Erwachsene fähig sein muss, sich um das innere Kind zu kümmern, denn das kann sie auf der inneren Bühne idealen Eltern oder Helferwesen überlassen. Aber sie muss im Alltag einigermaßen kompetent als Erwachsene agieren können. Ist das nicht der Fall, sollte immer erst an erwachsenen Alltagskompetenzen gearbeitet werden. Dabei mag es sich dann auch eher um sozialpsychiatrische Hilfe denn um Psychotherapie handeln, es mag aber auch um psychotherapeutische Arbeit im Sinn des Skills-Trainings nach Linehan (1996) gehen. In der Regel sind Patienten mit sehr instabilem erwachsenen Ich ohnehin nicht für psychodynamische Arbeit im engeren Sinn geeignet, jedoch kann auch die Ich-psychologische Arbeitsweise nach Blanck und Blanck (1978) ein Weg sein.

Fallvignette

Eine Patientin mit einer Essstörung hat etwas abgenommen, und die Therapeutin spricht sie darauf an.
Pat.: Ich kann einfach nichts essen.
Th.: Seit wann ist das so?

Pat.: Seit immer.
Th.: Ich möchte Sie gerne darauf hinweisen, dass das nicht realistisch ist, denn wenn Sie seit Ihrer Kindheit nichts gegessen hätten, wären Sie jetzt nicht mehr hier.
Pat.: Stimmt.
Die Therapeutin lädt also das erwachsene Ich zur Realitätskontrolle ein.
Pat.: Ich wollte nicht essen, wenn meine Eltern und Geschwister dabei waren.
Th.: Das heißt, nichts essen bedeutet, nicht mit Ihrer Ursprungsfamilie essen?
Pat.: Ja.
Th.: Was meinen Sie, was ist hier ähnlich wie früher in Ihrer Familie?
Die Therapeutin versucht, den Übertragungsaspekt ins Bewusstsein zu bringen.
Pat.: Ich sehe nichts Gemeinsames.
Th.: Hm, was war unangenehm beim Essen?
Pat.: Dass sie mit mir über den Kindergarten reden wollten. Ich wollte da nie hingehen, sie haben mich nicht verstanden.
Th.: Was war für das kleine Mädchen im Kindergarten so schwer?
Die Therapeutin regt durch ihre Art der Formulierung der Frage eine Trennung von erwachsenem Ich und Kind-Ich an, um der Patientin zu helfen, sich von den für sie sehr schmerzlichen Gefühlen zu distanzieren.
Pat.: Sie war ausgeschlossen.
Th.: Das ist schlimm für ein Kind, wenn es sich ausgeschlossen fühlt, es möchte ja dazugehören.
Die Therapeutin lädt die Patientin zu mehr Mitgefühl ein.
Pat.: Ja, schon ... aber das ist doch heute nicht mehr wichtig.
Th.: Weiß das kleine Mädchen in Ihnen, dass es hier nicht im Kindergarten ist?
Pat.: Woher soll ich das wissen?
Th.: Sie könnten es z. B. fragen.
Pat.: Wie, jetzt?
Th.: Ja, vorausgesetzt, Sie wollen es.
Pat.: Schon, aber ich habe das noch nie gemacht.
Th.: Wie wäre es, wenn Sie es einfach mal tun? ... Können Sie sich die Kleine vorstellen?
Pat.: Ja. Ich sehe sie, sie sieht sehr, sehr traurig aus.
Th.: Das verstehe ich. Sie hat es sehr schwer gehabt, und jetzt hat sie es immer noch schwer. Können Sie mit ihr sprechen? Ihr sagen, dass Sie wissen, wie schwer es ist, ausgeschlossen zu sein?

Die Patientin ist dazu bereit, doch es stellt sich heraus, dass das kleine Mädchen in ihr ihr nicht vertraut. Was ja verständlich ist angesichts der Tatsache, dass die Erwachsene sich noch nie um es gekümmert hat. Daher wird mit der Patientin erarbeitet, wie sie sich dem Kind annähern könnte. Dabei verwende ich gerne die Geschichte vom Fuchs und dem kleinen Prinz aus »Der kleine Prinz« von Saint-Exupéry, eine Geschichte, die die meisten Patientinnen kennen. Der Fuchs erklärt nämlich dem kleinen Prinzen, dass es notwendig sei, jeden Tag zur gleichen Zeit zu kommen und dann immer ein bisschen näher zu rücken, damit er sich mit ihm vertraut machen könne.

Th.: Wie wäre es, wenn Sie Ihrem kleinen Mädchen versprechen, dass Sie sich von jetzt an jeden Tag mit ihr treffen werden?
Pat.: Ich weiß nicht, ob ich dazu Zeit habe.
Th.: Was denken Sie, wie viel Zeit Sie dafür brauchen?
Pat.: Keine Ahnung.
Th.: Bei anderen Patientinnen und Patienten haben sich fünf Minuten täglich bewährt.
Pat.: Mehr nicht?
Th.: Besser fünf Minuten zuverlässig und regelmäßig als mehr Zeit gelegentlich.
Pat.: Ach so, gut, das schaffe ich.
Th.: Zu welcher Uhrzeit werden Sie das tun?

Die Therapeutin regt an, dass nun die imaginative Arbeit auf konkretes Verhalten im Alltag transferiert wird. Dies ist außerordentlich wichtig. Imaginative Arbeit ist nicht l'art pour l'art, sondern dient einer besseren Alltagsbewältigung.

Pat.: Sie sind aber hartnäckig
Th.: Stimmt. Denn es ist mir wichtig, dass es Ihnen und Ihrem inneren Kind gut geht. Also, welche Uhrzeit können Sie zuverlässig einplanen?
Pat.: Abends vor dem Schlafengehen, da kann ich es gut machen.
Th.: Das klingt gut. Ist das im Schlafzimmer?
Pat.: Nein, ich sitze da immer noch zum Schluss im Wohnzimmer und lasse den Tag an mir vorbeiziehen.
Th.: Das scheint wirklich sehr gut zu passen.
Pat.: Was soll ich ihr denn sagen?
Th.: Was möchte Sie gerne von Ihnen, können Sie sie fragen?
Pat.: Eigentlich möchte sie, dass ich sie füttere, aber dazu ist sie doch schon viel zu groß, sie geht doch schon in den Kindergarten.
Th.: Vielleicht würde es ihr trotzdem gut tun?
Pat.: Klar. Ich musste schon mit zwei Jahren groß sein, weil mein Bruder da zur Welt kam und meine Eltern wenig Zeit hatten.

Th.: Kinder, die zu früh groß sein sollten, haben oft ein großes, großes Bedürfnis, noch einmal klein sein zu dürfen.
Pat.: Das stimmt. Also gut, dann füttere ich sie.
Th.: Was möchte sie?
Pat.: So ein Hipp-Gläschen. Die hätte ich immer gerne gehabt, aber meine Eltern fanden, ich sollte das essen, was sie gegessen haben.
Th.: Können Sie sich jetzt vorstellen, dass Sie ihr das geben?
Pat.: Ich finde das ziemlich verrückt, denn, eigentlich geht das doch gar nicht. Sie hat diese Gläschen nicht bekommen, und jetzt stelle ich es mir doch nur vor, aber sie lächelt wirklich, irgendwie geht es mir damit auch besser.

Die Therapeutin gibt jetzt eine längere Erklärung über die Wirkung von Vorstellungen, über die Tatsache, dass das, was jetzt weh tut, Erinnerungen sind, dass es nicht jetzt geschieht etc. Schließlich führt sie noch das Konzept der parallelen Realitäten ein, indem sie an den Film »Lola rennt« erinnert. Diese Idee findet die Patientin einleuchtend. Schlussendlich regt sie noch an, dass es immerhin möglich wäre, darüber nachzudenken – sie formuliert es so vorsichtig, weil sie weiß, dass der entsprechende Entschluss der Patientin nicht leicht fallen wird – gelegentlich ein Hipp-Gläschen zu essen.

Th.: Was halten Sie davon, wenn Sie Ihr kleines Mädchen jetzt aus der alten Szene, die ja längst vorbei ist, herausnehmen und sie an einen Ort bringen, an dem sie sich wohl fühlt?
Pat.: Das habe ich vorhin schon gemacht. Das kenne ich ja. Ich will auf keinen Fall, dass sie da bleibt, ich meine, bei uns zu Hause. Sie ist jetzt in einem Häuschen, da gibt es auch so eine liebe Oma. Es geht ihr gut.
Th.: Das ist schön. Mögen Sie nun zu sich, der Frau von heute, zurückkehren? ... Wenn Sie nun wissen, dass Ihr kleines Mädchen in Sicherheit ist, wie ist es dann für die Erwachsene mit dem Essen? Können Sie dann hier in der Klinik mit den anderen essen?
Pat.: Ehrlich gesagt, ich finde den Speisesaal nicht sehr schön, und das Essen ist ja auch nicht gut, das wissen Sie ja auch, aber ich glaube, ich kann es tun.
Th.: Schön. Erlauben Sie sich die Erfahrung, und wir sprechen dann das nächste Mal darüber, wie es Ihnen, der Großen, gegangen ist und wie es Ihrem kleinen Mädchen dann geht.
Pat.: Der geht es bestimmt jetzt gut ... ich kaufe mal so ein Gläschen, eins mit Obst, das schmeckt mir auch ... (grinst).

Im weiteren Verlauf gelang es der Patientin tatsächlich besser, an den Mahlzeiten teilzunehmen, und sie nahm etwas an Gewicht zu. Die

Trennung zwischen der Erwachsenen und ihrem inneren Kind entlastete die Patientin deutlich. Nach und nach konnten dann Probleme der Erwachsenen, z. B. mit ihrem Partner und als Mutter, von denen des Kindes immer genauer unterschieden werden. Die Folge war, dass sie sich als Erwachsene zunehmend kompetent fühlte, da sie spüren konnte, dass sie als Erwachsene über große Kompetenz in vielen schwierigen Situationen verfügte.
Im Weiteren ist es wichtig, dass sich der Therapeut immer wieder von sich aus nach dem Wohlergehen des Kindes/der Kinder erkundigt. So könnte eine Standardfrage sein: Wie geht es Ihrem kleinen Mädchen? PatientInnen lernen dann mehr und mehr selbst, ihr Kind mehr wahrzunehmen und es zu schützen.

Häufig erleben TherapeutInnen, dass sie sich um dieses Kind kümmern sollten, sei es, dass die PatientInnen den Wunsch aktiv an sie herantragen, sei es, dass sich dies als Gegenübertragung vermittelt. Es ist eine Frage des Taktes, des Feingefühls und des therapeutischen Wissens und der Erfahrung, dies – gelegentlich – zu tun oder auch nicht. Für mich gilt die Empfehlung, der Patientin so viel Autonomie wie möglich zu lassen, sie aber auch nicht hängen zu lassen. Vielleicht hilft hier das Bild großelterlicher Fürsorge. Gute Großeltern sind für ihre Kinder, die Eltern, da und machen ihnen Mut, wissend, dass diese tun, was sie können. Aber sie dürfen sich auch gelegentlich um die Enkelkinder kümmern und dann auch Dinge tun, die die Eltern so nicht täten.
PITT bietet die Möglichkeit, vieles auf der inneren Bühne geschehen zu lassen, was für viele PatientInnen sehr befriedigend ist. In der Kindheit vernachlässigte PatientInnen brauchen aber in der Regel auch aktive Zuwendung durch vermehrtes Verständnis und Freundlichkeit.
TherapeutInnen sind also AnwältInnen der Erwachsenen wie des Kindes und vermitteln zwischen beiden.
Wenn PatientInnen sich mit dieser Arbeit vertraut machen können, führt das zu einem erheblichen Zuwachs an Selbstberuhigungskompetenz. Darüber sind viele ausgesprochen erleichtert. Eine Patientin hat es so formuliert: »Wenn ich jetzt merke, dass ich klein werde, dann sage ich mir, dass ich beides bin, die Große und die Kleine, und dass ich, die Große, der Kleinen helfen kann. Dann geht es mir besser.«

Merke: Selbsttröstende Maßnahmen, wie sie die Arbeit mit dem »inneren Kind« beinhalten, sind sehr häufig zu machen. »*1000 Mal*« *ist vermutlich eine gute Metapher. Hirnforscher sprechen davon, dass man etwas 1000 Mal tun muss, damit man es kann. Freude, Humor und Lachen sind dabei sehr hilfreich.*

Es kann vorkommen, dass bei der Arbeit mit dem inneren Kind eine starke Erregung, Panik oder ein freezing etc. auftreten. Dies weist darauf hin, dass es eine Affektbrücke zu einer traumatischen Situation gibt bzw. dass die angedeutete Situation traumatischen Charakter hat. Dann sind distanzierende Techniken erforderlich, z. B.: »Stellen Sie sich vor, dass Sie sich die Szene von weitem betrachten.« Auch das Wahrnehmen des Hier und Jetzt und Grounding sind dann notwendig. »Sie sind jetzt hier in meiner Praxis, heute ist der (Datum), Sie sind hier sicher, können Sie das wahrnehmen?«

Modifikation der Arbeit mit dem inneren Kind bei stärker dissoziativen PatientInnen

Bei hoch dissoziativen PatientInnen geht es zunächst darum, dass die jüngeren Ichs sozusagen lernen, dass sie heute in Sicherheit sind. Das weiß zwar die erwachsene Person – und Patienten sagen dann »im Kopf weiß ich das« –, aber die jüngeren Ichs wissen eben nicht, dass sie in Sicherheit sind, denn es handelt sich ja um traumatisierte Ichs, die im Trauma wie eingefroren sind. Es hat sich bewährt, wenn Patienten sich konsequent darin üben, ihren jüngeren Ichs zu erklären, dass sie jetzt an einem anderen Ort, in einer anderen Zeit und in einer anderen Situation sind. Manche Patienten finden diese Idee etwas seltsam. Es ist daran zu erinnern, dass dies alles nur Bilder, Metaphern sind, man kann sie verwenden, muss aber nicht. Wer mag, kann die Metapher des inneren Kindes nutzen, um zu mehr Stabilität zu finden.
In Zukunft wird sich möglicherweise zeigen lassen, dass dissoziierte Ego States mit der Aktivierung anderer Gehirnregionen zu tun haben als der Ego State des »erwachsenen Ichs«. Da davon auszugehen ist, dass es Verbindungen zwischen diesen verschiedenen Regionen gibt, werden vermutlich neuronale Netzwerke verstärkt.

Vorgehen:

1. Erläutern Sie der Patientin das Konzept verschiedener Ich-Zustände.
2. Klären Sie, ob sie diesem Konzept intellektuell zustimmen kann.
3. Bitten Sie die Patientin, dass sie als Erwachsene ihrem inneren Kind, oder genauer ihren inneren Kindern, immer wieder erklärt, dass sie jetzt in einer anderen Zeit, an einem anderen Ort und in einer anderen Situation sind als damals.
4. Machen Sie deutlich, dass diese Arbeit Geduld, Langmut und Ausdauer braucht.
5. Fragen Sie immer wieder danach, wie die Patientin mit dieser Art des Umgangs mit sich selbst zurechtkommt.

3.8 Häufig gestellte Fragen zur Arbeit mit dem inneren Kind

■ **Wie beginnt man die Arbeit mit dem inneren Kind, bzw. wie führt man sie ein?**

Es gibt verschiedene Möglichkeiten:
1. Die Patientin benimmt sich kindlich. Dann können Sie fragen, ob sich die Patientin vorstellen kann, dass quasi zwei da sind: eine Erwachsene und ein Kind. Anschließend können Sie diese Arbeit ausführlich erklären.
2. Die Patientin berichtet von Situationen, die ihr Probleme machen, aus denen man schließen kann, dass dann kindliche Ego States präsent sind. Fragen Sie sie dann ebenfalls, ob Sie es für möglich hält, dass das Problem mit einem kindlichen Teil in ihr zusammenhängt.

■ **Ist die Arbeit mit dem inneren Kind auch in der Behandlung von Kindern und Jugendlichen möglich und sinnvoll?**

Ja, vorausgesetzt, das Kind oder die Jugendliche sind einverstanden. Schon kleine Kinder spielen z. B. »Vater, Mutter, Kind«, das heißt, die Fähigkeit zur Bemutterung ist in der Regel gegeben. Mit Kindern sind Puppenspiele günstiger, mit Jugendlichen eher die »Spieltherapie im Kopf«. Es gibt natürlich auch Kinder, die quälen ihre Puppen, so wie sie es selbst erleben. Dann besteht die therapeutische Arbeit darin, dies einerseits angemessen zu würdigen und andererseits alternatives Verhalten zu erproben. Bewährt hat sich auch, dem Kind vorzuschlagen, sich selbst als Erwachsenen vorzustellen, und wie es dann mit sich als Kind umgehen würde.

■ **Ist die therapeutische Arbeit mit dem inneren Kind sinnvoll bei KlientInnen, die noch Täterkontakt haben bzw. in belastenden familiären Strukturen leben?**

Äußere Sicherheit hat immer Vorrang vor innerer Arbeit, das gilt auch für die Arbeit mit dem inneren Kind. Daher sollten Sie sehr genau abwägen, was geht und was nicht. Möglicherweise hilft das Erkennen bedürftiger kindlicher Teile der erwachsenen Person, mehr Abstand zu halten. Ich empfehle dann die Imagination des sicheren Ortes für das Kind, wenn schwierige Situationen zu bewältigen sind, mit dem Hinweis, dass die zu bewältigende Aufgabe eine für die Erwachsene ist und nicht für das Kind. Dies kann dazu führen, dass die Patientin die Dinge anfängt klarer zu sehen. Es kann aber auch sein, dass das innere Kind so stark getriggert wird, dass man nicht weiterkommt, solange die PatientInnen keinen Abstand halten können.

■ **Was ist, wenn eine Klientin keinen Zugang hat zum inneren Kind bzw. wenn sie sagt, sie kenne keine frühere Situation, die mit dieser aktuellen Auslöse-Situation in Verbindung stehe?**

Wenn eine Patientin mit einer Frage der Therapeutin nichts anfangen kann, so ist das zu respektieren. Der Ausdruck »aktuelle Auslösesituation« müsste dann wohl durch »aktueller Konflikt«

ersetzt werden. Für viele PatientInnen ist es wichtig, dass die TherapeutInnen sich erst einmal für deren aktuelle Konflikte interessieren und Lösungen dafür erarbeitet werden. Dies stärkt auch das erwachsene Ich von heute, und gerade dadurch wird es möglich, später dann auch Kontakt zu inneren Selbstanteilen aufzunehmen.

- **Was tun, wenn Patienten keinerlei Mitgefühl oder Würdigung für das, was das Kind geleistet bzw. erlitten hat, aufbringen?**

Fast immer handelt es sich dabei um Täterintrojekte, s. dazu S. 133 f. Es gibt aber noch einen weiteren Grund: Wenn eine Patientin sich ihrem inneren verletzten Kind zuwendet, spürt sie dessen Schmerz. Manche fürchten sich (unbewusst) davor. Das ist immer ein Zeichen für eine partielle Ich-Schwäche, das heißt, das erwachsene Ich verfügt nicht über genügend Stabilität im Umgang mit schmerzhaften Gefühlen. Und die Patientin hat sich jahre- und jahrzehntelang daran gewöhnt, diesen schmerzlichen Gefühlen auszuweichen. So muss zunächst ein wenig Schmerztoleranz erarbeitet werden. Meist geht es über den Umweg, sich ein äußeres geliebtes Kind vorzustellen oder die beste Freundin der Kindheit. Hilfreich ist es auch, sich immer wieder in einer eher beobachtenden Haltung zu üben, sodass es nicht zu einer Gefühlsüberflutung kommen kann. Patienten brauchen nach meinem Verständnis erst einmal die Sicherheit, dass Gefühle einen nicht überwältigen müssen, bevor sie sich ihnen annähern. Die Idee, dass man aushalten muss, dass es eben ganz schrecklich war und man sich deshalb dem Schmerz »stellen muss«, ist für diese Patienten nicht hilfreich. Häufig brechen sie die Therapie ab. Und damit haben sie Recht. Es ist der Fehler des Therapeuten, wenn er nicht dabei hilft, Gefühle aushalten zu *können*.

- **Wie lange soll man in der alten belastenden Szene bleiben?**

So kurz wie möglich und so lang wie nötig. Grundsätzlich gilt, dass insbesondere während der Stabilisierungsphase das Kind nicht in der alten belastenden Szene belassen werden sollte und es auch nicht sehr hilfreich ist, dort länger zu verweilen. Stellen Sie sich ein Kind in Not vor. Was tun Sie mit ihm? Nehmen Sie es nicht so schnell wie möglich aus der Bedrohung heraus? Das Gleiche gilt für das innere Kind. Aber auch hier gibt es gelegentlich Ausnahmen.

Manchmal kann das Kind die Szene nicht verlassen, weil es sich für andere, z. B. für jüngere Geschwister, verantwortlich fühlt. Dann kann es hilfreich sein, dem Kind zu erklären, dass die anderen auch längst erwachsen sind und von daher Hilfe bekommen, wenn sie wollen.

- **Darf der sichere Ort – für das Kind – aus der Zeit stammen, in der das Trauma passiert ist?**

Es ist ratsam, die Patientin dafür zu gewinnen, dass sie einen anderen Ort findet, und ihr plausibel zu machen, dass es sonst leicht zu einem »Kippen« kommen und das Kind nicht in Sicherheit bleiben kann.

- **Was ist, wenn der heutige sichere Ort dem Kind unbekannt bzw. unsicher ist?**

Sie sollten die Patientin ermutigen, den Ort mit dem Kind so zu gestalten, dass es sich dort wohl fühlt. Das braucht manchmal etwas Geduld und Fantasie. Erinnern Sie daran, dass unsere Vorstellungskraft eine Art Zauberkraft ist.

- **Gibt es Unterschiede zwischen PITT und dem Imaginary Rescripting nach Smucker?**

Smucker hat seine Arbeitsweise für Patientinnen, die in der Kindheit sexualisierte Gewalt erlitten haben, entwickelt. Er sagt nichts darüber, ob er Innere-Kind-Arbeit auch für andere Formen traumatischer Erfahrung für sinnvoll hält. M. E. kann man die Arbeit mit dem inneren Kind für jede Art belastender Erfahrung in der Kindheit einsetzen. Große Fragezeichen habe ich im Zusammenhang mit Smuckers Empfehlung, das erwachsene Ich könne das Kind imaginativ ablehnen, beschimpfen, ja sogar misshandeln, wenn dem erwachsenen Ich danach sei. Was bedeutet es, wenn dieses Verhalten *in der Therapie vom Therapeuten* nicht nur verstanden, sondern geradezu gefördert wird? Die Therapie sollte ein Neuanfang sein. Wenn die erwachsene Person ihr inneres Kind ablehnt, sollte das natürlich verstanden werden. Es gelten in der Regel die oben beschriebenen Gründe, entweder Angst vor dem Schmerz des Kindes oder Täterintrojektion – und Identifikation. Fast alle PatientInnen, mit denen wir gearbeitet haben, akzeptieren, wenn man ihnen erklärt, dass es wichtig ist, diesem Kind nicht weiter zu schaden. Den wenigen, die so stark täteridentifiziert sind, dass sie das nicht akzeptieren wollen, sollte man m. E. eine Grenze setzen: »keine Misshandlung innerer Teile« als Bedingung der Zusammenarbeit. Selbst wenn der täteridentifizierte Teil das zunächst nicht einsieht, sollten diese Absprachen getroffen werden. M. E. hat dann die Arbeit mit diesem Teil Vorrang vor der Arbeit mit dem »inneren Kind«, vergleichbar dem Slogan des Kinderschutzbundes: »Starke Kinder brauchen starke Eltern.« Täteridentifikation ist Ausdruck eines Schutzbedürfnisses, das früher »gute« Gründe hatte, sich zu entwickeln, aber jetzt schädigend ist. Das alles sollte man besprechen, aber dennoch eine klare Haltung auch in Bezug auf den Schutz des inneren Kindes haben.

Fallen

1. Die Arbeit mit dem inneren Kind ist kein Ersatz für ein konzentriertes, professionelles und liebevolles Engagement des Therapeuten für die erwachsene Patientin.

2. Lassen Sie sich andererseits nicht verführen, der erwachsenen Person etwas abzunehmen, das diese selbst kann oder erlernen kann, selbst zu tun.

3.9 Arbeit mit Täterintrojekten

Was ist ein Täterintrojekt?

Zunächst ist es wichtig zu verstehen, dass Introjektion ein normaler psychischer Vorgang ist. Die deutsche Übersetzung ist *Verinnerlichung*. Gefühle, Gedanken, Verhalten einer anderen Person werden ins Selbst hineingenommen. Normalerweise erfolgt eine Assimilation, sodass aus Introjekten Selbstanteile werden, die nicht als fremd erlebt werden.

Neuerdings wird von Seiten der Hirnforscher darauf hingewiesen, dass Menschen aufgrund der Ausstattung mit Spiegelneuronen gar nicht anders können, als das, was ein anderer vormacht und vorlebt, ebenfalls zu tun und zu Ende zu bringen (dazu Bauer 2005). Für ein Kind, das noch keine ausreichenden Steuerungsmöglichkeiten hat, um Spiegelphänomene zu kontrollieren, ist es daher also auch aus biologischen Gründen nicht zu umgehen, dass es handelt, fühlt und denkt wie der Täter.

Täterintrojektion kann als ein Schutzvorgang verstanden werden, der während traumatischer Situationen hilft, sich vor überwältigender Ohnmacht zu schützen. Lebt der Täter im Selbst, ist die Tat richtig, und damit gibt es quasi keine Ohnmacht. Täterintrojektion im Kindesalter schützt das Kind außerdem vor Objektverlust. Dieser Vorgang kann sich auch in Extremsituationen bei Erwachsenen abspielen (s. dazu Reemtsma: »Im Keller«).

Identifikation ist in der psychoanalytischen Neurosenlehre eine reifere Abwehrform. Wenn man sich mit jemandem identifiziert, verhält man sich so wie der andere. Auch Identifikation gehört zur normalen Entwicklung. Täteridentifikation ist ebenfalls ein Schutz, nämlich vor allem vor schmerzlichen Gefühlen. Täteridentifizierte Teile verhalten sich also wie die Täter, während Täterintrojekte dazu führen, dass man denkt oder fühlt wie der Täter, wobei das eine mit dem anderen kombiniert auftreten kann.

Ob sich künftig aus Sicht der Erkenntnis zu Spiegelneuronen die unterschiedlichen Begrifflichkeiten von Introjektion und Identifikation überhaupt werden aufrecht halten lassen, ist offen.

Den Begriff Täterintrojekt sollte man nur verwenden, wenn eine Tat bekannt ist. Andernfalls sollte man von malignen Introjekten sprechen oder auch nur von malignen Teilen.

Indikation für Täterintrojektarbeit:

Man sollte an oder mit Täterintrojekten nur arbeiten, wenn sie sich störend bemerkbar machen.

Während die Arbeit mit guten Bildern als Gegengewicht sowie die Arbeit mit jüngeren Ichs stets früher oder später eingeführt werden sollte, gilt dies für die Arbeit mit Täterintrojekten so nicht. Solange

sie nicht stören und die Arbeit gut vorankommt, ist es nicht sinnvoll, Täterintrojektarbeit zu machen.
In der PITT haben sich zwei imaginative Wege der Arbeit mit Täterintrojekten oder malignen Introjekten bewährt:
1. Das »Drachentötermodell«
2. Die Ego-State-orientierte Arbeit

3.9.1 Arbeit mit dem Drachentötermodell

In »Imagination als heilsame Kraft« habe ich ausführlich die Arbeit mit einem Modell, das ich das »Drachentötermodell« nennen möchte, dargestellt. Dabei geht es darum, dass das Ich von heute sich von diesem »inneren Drachen«, von diesem »inneren Feind« imaginativ befreit. Das Modell dazu sind Märchen und Mythen, in denen ein ganz und gar böses Wesen getötet wird (s. dazu Reddemann 1998, dort finden Sie auch ausführliche Falldarstellungen).
Für manche mag dieses Modell nach jüngsten politischen Metaphern wie »Schurkenstaat«, »die Welt des Bösen« usw. und die daraus abgeleitete Legitimation zum Krieg einen unangenehmen Beigeschmack haben. Gibt es »das Böse«? Kann man es besiegen? Ist es sinnvoll, eine Vorstellung zu pflegen, wonach man es besiegen kann?, und viele daraus abgeleitete Fragen stellen sich. Dies sind nicht zuletzt grundlegende philosophische Fragen. Es scheint so zu sein, dass es in uns Schichten gibt, da denken wir »primitiv«, teilen die Welt ein in ganz gut und ganz böse und fühlen uns erleichtert, wenn wir das tun, hoffentlich wissend, dass das eine grobe Vereinfachung darstellt. Warum haben Bücher und Filme wie »Der Herr der Ringe«, »Starwars«, »Harry Potter« so viel Erfolg? Kann es sein, dass der Erfolg auch etwas damit zu tun hat, dass auch dort die Welt recht klar eingeteilt ist und – das ist wohl auch wichtig – dass das Gute am Ende immer siegt, selbst wenn es sehr lange dauert? Zumindest für PatientInnen mit einer Traumafolgestörung vom Typ (Borderline-)Persönlichkeitsstörung scheint es eine Hilfe zu sein, wenn sie sich die Vorstellung erlauben, diese Einteilung der Welt spielerisch einmal vorzunehmen. Dies entlastet auch von dem Drang, dauernd im Außen nach ganz guten Menschen zu suchen und immer wieder enttäuscht zu werden.

Mein Vorschlag mag manchen allzu pragmatisch erscheinen. Meine Erfahrung ist, dass es für manche Patienten sehr hilfreich ist, sich imaginativ auf das Drachentöten oder ähnliche Bilder einzulassen. Sie fühlen sich anschließend wie befreit. *Wobei ich betonen möchte, dass das Finden des Schatzes des »Drachen« und der Umgang damit, d. h. der Transfer in den Alltag, sicher mindestens ebenso wichtig ist, möglicherweise sogar wichtiger* (s. »Imagination ...« S. 81–88).

3.9.2 Zusammenfassung: Vorgehen bei der Täterintrojektarbeit nach dem Drachentötermodell

1. Benennen Sie das Introjekt, z. B.: Können Sie sich vorstellen, dass es einen Teil gibt, der das Kind dauernd beschuldigt?
2. Schlagen Sie vor, diesem Teil eine Gestalt zu geben.
3. Achten Sie darauf, dass die Gestalt auf gar keinen Fall die der Eltern ist. Korrigieren Sie daher Äußerungen wie: »Das ist mein Vater.« Ein inneres Objekt/ein innerer Teil *ist* nicht ein äußeres Wesen, allenfalls handelt es sich um ein Abbild der äußeren Person.
4. Erklären Sie, warum es wichtig ist, eine symbolische Gestalt zu finden.
5. Klären Sie, ob genügend »gute« Wesen auf der inneren Bühne sind. Sie sind unerlässlich.
6. Wenn die böse Gestalt in Zusammenhang mit den Eltern oder nahen Bezugspersonen der Kindheit steht, lassen Sie die Patientin unbedingt ein oder mehrere gute, liebevolle Wesen finden, gegebenenfalls »ideale Eltern« oder Wesen mit guten elterlichen Eigenschaften.
7. Klären Sie, ob und welche Helfer die Patientin in der Auseinandersetzung mit »dem Drachen« braucht.

8. Helfen Sie der Patientin dabei, einen Weg zu finden, »den Drachen« (oder was auch immer) unschädlich zu machen. Das kann auch verbannen, zu Stein werden lassen oder in einen Helfer verwandeln bedeuten.
9. Wenn das Wesen unschädlich gemacht ist, schlagen Sie der Patientin vor, seinen Schatz zu finden.
10. Lassen Sie sich diesen Schatz genau beschreiben, es sei denn, die Patientin will ihn für sich behalten.
11. Regen Sie die Patientin an, sich die Auswirkung des Schatzes auf ihr Leben so genau wie möglich auszumalen, z. B. in Bezug auf Alltagsproblemsituationen.
12. Laden Sie die Patientin ein, sich bis zum nächsten Treffen täglich mit dem Schatz zu befassen.
13. Sprechen Sie in der nächsten Sitzung über die Auswirkungen des Schatzes.
14. Besprechen Sie mit der Patientin, wie sie sich selbst helfen kann, sich an ihren Schatz zu erinnern, z. B. mit Hilfe von symbolischen Gegenständen.

3.9.3 Häufig gestellte Fragen zur Täterintrojektarbeit nach dem Drachentötermodell

Wie arbeitet man mit Täterintrojekten, die während der Ressourcenarbeit auftauchen?

Prinzipiell spielt es keine Rolle, wann die Introjekte auftauchen. Es ist relativ häufig, dass Ressourcenarbeit bestimmte Introjekte auf den Plan ruft, z. B. solche, die vertreten, dass es einem nicht gut gehen darf, dass es gefährlich ist, wenn es einem gut geht etc.

Woran erkennt man den Unterschied zwischen Täterintrojekten und täteridentifizierten Teilen?

Täterintrojekte äußern sich im Fühlen und Denken, also als »Kopfbewohner« (Goulding 2000), Täteridentifikation äußert sich im Ver-

halten, Identifikationen könnten also als »Körperbewohner« bezeichnet werden.
Achtung: Dies sind Konzepte, und im »richtigen Leben« äußern sich Introjekte und Identifikationen deshalb manchmal gemischt. Es lohnt sich aber für die therapeutische Arbeit eine Trennung, wenn möglich, da die Probleme dann leichter handhabbar werden.

▪ **Was tun, wenn das negative Introjekt auf der inneren Bühne nach der Zerstörung wieder auftaucht?**

Ziehen Sie folgende Möglichkeiten in Betracht, indem Sie diese mit der Patientin besprechen:
1. Gab es noch irgendetwas Gutes in dem Drachen? Dann dient die Wiederauferstehung dem Schutz und Erhalt dieses Guten.
2. In vielen Märchen muss der Held/die Heldin mit mehr als einem Bösewicht kämpfen. Ebenso kann es verschiedenste Täterintrojekte geben.

▪ **Was tun, wenn die Patientin bereits Angst bekommt, wenn man einen Täterteil benennt?**

1. Es empfiehlt sich zu klären, wer Angst hat, die erwachsene Person oder das Kind. Oft ist es das Kind, das sich fürchtet. Dann sollten Sie mit der Patientin besprechen, dass sie zunächst das Kind in Sicherheit bringt.
2. Es kann aber auch sein, dass die Patientin noch Täterkontakt hat, dann ist es meist zu gefährlich, sich mit den Introjekten zu beschäftigen.

▪ **Wann ist Täterintrojektarbeit angezeigt, wann Arbeit mit dem »inneren Kind«?**

Bei der Arbeit mit dem inneren Kind geht es um die direkte Auseinandersetzung mit Angst und anderen schmerzlichen Gefühlen. Z. B. verhält sich die Patientin ängstlich, schamvoll etc., und es ist erkennbar, dass dies situativ nicht angemessen ist. Das »innere Kind« ist also die direkte Äußerung der Übertragung einer kindlichen Erfahrung in die Gegenwart. Die Patientin verhält sich, als ob sie ein Kind wäre.
Täterintrojekte sind zum Schutz – z. B. des Kindes – entstanden, sie »benehmen« sich wie die Täter, also scheinbar erwachsen, un-

angreifbar, stark. Der kindliche Teil hat Angst vor dem Introjekt, das Introjekt kennt keine Angst, d. h., die Auseinandersetzung mit Angst, die letztlich auch hier die Quelle der Existenz des Introjektes darstellt, kann nicht direkt erfolgen.
Täterintrojekte kann man sich auch als Kinder vorstellen, die sich als bösartige Erwachsene verkleidet haben, jedoch wissen diese Erwachsenen nicht, dass sie Kinder sind.

3.9.4 Vorsicht: Fallen

Diese Arbeit mag dazu verführen, da sie manchmal rasch wirkt, allzu technisch auf das Protokoll fixiert zu sein.
Führen Sie dieses Protokoll nur durch, wenn Sie

1. selbst damit gut vertraut sind und Ihnen das Vorgehen einleuchtet;
2. wenn die Patientin das Vorgehen intellektuell nachvollziehen kann. Grundsätzlich gilt, dass jegliche imaginative Arbeit letztlich nur weiterhilft, wenn sie zunächst und zuerst intellektuell nachvollziehbar ist.

Es wäre ein Irrtum zu glauben, dass das »Drachentöten« das Wichtigste ist. Das Wichtigste ist der Schatz und dessen Auswirkung auf das alltägliche Leben!

3.9.5 Ego-State-orientierte Arbeit mit Täterintrojekten

Immer mehr habe ich in den letzten Jahren entdeckt, dass an Ego-State-Therapie orientierte Auseinandersetzung mit malignen inneren Objekten vielen Patienten besser entspricht.
Nach meinem Verständnis sollte man mit dem Patienten gemeinsam klären, welche Art der Arbeit für ihn zu einem gegebenen Zeitpunkt – weil sich das ändern kann – die geeignete ist.
Patienten wissen sehr genau, was für sie stimmig ist, man muss sie aber danach fragen, sie sagen es einem in der Regel nicht spontan!

Empfehlen Sie Ihren PatientInnen immer wieder, die »innere Weisheit« zu Rate zu ziehen.

Ich möchte daher das Protokoll für die Ego-State-orientierte Arbeit mit Täterintrojekten vorstellen. Dieses Protokoll eignet sich besonders gut für hoch dissoziative Patientinnen.

3.9.6 Protokoll: Vorgehen bei der Ego-State-orientierten Arbeit mit Täterintrojekten

1. Den Teil benennen. Etwa: Fühlt es sich so an, als gäbe es in Ihrem Inneren verschiedene Teile? Diese innere Stimme, von der Sie berichten, ist das wie ein anderer Teil?

2. Mit dem Teil Kontakt aufnehmen. Wenn möglich sollte das das Ich tun, das in Therapie kommt. Etwa: Können Sie sich vorstellen, dass Sie ein wenig nach innen schauen und diesen Teil wahrnehmen, der Sie für schuldig erklärt? Können Sie ihn fragen, warum er das macht?

3. Wenn das nicht geht, sollte es die Therapeutin/der Therapeut direkt tun. Etwa: Ich würde gerne einmal mit dem Teil sprechen, der immer sagt, dass X schuld an allem ist.

4. Der Teil sollte genauso willkommen sein wie jeder andere auch, auch wenn er sich »böse« verhält.

5. Erklärungen anbieten, warum der Teil ist, wie er ist. Etwa: Es hatte sicher einmal einen guten Sinn, dass der Teil zu der Ansicht gelangt ist, dass Sie schuld sind. Können Sie ihn fragen, womit das zusammenhängt?

6. Immer wieder innere Kommunikation und Kooperation anregen. Siehe dazu die Übung »Inneres Team«. Hier wird deutlich, dass verschiedene Teile verschiedene Ansichten haben und dass man sie alle würdigt.

7. Unterstützen Sie jeden Anflug von Humor in der inneren Kommunikation, das erleichtert vieles.

8. **Gemeinsame Lösungen finden.** Es ist wichtig, dass die Therapeutin eine Haltung vertritt, dass dies grundsätzlich möglich ist, vielleicht erst in der Zukunft. Solange keine gemeinsame Lösung gefunden ist, geht es um die Bereitschaft zu respektvoller Koexistenz.

Merke: Diese Arbeit erfordert Geduld und eine neutrale Haltung der Therapeutin. Dabei ist jeder Teil gleich wichtig und wertvoll. Im Gegensatz dazu gibt es bei der Täterintrojektarbeit nach der »Drachentötermythosmethode« eine eindeutige Hierarchie und Wertigkeit. Das bedeutet, das erwachsene Ich entscheidet sich dafür, das maligne Introjekt zu vernichten.
Beide Wege haben ihre Indikationen und Kontraindikationen. Es gilt, gemeinsam mit der Patientin herauszufinden, welcher Weg zu einem gegebenen Zeitpunkt der günstigere ist. Ego-State-Therapeuten heben mahnend den Finger und meinen, man dürfe nie das maligne Introjekt vernichten. M. E. ist das genauso einseitig wie immer auf der Vernichtung zu bestehen.
Bei genauer Betrachtung geht es bei beiden Modellen um Ähnliches: Um eine Transformation der destruktiven Teile, dem Ich oder Selbst in konstruktiver Weise zu dienen.

Fallbeispiel:

Frau B., die zunächst in der Therapie gut davon profitiert, sich mit hilfreichen Bildern zu beschäftigen, kommt nach einigen Stunden und meint, das sei doch alles Quatsch und das bringe ihr nichts.
Daraufhin fragt die Therapeutin zunächst, ob es sein könne, dass jetzt ein anderer Teil mit ihr spreche, denn sie sei etwas verwundert über diesen Sinneswandel.
Pat.: Ja, schon, in mir gibt es so einen Teil, der mir das immer wieder sagt, schon lange, ich habe ihn bis jetzt nur unterdrückt.
Th.: Ich denke, dass es wichtig ist, dass wir auf diesen Teil hören und uns mit ihm auch beschäftigen. Können Sie ihn fragen, seit wann er existiert?
Pat. (verwundert): Ja, wenn Sie meinen ... Er sagt, seitdem ich zwei Jahre alt bin, ist er da.
Th.: Können Sie ihn jetzt fragen, was er erreichen will, wenn er so mit Ihnen spricht?

Pat.: Er meint, dass ich kein Recht habe, dass es mir gut geht.
Th.: Können Sie ihn fragen, wie er darauf kommt?
Pat.: Das weiß ich auch so. So hat immer meine Mutter mit mir gesprochen.
Th.: Dann spricht dieser Teil also so wie Ihre Mutter.
Pat.: Ja ...
Th.: Haben Sie eine Idee, wozu das gut sein könnte?
Pat.: Gut sein? Also das finde ich jetzt wirklich keine gute Frage.
Th.: Ja, ich hätte es Ihnen erklären sollen. Ich stelle mir vor, dass damals, als Sie so klein waren und Ihre Mutter immer so sprechen hörten, das sicher nicht leicht war für das kleine Mädchen.
Pat.: Natürlich nicht, das war fürchterlich.
Th.: Und was wäre geschehen, wenn Sie sich gegen die Worte der Mutter aufgelehnt hätten?
Pat: Dann wäre es mir noch schlechter mit ihr gegangen.
Th.: Dann hatte es insoweit also Sinn, dass Sie angefangen haben, wie Ihre Mutter zu denken?
Pat.: Ach so meinen Sie das! Ja, irgendwie schon.
Th.: So könnte man also sagen, der Teil hatte damals gute Absichten, er wollte Ihnen dabei helfen, dass es Ihnen mit der Mutter nicht noch schlechter ergangen ist.
Pat.: Stimmt. Und was mach ich jetzt damit?
Th.: Wenn Sie wollen, könnten sie dem Teil sagen, dass Ihnen gerade klar geworden ist, dass er gute Absichten hat und schauen, was dann geschieht.
Pat.: Warum nicht ... Ich sag's ihm ... Vorher sah er ganz böse aus, jetzt lächelt er. Das ist ja wirklich erstaunlich.
Th.: Ja, es ist ein bisschen wie auch sonst im Leben. Die Leute werden freundlich, wenn man mit ihnen freundlich ist.
Pat.: Na ja ..., diesmal haben Sie recht ... Was soll ich jetzt machen?
Th.: Wenn es Ihnen recht ist, könnten Sie den Teil fragen, ob er weiß, dass Sie eine erwachsenen Frau sind.
Pat.: Komische Sachen machen wir da heute ... O.k. Tatsächlich, er weiß es nicht, das hätte ich nicht gedacht.
Th.: Können Sie es ihm dann jetzt beibringen, dass sie erwachsen sind, ihm erzählen, was Sie alles können, dass Sie nicht mehr auf das Wohlwollen Ihrer Mutter angewiesen sind usw.
Pat: Ja, das mache ich. Ich mach das dann zu Hause, dazu brauche ich Zeit.
Th.: Das finde ich eine sehr gute Idee.

In die nächste Stunde kommt die Patientin und berichtet, dass sie viel mit diesem Teil gesprochen habe und ihm alles gezeigt habe. Sie hätte sich fast ein bisschen mit ihm angefreundet.

Th.: Wie wäre es dann für Sie, wenn sie ihn jetzt fragen würden, ob er Ihnen auch in Zukunft hilft, nur anders als bisher?
Pat.: Gute Idee. Aber wie denn?
Th: Was wünschen Sie sich von ihm?
Pat: Er könnte aufpassen, dass ich mich nicht zu sehr begeistere und in was reinsteigere, denn manchmal bin ich zu begeistert und dann wiederum enttäuscht.
Th.: Ist er dazu bereit?
Pat.: Ja, das macht er.
Th.: Dann bitte ich Sie, dass Sie das in nächster Zeit mit ihm ausprobieren, so wie Sie schon vergangene Woche mit ihm in Kontakt waren.

In den folgenden Stunden werden einige konkrete Situationen erörtert, in denen der Teil sich hilfreich verhalten hat bzw. verhalten sollte. So wird weiter an der konkreten Umsetzung der Zusammenarbeit des erwachsenen Ichs mit diesem Teil gearbeitet.

Dieser Verlauf ist idealtypisch, kommt aber immer wieder vor und wurde hier dargestellt, um das Vorgehen plastisch werden zu lassen.

3.9.7 Vorsicht: Fallen

1. Seien Sie nicht zu schnell damit, mittels Trance auf Ego States einzuwirken, günstiger ist,
2. wenn die Patientin das selbst tut. Aber zögern Sie auch nicht, diese Funktion zu übernehmen, wenn die Patientin dazu nicht in der Lage ist. Vergessen Sie nicht, die Patientin dazu um Erlaubnis zu bitten!

3.10 Gruppenarbeit mit stabilisierenden Techniken

Hierzu bieten sich verschiedene Möglichkeiten:
1. Rein übungsorientierte Gruppen
2. Gruppen mit einem erweiterten Spektrum, in das auch stabilisierende Übungen mit einbezogen werden.

Zu 1.

Seit Jahren führe ich derartige Gruppen durch, zum einen mit PatientInnen, zum anderen in Fort- und Weiterbildungsgruppen. Beachten Sie Folgendes:
a) Führen Sie ein Vorbereitungsgespräch und informieren Sie die Patientin darüber, dass es nicht um Entspannung geht, sondern um das Erlernen neuer Fertigkeiten i. S. von Sich-konzentrieren-Können auf Angenehmes.
b) Besprechen Sie auch, dass die Patientin jederzeit »aussteigen« kann, wenn sie sich unwohl fühlt.
c) Erklären Sie, wie sie »aussteigen« kann, nämlich mittels Konzentration auf das Außen.
d) Erklären Sie jedes Mal aufs Neue, welche Übung gemacht werden soll.
e) Fragen Sie, ob alle alles verstanden haben.
f) Leiten Sie die Übung mit normaler Sprechstimme an. Vermeiden Sie »Hypnotalk«.
g) Wenn Sie hinsichtlich des Tempos unsicher sind, seien Sie eher etwas zu schnell als zu langsam, da zu langsames Anleiten leicht zu Dissoziation führen kann.
h) Erklären Sie den Patientinnen, dass man in einer Gruppe nicht immer das Tempo für alle passgenau treffen kann. Wenn die Patienten die Übung kennen, können sie selbst schneller vorangehen oder langsamer.
i) Bieten Sie nach der Übungssequenz die Möglichkeit für Nachfragen und/oder Rückmeldungen an, aber bestehen Sie nicht darauf, dass dies immer in der Gruppe geschieht. Stellen Sie auch

die Möglichkeit zur Verfügung, dass Patienten kurz mit Ihnen allein sprechen können.
j) Ziehen Sie in Betracht, dass jede Patientin ihre Zeit braucht, an der Übungsgruppe teilzunehmen. Bei manchen genügen drei Wochen, andere brauchen Monate. Stellen Sie diese Zeit zur Verfügung.

Zu 2.

Die Bilder aus den Imaginationsübungen lassen sich wie in der Einzelpsychotherapie auch in Gruppentherapien einfügen, dann eher im Gespräch, als Einfall und Einladung zum Weiterphantasieren. Man kann aber auch in Psychotherapiegruppen einmal eine Übungseinheit anleiten. Anschließend sollte in diesem Fall an diesem Material weitergearbeitet werden.

Sehr gut hat sich in meinen Gruppen bewährt, Innere-Kind-Arbeit in der Gruppe als Einzeltherapie in der Gruppe zu machen. Anschließend an die Einzelarbeit können andere Gruppenmitglieder von ihren Einfällen und Gefühlen berichten. Man kann auch regelrecht einladen, dass die anderen mitmachen, indem sie an etwas Eigenes denken. Das ist aber nur sinnvoll, wenn die Therapeutin weiß, dass die anderen das auch verkraften. Sonst sollten Sie lieber nur das Gruppenmitglied innerlich begleiten.

In jedem Fall ist der Austausch über die Arbeit zum inneren Kind in Gruppen sehr hilfreich.

Aber auch die traditionellen Übungen können von Gewinn sein. Auch bei diesen empfiehlt sich dann ein Gespräch über die Inhalte. Im Allgemeinen wird das von den PatientInnen als bereichernd erlebt. Sie kommen dadurch auf neue Bilder und Ideen.

(Eine ausführliche Darstellung der Gruppentherapie mit TraumapatientInnen ist in Vorbereitung.)

4. Die Traumakonfrontationsphase

Vermöchte man doch, o Natur,
deinen großen, nackten Körper emporzuheben,
gleich Steinen in der Knabenzeit,
und fände darunter
dein kleines und unendliches Geheimnis!

J. R. Jimenez

4.1 Voraussetzungen

Es erstaunt mich immer wieder, wie wenig über die Voraussetzungen zu traumakonfrontativer Arbeit gesprochen oder wie leicht diese genommen wird. Ich höre häufig davon, dass Patientinnen mit Kindheitstraumatisierungen umstandslos nach wenigen Stunden traumakonfrontativ behandelt werden.
Daher meine dringende Bitte: Prüfen Sie stets Folgendes:
1. Ist die Patientin fähig, belastende Gefühle auszuhalten, ohne zu dissoziieren?
2. Ist die Patientin fähig, *sich selbst zu beruhigen* und sich selbst zu trösten?

Diese beiden Kriterien sind leicht zu prüfen, und Sie sollten sie ernst nehmen.
Ein Patient ohne diese Fähigkeiten wird mit hoher Wahrscheinlichkeit von traumakonfrontativer Arbeit im günstigsten Fall nicht profitieren, im ungünstigen Fall wird er sich verschlechtern. Wir sehen leider recht häufig Patienten, die sich verschlechtern.
M. E. sollten Sie auch bei Folgendem unerbittlich sein:
Wenn Täterkontakt, keine Traumakonfrontation. Punkt!

Viele PatientInnen (und TherapeutInnen) überschätzen darüber hinaus den Wert und den Nutzen von Traumakonfrontation. Wir haben seit Jahren beobachten können, dass Patienten, die gelernt haben, »jedes innere Kind in Sicherheit zu bringen«, und deren innere Kinder gelernt haben, dass sie jetzt in Sicherheit sind, häufig gar keine Traumakonfrontation mehr wollen oder brauchen. Patienten überschätzen Traumakonfrontation vermutlich deshalb, weil es einen aufgeklärten öffentlichen Diskurs nach dem Motto »es ist gut, darüber zu reden« gibt, der in der Tat häufig seine Berechtigung hat. Leider gilt dies für Menschen mit Posttraumatischen Belastungsstörungen – insbesondere komplexen Störungen – so nicht. Dies hat mit der Fragmentierung und Dissoziation traumatischer Erfahrungen zu tun. Man hebt in aller Regel Fragmentierung und Dissoziation nicht durch »Darüberreden« auf, sondern durch eine Auseinandersetzung, die die Empfehlungen des BASK-Modells berücksichtigt (s. u.). Wenn man Patienten über diese Sachverhalte nicht aufklärt, sind sie zu Recht enttäuscht, wenn der Therapeut nicht rasch Traumakonfrontation anbietet. Information ist also auch hier von grundlegender Wichtigkeit.

Lediglich bei Menschen mit einem Monotrauma und einer nichtkomplexen Posttraumatischen Belastungsstörung gilt uneingeschränkt, dass die Konfrontation mit dem traumatischen Ereignis die sinnvollste Behandlung ist. Aber selbst hier geht es nicht ohne ausreichende Stabilität und daher also meist auch Stabilisierung. Bei komplex Traumatisierten, insbesondere bei Kindheitstraumata, gilt, dass die Empfehlung »Aufarbeitung des Traumas mittels Traumakonfrontation ist *die* Methode der Wahl« nicht stimmt. Aufarbeitung der Traumafolgen ist häufig sehr viel wichtiger, z. B. die Aufarbeitung der zahlreichen Persönlichkeitsveränderungen. Dies alles sollte aber unter Berücksichtigung des Phasenmodells geschehen, also Stabilisierung und Stabilitätsaufbau hat immer Vorrang. Eine ausschließliche Orientierung an den im Vordergrund imponierenden Störungsbildern, z. B. der Depression oder der Angst, ist ebenfalls wenig sinnvoll. Wichtig ist, dass die Patientin früh verstehen lernt, warum sie sich verhält, wie sie sich verhält, d. h., dass ihr möglicherweise bizarres Verhalten dort, wo es in Zusammenhang mit Traumatisierungen stehen könnte, auch entsprechend eingeordnet wird. *Den Zusammenhang zu traumatischen Erfahrungen herstellen heißt aber nicht Traumakonfrontation.*

Traumakonfrontative Arbeit ist bei körperlicher Erkrankung nicht angezeigt, weil dann die Abwehr ohnehin geschwächt ist.

Weiterhin sind belastende äußere Ereignisse, wie z. B. Trennungssituationen, eine Kontraindikation. Auch hier braucht der Patient seine ganze Kraft für die Bewältigung des äußeren Ereignisses. Früher dachten wir etwa so: Wenn ein Mensch sich aktuell schwer tut, und das hängt mit traumatischen Erfahrungen zusammen, bearbeitet man am besten das Trauma, weil damit dann Kräfte frei werden zur Bewältigung der aktuellen Probleme.
Leider hat sich das als Irrtum herausgestellt. Denn wir machten die Rechnung »ohne den Wirt«, in diesem Fall dem traumatischen Stress. Der kann bei destabilisierten Menschen dann einfach nicht mehr reguliert werden, und damit haben wir keine sichere Grundlage für die traumakonfrontative Arbeit.
Zum besseren Verständnis möchte ich Ihnen noch einmal einige Erkenntnisse zur Diagnostik und Therapie ins Gedächtnis rufen.
Da ist zunächst die Einordnung der Posttraumatischen Belastungsstörung:
Im DSM-IV wird sie zu den Angststörungen gerechnet, im ICD-10 wird sie den psychoreaktiven Störungen auf schwere Belastungen zugeordnet. Dies kann Folgen für das Verständnis der Therapie haben. Meine Hypothese dazu ist, dass, wenn man unterstellt, die Posttraumatische Belastungsstörung sei eine Angststörung, es einem auch natürlicher erscheinen wird, sie als solche zu behandeln und damit auch zu erwarten, dass Exposition wirksam ist. Geht man vom Konzept der Reaktion auf eine schwere Belastung aus, wird man eher akzeptieren können, dass diese Reaktion sich auch auf dysfunktionale Weise äußern kann und dass Vorsicht geboten ist.
Notwendig ist zu wissen, dass zahlreiche Störungen ebenfalls traumareaktiv sein können:
Depressive Störungen, Angststörungen, Somatisierungsstörungen, Sucht, dissoziative Störungen, körperliche Leiden infolge von traumareaktiven Symptombildungen.
Insgesamt ist die Komorbidität mit der Posttraumatischen Belastungsstörung hoch. In vielen Untersuchungen finden sich Zahlen bis zu 80 Prozent. Das heißt, die »einfache« Posttraumatische Belastungsstörung ist eher die Ausnahme!
Auch unser Verständnis der Persönlichkeitsstörungen und deren Verständnis als Traumafolgeerkrankung hat sich verändert: Immer mehr Forscher können zeigen, dass es einen Zusammenhang zwi-

schen Persönlichkeitsstörungen und komplexer Posttraumatischer Belastungsstörung gibt, dass viele dieser PatientInnen eine Geschichte von Vernachlässigung, Gewalt und sexualisierter Gewalt aufweisen.

»Könnte es nicht sein, dass sich erst nach wiederholter oder extremer Trauma- und Belastungserfahrung so etwas wie die Veränderung persönlichkeitsnaher Merkmale eingestellt hat?«, fragt Fiedler (a. a. O. S. 66) und kommt zu folgenden Erklärungen:
Die Dissoziale Persönlichkeitsstörung könnte Folge von Extremtrauma und die Verminderung von Vulnerabilität und Angst sein, die Borderline-Persönlichkeitsstörung könnte eine Fehlregulation emotionalen Erlebens und Handelns infolge von Extremtrauma sein, die Schizotypische Persönlichkeitsstörung könnte man als Verstärkung von Angst und Vulnerabilität infolge von Extremtrauma verstehen.

Des Weiteren gilt es zu bedenken, dass die Diagnostik der PTSD durch Prozessphänomene kompliziert sein kann, sodass eine traumareaktive Störung auch als ein *zeitabhängiger Anpassungsprozess* zu verstehen ist.

Dieser posttraumatische Anpassungsprozess kann durch eine Reihe von Risikofaktoren intrapsychischer und biographischer Art nachdrücklich und nachhaltig gestört sein.

Traumafolgestörungen kann man daher nicht ausschließlich aus dem Stressor des Traumaereignisses heraus verstehen, sondern verschiedene Einflussfaktoren wie z. B. die Erfahrung früherer Traumatisierung oder vorbestehende psychische Erkrankungen sowie das soziale Umfeld sind bedeutsam, und dies auch für die (Wahl der) Therapie!

Daraus ergibt sich zwingend:
»Indikationsentscheidungen, d. h. die Frage, welche Therapie oder Unterstützung ist im individuellen Fall und in welchem Umfang indiziert, bedürfen nicht nur einer Störungs-, sondern vielmehr einer ergänzenden Prozessdiagnostik.« (Flatten 2003)
Wenn die traumaspezifische Stabilisierung erfolgt ist, die wir zuvor ausführlich besprochen haben, gilt es weiterhin, die ergänzenden Faktoren im Auge zu behalten. Eine nur auf Traumakonfrontation ausgerichtete Behandlungsführung verkennt m. E. aber genau dies. Es wird dann so getan, als würde die Konfrontation mit dem

Trauma genügen, um sämtliche Probleme zu bearbeiten oder gar zu beseitigen. Während dies bei einfachen Posttraumatischen Belastungsstörungen durchaus der Fall sein kann, gilt für komplexe Traumafolgestörungen insbesondere mit Komorbidität stets, dass ein ganzes Bündel weiterer Faktoren zu berücksichtigen ist. Leider machen einige Fort- bzw. Weiterbildungen den Eindruck, dass auch hier der stabilisierenden Arbeit wenig Bedeutung beigemessen wird, wenn man das Verhältnis der Unterrichtszeiten zueinander betrachtet.

Merke: Wer zu schnell Traumakonfrontation macht, muss hinterher mehr Zeit investieren, damit es den Patienten nach der Konfrontation wieder besser geht, es sei denn, die Patientin wäre zuvor zu 100 Prozent stabil gewesen und hätte sehr günstige äußere Bedingungen.

Des Weiteren gilt die dringende Empfehlung (s. dazu die Leitlinien, Flatten et al. 2001), dass Traumabearbeitung nur durch entsprechend qualifizierte PsychotherapeutInnen erfolgen sollte.

Während also die Therapie der Wahl der *nicht*komplexen PTSD die Rekonfrontation mit dem auslösenden Trauma mit dem Ziel der Durcharbeitung und Integration unter geschützten therapeutischen Bedingungen ist, hilft das Wissen, dass immerhin ein Drittel des akut traumatisierten Klientels der »Hochrisikogruppe« (Fischer) zugerechnet werden muss. Darunter sind PatientInnen zu verstehen, die sozial schlecht integriert sind, psychische Vorerkrankungen mitbringen und bei denen frühere Traumata bekannt sind. Viele dieser Patienten gehören zur DESNOS-Gruppe, auch komplexe Traumatisierung genannt. (Ford und Kidd 1998 haben in einer Arbeit zeigen können, dass traumatisierte Vietnamveteranen, die zu dieser Gruppe gehörten, nicht von den herkömmlichen Therapieprogrammen mit Traumakonfrontation profitierten.)
Für diese Gruppe gilt:

Therapie der Wahl ist eine umfassende, auf die Persönlichkeit zugeschnittene und die komorbiden Störungen mit berücksichtigende Behandlung.

Die Konfrontation mit dem Trauma ist eine Maßnahme unter vielen, vielen anderen und hat in den seltensten Fällen Vorrang. Dennoch sollte die Behandlung traumaadaptiert sein!

(Als Konsequenz für persönlichkeitsgestörte Patienten mit einer Traumafolgestörung mag sich ergeben: »Es besteht weitgehend Konsens, bei dem Vorliegen von Traumastörungen diese als vorrangige Leitorientierung für die Entwicklung von Behandlungsmaßnahmen zu betrachten. Sollten sich die Traumastörungen erfolgreich behandeln lassen, könnte sich herausstellen, dass sich eine Behandlung von vermeintlichen Problemen der Persönlichkeit weitgehend erübrigt.« [Fiedler 2003, S. 73] *Das heißt aber nicht, mit all diesen Patienten vordringlich traumakonfrontativ zu arbeiten, sondern traumaadaptiert!*)
Hier fasse ich die Kontraindikationen für Traumakonfrontation zusammen:

4.1.1 Kontraindikationen für Traumakonfrontation

Täterkontakt
Psychose
Suizidalität
Schwere körperliche Erkrankung
Instabile psychosoziale Situation
Mangelnde Affekttoleranz
Anhaltende schwere Dissoziationsneigung
Unkontrolliertes autoaggressives Verhalten (an Täterkontakt bzw. Beeinflussung denken!)
Mangelnde Distanzierungsfähigkeit zum traumatischen Ereignis.

In vielen dieser Fälle empfehlen sich weiterhin stabilisierende Maßnahmen, gegebenenfalls medikamentöse Behandlung, sowie sozialpsychiatrische Interventionen, als da sind:
Soziale Unterstützung
Einbeziehung von Angehörigen
Berufliche Reintegration.
An dieser Stelle möchte ich auch darauf hinweisen, dass bei vielen schwer traumatisierten Patientinnen und Patienten eine Kombination aus Psychotherapie, Pharmakotherapie und sozialpsychiatrischen Interventionen unerlässlich ist.

Als obsolet kann gelten:
1. Die Anwendung nicht traumaadaptierter behavioraler oder psychodynamischer Verfahren
2. Alleinige Pharmakotherapie
3. Alleinige Traumakonfrontation ohne Einbettung in einen Gesamtbehandlungsplan
4. Katharsis als wichtigstes Prinzip

Meine allgemeinen Empfehlungen:
1. *Äußere Sicherheit*
2. *Sicherheit innerhalb der Beziehung*
3. *Immer das Arbeitsbündnis klären – informed consent*
4. *Der/dem PatientIn so viel Autonomie und Kompetenz wie möglich lassen*
5. *Gender-spezifische Gesichtspunkte berücksichtigen*
6. *Stabilisieren, stabilisieren, stabilisieren! Es gilt also diese Voraussetzungen zu beachten: innere Stabilität und daraus resultierende Sicherheit. Diesen Punkt können Sie mit Hilfe der o. g. Kriterien Affektkontrolle und Fähigkeit zur Selbstberuhigung überprüfen.*
7. *Traumabearbeitung so schonend wie möglich durchführen.*
8. *Eine gute Therapie von Traumafolgestörungen ist integrativ.*

4.1.2 Das BASK-Modell

Dieses Modell gibt eine hilfreiche und einfache Orientierung für die Traumakonfrontation.
Ausgehend von dem Wissen um Dissoziation hat Braun (1988) vorgeschlagen, darauf zu achten, dass die folgenden Bereiche zusammengefügt werden:
1. Das Verhalten –   **B**(ehavior)
2. Die Gefühle –   **A**(ffect)
3. Das Körper-Erleben – **S**(ensation)
4. Die Gedanken –   **K**(ognition)

Wenn es gelingt, diese Bereiche zu integrieren und die Dissoziation aufzuheben, ergeben sich daraus Erleichterung und das Gefühl, dass das Trauma vorbei ist (vorausgesetzt, es erfolgt auch noch eine Phase des inneren Trostes, dazu später).

Peter Levine (1998) hat ein vergleichbares Modell vorgeschlagen, das er SIBAM-Modell nennt.
S steht für Sensation, I für Imagination, B für Behavior, A für Affect und M für Meaning.
Nach meiner Erfahrung erfüllt aber das etwas einfachere BASK-Modell seinen Zweck und man kann sich daran leicht orientieren.
Sie haben damit auch ein Prüfungsinstrument zur Hand. Wenn ein Patient über eine traumatische Erfahrung berichtet, können Sie für sich klären, ob die vier Bereiche angesprochen wurden, wenn nicht, ist es so gut wie sicher, dass der Bericht nicht ausreicht für eine Integration, selbst wenn Sie inneren Trost anregen würden.
Dieses einfache Modell erklärt auch, warum Traumaerzählungen oft nicht reichen, warum »in die Gefühle hineingehen« ebenso nicht reicht und auch nicht eine auf den Körper fokussierte Arbeit. Jeder Teil für sich ist bedeutsam, aber nur voll wirksam, wenn man alle Teile des »Bask« zusammenbringt. (Bask heißt ja bekanntlich Korb.)

4.1.3 Grundlegende Voraussetzungen für eine Traumakonfrontation:

1. *Äußere Sicherheit*, d. h. kein Täterkontakt (s. dazu auch S. 95 ff.):
   a) Es darf keine Übergriffe mehr geben.
   b) Passiver Täterkontakt: Es gibt keine Übergriffe mehr, aber es besteht enger Kontakt zum Täter. Beispiel: Tochter, die vom Vater sexuell ausgebeutet wurde, pflegt diesen heute, da er alt ist. Er behelligt sie seit Jahren nicht mehr, dennoch fühlt sich die Patientin in seiner Gegenwart unwohl. Eine Möglichkeit ist, die Patientin zu fragen, ob sie sich vorstellen könne, »nur« als Erwachsene zum Vater zu gehen und ihr inneres Kind imaginativ in Sicherheit zu bringen. Gelingt ihr dies, kann man Konfrontationsarbeit in Betracht

ziehen, aber die Patientin sollte dann insgesamt sehr stabil sein. Sonst rate ich auch hier ab.

2. *Beziehungssicherheit:*
Dies bedeutet nach meinem Verständnis ein gutes Arbeitsbündnis, das von einem gewissen Vertrauen getragen ist. Bei stark idealisierender oder negativer Übertragung rate ich, diese erst zu bearbeiten.

Traumakonfrontation setzt aber auch eine kompetente und in den angewandten Verfahren erfahrene oder gut supervidierte Therapeutin voraus! Auch dies ist Teil der Beziehungssicherheit.

Des Weiteren rate ich allen Kolleginnen und Kollegen, sich darüber klar zu werden, ob sie sich dazu bereit finden wollen und können, alle Scheußlichkeiten menschlicher Beziehungen zu begleiten. In relativer Sicherheit aufgewachsene TherapeutInnen können sich nicht immer vorstellen, welche Schreckensgeschichten auf sie zukommen können. Es ist sehr ungünstig, eine Traumakonfrontation zu beginnen und sie dann abzubrechen, weil man die Schreckensgeschichten nicht erträgt.

Um zu testen, ob Sie stark genug sind, können Sie literarische Darstellungen traumatischer Erfahrungen lesen oder sich entsprechende Filme anschauen. Sie müssen das nicht oft tun, aber einmal sollten Sie sich prüfen. Es ist keine Schande zu merken, dass man sich damit überfordert. Eine drastische Darstellung extremer und sexualisierter Gewalt findet sich z. B. in Agotha Kristofs Buch »Das große Heft«. Folter und deren verheerende Folgen sind z. B. in Oriana Fallacis Buch »Ein Mann« eindrucksvoll beschrieben.

3. *Innere Sicherheit:*
Neben alldem, das ich schon ausführlich beschrieben habe, möchte ich diesen Punkt noch um einige Möglichkeiten ergänzen, die die innere Sicherheit im Rahmen von Traumakonfrontation erhöhen:

a) Informieren Sie die Patientin ausführlich über die verschiedenen Möglichkeiten der Traumakonfrontation und entscheiden Sie gemeinsam über die Technik.

b) Machen Sie die Patientin mit der Technik mittels eines positiven Beispiels oder einer neutralen Erfahrung vertraut. Selbst wenn man nicht alle Elemente der Technik damit vermitteln kann, weil es spezifische, nur dem Schutz dienende Anteile darin gibt, ist das Vertrautmachen mit der Technik durch eine positive oder neutrale Erfahrung deshalb so wichtig, weil es der Patientin hilft, ein Gefühl von Kontrolle zu haben.
c) Planen Sie genügend Zeit ein, das heißt insbesondere, wenn Sie noch am Anfang Ihrer Erfahrungen mit Traumakonfrontation sind, zwei Zeitstunden. Es ist sehr wichtig, dass Sie genügend Zeit haben, dem Patienten zu helfen, sich zu reorientieren und zu trösten. Ein Drittel der Gesamtzeit sollten Sie hierfür einplanen; auch die Arbeit an kleinen Ausschnitten der traumatischen Erfahrung – sozusagen kleine Portionen – sollte in Erwägung gezogen werden.
d) Sollten sich erst jetzt Täterintrojekte bemerkbar machen, brauchen Sie ggf. auch etwas Zeit, um der Patientin zu helfen, mit diesen zu verhandeln und diese zum Stillhalten zu bewegen. Im Anschluss an die Traumakonfrontation ist dann auf jeden Fall weitere Arbeit mit den Introjekten erforderlich. Sollte sich herausstellen, dass die Introjekte die Konfrontation auf keinen Fall »wollen«, rate ich davon ab. Sie sollten dann erst einmal mit den Introjekten arbeiten.
e) Helfen Sie der Patientin, das Ereignis, das erarbeitet werden soll, so genau wie möglich einzugrenzen, d. h. »womit beginnen wir die Arbeit« und »an welcher Stelle wird das Trauma zu Ende sein«. Selbst wenn sich das später ändert, ist es erst einmal wichtig, dass die Patientin weiß, es gibt einen Anfang und ein Ende.
f) Eine grobe Eingrenzung auf einer so genannten »Traumalandkarte« wird ebenfalls von vielen empfohlen. Klären Sie gemeinsam mit dem Patienten, ob dies notwendig ist.
g) Besprechen Sie mit dem Patienten, dass er jederzeit unterbrechen kann, dies nicht rechtfertigen muss, und lassen Sie ihn eine Geste bestimmen, mit deren Hilfe er Ihnen seinen Stoppwunsch verdeutlicht.

4.2 Die Beobachtertechnik

Im Folgenden soll ein Fallbeispiel die Arbeit verdeutlichen (zum Schutz des Patienten wurden sämtliche Daten, die auf ihn hinweisen könnten, verändert. Auch der Name des Therapeuten wird aus diesem Grund nicht genannt. Ich danke meinem Kollegen für diese Fallgeschichte, die ich supervidiert habe). Um die Einbettung der Arbeit nachvollziehen zu können, wird die gesamte Behandlung geschildert. Der dritte Teil der Therapie, Integrations- und Trauerarbeit, wird im entsprechenden Kapitel nachzulesen sein.

4.2.1 Fallgeschichte

Es handelt sich nach den Angaben des Therapeuten um einen in seinem Alltag und Familienleben relativ gut zurechtkommenden Geschäftsmann, der unter chronischen Schmerzzuständen, insbesondere Rückenbeschwerden, leidet. Für diese Schmerzen fand sich keine organmedizinische Erklärung. Die vorläufige Diagnose lautete daher »Somatoforme Schmerzstörung«. Der Patient berichtet bereits im Erstgespräch von massiven Misshandlungen durch den Vater. Er kann darüber sehr distanziert sprechen, fast als sei es die Geschichte von jemand anderem. Dies hörend, formuliert der Therapeut eine Hypothese, die er dem Patienten auch anbietet: »Können Sie sich vorstellen, dass Ihre Schmerzen etwas mit den Misshandlungen, die Sie als Kind erlitten haben, zu tun haben könnten?« Der Patient bestätigt dies sofort, ja, er könne sich das schon vorstellen, aber wie ihm das helfen könne, das wisse er halt nicht.
Es erfolgt dann eine Information über traumatische Erfahrungen und deren Verarbeitung. »Der Körper ist der Ort der Traumatisierung« ist im Fall dieses Patienten mehr als offensichtlich und auch, dass sich der Körper erinnert.
Die Beziehungen zu seiner Frau und seinen Kindern beschreibt der Patient als eher distanziert. Doch, er habe seine Familie schon gern, aber irgendwie falle es ihm schwer, sich nahe auf Menschen einzulassen. Leider müsse er auch sagen, dass ihm Sexualität nie viel bedeutet habe, was für seine Frau ein Problem sei. Sicher liebe sie ihn mehr als er sie, denn sie stehe trotz allem zu ihm. Mit seiner Tochter, 10 Jahre, verstehe er sich besser als mit seinem 15-jährigen Sohn. Er ertappe sich

leider immer wieder dabei, dass er voller Wut auf seinen Sohn sei, und er müsse sich dann immer sehr beherrschen, um den Sohn nicht zu schlagen. Aber er habe sich geschworen – wegen seiner schlimmen Kindheit –, nie die Hand gegen einen anderen zu erheben, und das sei ihm bis heute auch gelungen. Darauf sei er ein bisschen stolz. Er müsse aber zugeben, dass er oft so angespannt sei, dass er Menschen anbrülle, sowohl seine Familie wie auch seine Mitarbeiter. Hinterher tue ihm das leid, und er entschuldige sich auch immer, aber er habe sich da nicht unter Kontrolle, und das mache ihm Angst.

Überhaupt habe er das Gefühl, dass er wie ein wandelnder Vulkan sei, der jederzeit ausbrechen könne.

Dies gibt dem Therapeuten Gelegenheit, mit dem Patienten über innere Bilder zu sprechen, das Heilsame und das Unheilsame von Bildern zu erläutern und den Patienten einzuladen, ein Gegenbild für das Vulkanbild zu finden.

Der Patient antwortet sofort: »Eine klare, kühle Quelle im Gebirge«, und kann, indem er sich intensiver auf die Vorstellung dieser Quelle einlässt, spüren, wie er dadurch ruhiger wird.

Am Ende des Erstgesprächs bittet der Therapeut den Patienten, wenn möglich, immer wieder an dieses Bild der kühlenden Quelle zu denken und es auf sich wirken zu lassen. Er könne auch, wenn er das »Vulkangefühl« habe, ganz aktiv zum Bild der klaren, kühlen Quelle pendeln, wenn er das wolle.

»Klar, das mache ich gerne. Ich hätte nicht gedacht, dass so ein Bild einem so gut tut.«

Der Therapeut erklärt dann noch kurz den Sinn und die Notwendigkeit von stabilisierender Arbeit und bittet den Patienten darum, ihn, falls er es vergesse, zu erinnern, dass dieses Thema beim nächsten Kontakt fortgesetzt werde.

Früher hätten wir mit einem Patienten mit ähnlicher Geschichte die Konflikte herausgearbeitet, die der Patient ja durchaus anbietet. Heute arbeiten wir in Fällen einer Traumagenese eher nach der Devise: »Trauma first« (Reddemann und Sachsse 1999b). Was heißt das?

Ausgehend vom Konzept des traumatischen Stresses orientieren wir uns am Phasenmodell der Traumatherapie, also zunächst Stabilisierung i. S. einer Ich-Stärkung, anschließend traumakonfrontierende Arbeit, falls möglich – in diesem Fall war es möglich, siehe weiter unten –, und in der dritten Phase der Integration und des Trauerns erfolgt dann auch konfliktzentriertes Arbeiten (s. nächstes Kapitel). Diagnostisch erschien die – noch nicht in Diagnostik-Manualen vorgesehene – Konzeptualisierung als »somatoforme Dissoziation« auch zum Verständnis der Problematik angemessen.

Der Patient kommt in die nächste Stunde und berichtet davon, dass er jeden Tag ein paar Mal an die Quelle gedacht habe. Was ihm besonders gut getan habe: Als er sich über seinen Sohn angefangen hätte aufzuregen, weil der mal wieder viel zu spät in der Nacht nach Hause gekommen sei – er solle spätestens um 22 Uhr zu Hause sein, schließlich sei der Junge erst 15 –, habe er ganz intensiv an die Quelle gedacht, und da sei er doch tatsächlich ruhiger geworden. Es sei ihm dann eingefallen, dass er in diesem Alter auch am liebsten viel später nach Hause gekommen sei und das nur aus Angst vor dem Vater nicht gewagt habe. Da habe er sich gedacht, was er doch für ein Glück habe, dass sein Sohn keine Angst vor ihm habe.

Th.: Das finde ich auch schön, dass das so ist. Und dafür haben Sie eine Menge getan! Es ist Ihnen ja nicht immer leicht gefallen, sich zu beherrschen.

Pat.: Wissen Sie, manchmal denke ich, dass, obwohl es so schrecklich war, es doch auch sein Gutes hatte, weil ich wirklich weiß, was Gewalt ist, und was es mir wert ist, keine Gewalt anzuwenden.

Der Therapeut bemerkt, dass es ihn fast rührt, wie es diesem philosophisch nicht gebildeten Mann gelungen ist, seine Schreckenskindheit in einen für ihn sinnerfüllenden Zusammenhang zu bringen, und fragt den Patienten, wie er das geschafft habe, so eine Sicht der Dinge zu entwickeln.

Pat.: Meine Mutter hat mir das, glaube ich, beigebracht. Sie war sehr fromm und hat immer gesagt, dass alles einen Sinn habe, auch wenn wir den nicht verstehen. Ich bin nicht mehr fromm, aber das habe ich nicht vergessen, weil es mich halt getröstet hat, wissen Sie.

Th.: Dann war Ihre Mutter für Sie so etwas wie eine Kraftquelle.

Pat.: (dessen Augen zu leuchten beginnen). Ja, sie war herzensgut, sie hat auch immer versucht, uns Kinder vor dem Vater zu beschützen, aber der hat sie dann auch geschlagen oder eingesperrt – es kommen ihm die Tränen. Damals konnten die Frauen nicht von ihren Männern weggehen, das war in den 50er und 60er Jahren. Sie hatte jung geheiratet, hatte keinen Beruf ... Das waren andere Zeiten. Meine Frau hat übrigens immer gearbeitet, das habe ich auch unterstützt, sie hat es zur Filialleiterin gebracht, meine Mutter hat sich um unsere Kinder gekümmert, als sie klein waren. Leider ist sie vor 5 Jahren gestorben ... aber das war auch richtig, sie war sehr krank, zum Glück nur kurz.

An dieser Stelle ist wieder eine Entscheidung nötig: Nutzt man das Bild, das der Patient von seiner Mutterbeziehung und seiner Mutter entwirft, als Ressource, oder könnte es sein, dass er hier idealisiert?

Möglicherweise ist in der Schilderung ein idealisierendes Moment, dennoch entschließt sich der Therapeut, die Sicht des Patienten erst einmal zu unterstützen, weil er davon ausgeht, dass das momentane Mutterbild für den Patienten eine Hilfe darstellt.

Pat.: Hat es das Schicksal auch gut mit Ihnen gemeint, dass Sie so eine Mutter hatten?

Pat.: Doch, das glaube ich. Dafür bin ich auch sehr dankbar.

Der Patient verfügt über eine ganze Reihe von wichtigen Ressourcen: Er hat ein positives Mutterbild zur Verfügung und gute Erinnerungen an sie, er kann dankbar sein, und er verfügt über die Fähigkeit zur Kohärenz, d. h., er kann Belastungen, die ihm widerfahren sind, in einen sinnerfüllenden Zusammenhang stellen (Antonovsky 1997).

Weitere Ressourcen, wie relativ gute Beziehungen, sind erkennbar und machen die Prognose günstig. Sie weisen auch auf relative Stabilität hin.

Der Therapeut erklärt dem Patienten nun noch einmal ausführlich das Phasenmodell, nachdem das Zusammentragen und Erkennen seiner Ressourcen eine wichtige Voraussetzung sein könne, um – falls er es wünsche – an den Belastungen, die zu seinen Beschwerden beigetragen hätten, zu arbeiten. Es leuchtet dem Patienten ein, dass man Belastungen besser verkraften kann, wenn man sich innerlich kraftvoll fühlt, und er stimmt daher dem Vorgehen nach dem Phasenmodell zu.

In den weiteren Sitzungen erfolgt dann eine Konzentration auf die Arbeit mit dem inneren Kind, die ebenfalls zunächst beschrieben wird, um anschließend mit dem Patienten zu klären, ob er mit diesem Modell arbeiten will. Ausgehend von Alltagskonflikten und später auch Beziehungskonflikten mit dem Therapeuten werden Zusammenhänge zum inneren Kind und dessen Wünschen, endlich geliebt und anerkannt zu werden, hergestellt. Es stellt sich heraus, dass der Patient zwar gewaltlos nach außen war, mit sich selbst aber recht gewaltsam umging. Er schlief eindeutig weniger, als er gebraucht hätte, trieb sich dauernd zu zahllosen Aktivitäten an und hatte neben seinem Beruf eine ganze Reihe von Ehrenämtern. Nach und nach wird ihm bewusst, dass er so viel tut, um sich, bzw. genauer sein inneres Kind und dessen Schmerz, nicht zu spüren. Daraus resultiert aber, dass er sich selbst – sein inneres Kind – vernachlässigt. Er findet diese Sichtweise zunächst etwas bizarr, – »Kann man wirklich sein inneres Kind vernachlässigen?« –, kann dann aber akzeptieren, dass das ein Bild dafür ist, dass er mit sich selbst in keinem guten Kontakt ist und dass er Bedürfnisse nach Ruhe und Stille dadurch nicht leben kann. Es deutet sich auch an, dass der Patient im Therapeuten manchmal den strengen Vater sieht und den Eindruck hat, dieser würde zu viel von ihm fordern. Diese Übertragungsmanifestation wird jeweils zum Anlass genommen, genau zu untersuchen, inwieweit der Therapeut sich tatsächlich zu fordernd verhält – der Therapeut wusste von sich, dass dies möglich war –, und in diesen Fällen räumt der Therapeut das ein und drückt sein Bedauern darüber aus, dass er dem Patienten zu viel zugemutet habe. In anderen Fällen stellt sich heraus, dass der Patient den Therapeuten »verwechselt«, in ihm den Vater sieht. Hier hilft dem Patienten die Vorstellung, dass diese Reinszenierungen letztlich dem inneren Kind helfen, auf sich aufmerksam zu machen. Nach und nach entwickelt er ein verständnisvolleres Verhältnis zum inneren Kind. Er entwickelt Interesse daran, was ein kleiner Junge in verschiedenen Altersstufen an Zuwendung braucht, und gelegentlich kann jetzt auch etwas Kritik an der Mutter aufschimmern, von der er sich doch gewünscht hätte, dass sie mit den Kindern weggegangen wäre. Die vielen Gewaltszenen werden jeweils nur angedeutet, besonders wird Wert darauf gelegt, dass der kleine Junge in ihm in Sicherheit gebracht wird. Diese Arbeit erstreckt sich über etwa 100 Stunden. (Es handelt sich um eine als modifizierte analytische Psychotherapie beantragte Therapie.)

Bei einigen emotional aufwühlenden Situationen hat der Therapeut den Patienten auch eingeladen, sich mittels der Fähigkeit zur Beobachtung vom Geschehen zu distanzieren und in einer eher wahrnehmenden Haltung zu bleiben, sodass sich der Patient bereits mit einer Voraussetzung der Beobachtertechnik – einer Fähigkeit der aktiven und möglichst neutralen Selbstbeobachtung – vertraut machen konnte.

Eine heftige Auseinandersetzung mit einem Mitarbeiter, bei der der Patient, dessen Selbstbeherrschung sich sehr verbessert hatte, erneut am Rand der Dekompensation steht – »ich habe nur noch rotgesehen« –, führt zu dem Entschluss, eine Gewaltszene, die dem Patienten spontan ins Gedächtnis kommt, zu bearbeiten.

Da in der Sitzung, in der diese Problematik zur Sprache kommt, noch ausreichend Zeit ist, wird diese genutzt, um die *Traumakonfrontation vorzubereiten.*

Die einzelnen Schritte werden der besseren Lesbarkeit halber mit Zahlen von 1–42 versehen und entsprechend am Ende des vollständigen Berichtes der Traumakonfrontationssitzung kommentiert.

Zunächst erklärt der Therapeut das gesamte Vorgehen der Beobachtertechnik und fragt den Patienten, ob er sich vorstellen könne, so zu arbeiten. (1) Das erscheint dem Patienten möglich.

Anschließend wird die Szene eingegrenzt: »Das war, als ich 7 Jahre alt war und nicht sofort die Milch geholt habe, wie ich sollte. Es war im Sommer, nachmittags so gegen 6 Uhr.«

Th.: Wann war die Szene ganz zu Ende?

Pat.: Als ich ungefähr gegen 8 Uhr im Bett lag. (2)
Als Nächstes fragt der Therapeut, welche anderen Ichs von dieser Szene berührt sein könnten. (3)
Pat.: Da gibt es sehr, sehr viele. Gewalt war ja an der Tagesordnung. Aber wir haben ja schon viele Kinder an den sicheren Ort gebracht. Ich glaube, die sind wirklich schon alle am sicheren Ort. Der Siebenjährige ist der Letzte, der noch fehlt.
Der Therapeut bittet dann den Patienten darum, diesen Siebenjährigen zu den anderen an den sicheren Ort zu bringen und ihm zu sagen, dass er jetzt, heute, in Sicherheit sei. (4)
Für die darauffolgende Stunde wird die Konfrontation geplant. Es wird verabredet, dass der Therapeut zwei Stunden Zeit haben wird und dass sich der Patient entsprechend einrichtet. (5)
Der Therapeut fragt den Patienten, ob er sich im Anschluss an die Sitzung Ruhe gönnen könne und ob jemand für ihn da sei. (6)
Pat.: Meine Frau ist für mich da. Ich nehme mir den Tag dann ganz frei.

(In der ambulanten Therapie ist es sehr wichtig, vorbereitend dafür zu sorgen, dass die PatientInnen nach einer Traumakonfrontation begleitet und entlastet sind.)

In der folgenden Sitzung erfolgen zunächst weitere *vorbereitende Schritte*:
Ist der sichere Ort verfügbar? – Dies ist bei dem Patienten gegeben. (7)
Gibt es hilfreiche Wesen am sicheren Ort? – Auch dies ist gegeben. (8)
Ist die beobachtende Fähigkeit verfügbar? – Auch dies ist gegeben. (9)
Der Patient wird noch einmal informiert, dass möglicherweise neues belastendes Material auftauchen könne, das dann in den Tresor gepackt werden solle. Auch dazu fühlt er sich imstande. (10)
Th.: Wenn Sie an dieses Ereignis mit 7 Jahren denken, wie belastend ist es für Sie auf einer Skala von 10–0? 10 ist extrem belastend, 0 überhaupt nicht. (11)
Pat.: 10.
Th.: Wenn Sie an dieses Ereignis denken und einen Satz formulieren, der mit »Ich bin ...« beginnt, was fällt Ihnen dann ein? (12)
Pat.: Ich bin total hilflos. Ich bin schuldig.
Th.: Welcher Satz ist der schlimmere?
Pat.: Ich bin total hilflos.
Th.: Wie würden Sie gerne über sich denken? (13)
Pat.: Ich kann weg ... ich bin frei?
Th.: Wenn Sie sich jetzt fragen, wie wahr ist dieser Satz »Ich kann weg, ich bin frei.« (14)

Pat.: Der stimmt nicht, wenn ich daran denke. Jetzt weiß ich es, aber damals wusste ich es nicht.
Th.: Wenn Sie die Stimmigkeit auf einer Skala einordnen würden, 1 ist gar nicht stimmig und 7 ist total stimmig, wo wäre da die Stimmigkeit?
Pat.: Wenn ich mich einfühle in damals, ist es 1.
Th.: Wo im Körper spüren Sie etwas, wenn Sie an das Ereignis denken? (15)
Pat.: Im Herzen, das ist ganz eng. Und im Rücken, der tut mir weh.
Th.: Sind alle Ichs, die irgendwie von dem Ereignis berührt sein könnten, vor allem auch der Siebenjährige, in Sicherheit? (16)
Pat.: Ja, denen geht es gut.
Th.: Möchte der Siebenjährige sich diese alte Geschichte auch noch einmal anschauen, oder machen Sie, der Erwachsene, das für ihn und für sich? (17)
Pat.: Das will er nicht. Ich soll das machen.
Th.: Können Sie sich nun noch vorstellen, dass Ihr erlebender Teil auch in Sicherheit ist? (18)
Pat.: Klar, das kann ich doch sowieso ... (lacht).
Th.: Jetzt haben wir, glaube ich, alles gut vorbereitet, sodass Ihr beobachtender Teil Ihnen diese alte Geschichte zur Verfügung stellen kann. Ich habe Ihnen ja schon erklärt, dass es wichtig ist, dass Sie die fragmentierten Teile dieser schlimmen Erfahrung zusammentragen. Dabei werde ich Ihnen helfen. Auch werde ich darauf achten, falls Sie es vergessen, was vorkommen kann, dass Ihre erlebenden Teile gut in Sicherheit bleiben. (19)
Pat.: Ich habe ein bisschen Angst.
Th.: Wer hat Angst? Der Erwachsene oder der Junge? Beide können Gründe haben.
Pat.: Ah, jetzt merke ich, es ist doch der Junge. Der war grade mal weggeflitzt vom sicheren Ort, war neugierig. Ich erkläre es ihm noch mal ...
Th.: ... es ist gut, dass Sie so fürsorglich sind.
Pat.: O. k., jetzt geht es.
Th.: Vielleicht beschreiben Sie erst einmal, was der Szene vorausgegangen ist?
Pat.: Es ist ein schöner Sommernachmittag. Der Junge spielt draußen auf der Wiese ... Fußball ... Er ist ganz in das Spiel versunken ...
Th.: Möchten Sie das eine Weile spüren, dieses Versunkenseinkönnen ins Spiel? (20)
Pat.: Oh ja, das ist ein gutes Gefühl ... die Mutter ruft ... er will sie nicht hören, er möchte spielen ... sie ruft noch einmal ... ihre

Stimme ist ein wenig ärgerlich ... jetzt geht er ins Haus ... es fällt ihm ein, dass er Milch holen soll ...
Ich merke, dass ich Angst kriege, muss den Siebenjährigen noch besser versorgen ... jetzt ist ein Helfer bei ihm.
Der Vater ist in der Küche ... er stinkt nach Alkohol ...
Th.: Was denkt der Junge da?
Pat.: Er denkt nichts, er fühlt sich leer ... er hat ein blödes Gefühl im Magen ... er will sich am Vater vorbeischleichen und die Milchkanne nehmen ... der Vater packt ihn an den Haaren ... er sagt, na Bürschchen, spielst du wieder den Unschuldsengel, dir werd ich's zeigen ...
Th.: Wie geht es dem Jungen?
Pat.: Er hat furchtbare Angst ... er wird ganz starr ... er versucht, nichts zu spüren, macht sich ganz steif ... mein Gott, warum tut dieser Vater das?
Der Patient beginnt zu weinen. Das Weinen wird sehr heftig
Th.: Es ist furchtbar, dass der Vater das tut. Es ist gut, dass Sie jetzt darüber weinen können ... (21)
Pat.: So ein Scheißkerl, ich könnte ihn umbringen! Stellen Sie sich das vor, bloß weil ich die Milch nicht ganz pünktlich geholt habe. Der war doch krank. Ich hasse ihn, ich hasse ihn, ich hasse ihn ...
Er weint wieder.
Nachdem der Patient sich etwas beruhigt hat, möchte er weitermachen. Er sagt: »Ich habe etwas Schreckliches gesehen, bevor ich weinen musste, das kann ich Ihnen gar nicht erzählen.«
Th.: Das entscheiden Sie, ob Sie mir etwas erzählen möchten oder nicht. Wenn Sie das Gefühl haben, dass es für Sie besser ist, etwas für sich zu behalten, ist es gut. Allerdings können Sie mir, wenn Sie wollen, alles erzählen. (22)
Pat.: Ich wollte es Ihnen nicht sagen, weil ich mich schäme, ja ich schäme mich für mich und für ihn, und weil ich denke, es ist für Sie auch sehr schlimm.
Th.: Ja, ich finde es schlimm, dass Erwachsene Kinder quälen, aber ich kann es aushalten, wenn Sie mir davon erzählen.
Pat.: Der Vater nimmt eine siebenriemige Peitsche vom Schrank ... oh mein Gott ... ich muss noch mehr Abstand einnehmen ... jetzt geht es, ich sehe es von ganz weit weg ... er zieht ihm die Hose runter und schlägt wild drauflos ... ... (23)
Th.: Was fühlt der Junge?
Pat.: Der ist gar nicht mehr da.
Th.: Wo ist er?
Pat.: Er schwebt an der Decke.

Th.: Was würde er fühlen, wenn er im Körper wäre? (24)
Pat.: Er hat, glaube ich, warten Sie, das ist schwer ... ja, er hat Angst, dass er sterben muss und ... es tut furchtbar weh ... er kann es nicht aushalten.
Th.: Da ist es gut, dass er aus dem Körper herausgegangen ist ... sind Ihre erlebenden Ichs noch in Sicherheit? (25)
Pat.: Ja ... ich kann das jetzt merken, dass es furchtbar wehtut, ich spüre es in meinem Rücken und der Hintern tut weh, aber ich kann es aushalten ... mein Gott, mein Gott, warum hilft denn keiner?
Th.: Herr XX, es ist schlimm, aber das ist ein alter Film, wissen Sie das noch? Sie sind hier bei mir in der Praxis. (26)
Pat.: Ja, ich weiß ... Ich wusste nicht, wie brutal der Vater war ... Der Junge ist immer noch nicht in seinem Körper drin ... Warum macht die Mutter nichts? ...
Th.: Kann Ihr beobachtender Teil sie wahrnehmen?
Pat.: Ja, sie steht in der Ecke, schlägt die Hände vor das Gesicht. Sagt zum Vater, »Franz hör auf, versündige dich nicht« ... jetzt lässt er den Jungen los und geht auf sie los ...
Nein, nein, das halte ich nicht aus!
Th.: Herr XX, bitte kommen Sie mit der Aufmerksamkeit erst wieder hierher zurück, falls es Ihnen zu viel wird. Hier, in der Gegenwart, im Jahr 2003 sind Sie in Sicherheit. (27)
Pat.: (der sich wieder fasst) Er ist mit dem Messer auf sie losgegangen. Das wusste ich gar nicht, er hat versucht, sie umzubringen. Verstehen Sie das? Bloß wegen der Milch? Das gibt's doch gar nicht. Der war doch wahnsinnig.

Der Therapeut nimmt wahr, dass der Patient erneut aus der Szene »ausgestiegen« ist in eine eher reflektierende Haltung. Er wertet das als guten Schutz des Patienten. Deshalb beschließt er, zunächst auf das »Verstehen Sie das?« zu antworten. Er geht davon aus, dass jetzt die Beziehung zu ihm wichtig ist und genutzt werden sollte, damit sich der Patient sicher fühlen kann.

Th.: Ja, das kann ich mir auch vorstellen, dass Ihr Vater krank war. (28)
Pat.: Jetzt weiß ich, warum ich dachte: ich fühle mich total hilflos. Ich konnte überhaupt nichts machen.
Th.: Ja, so war das damals. Es ist sehr wichtig, dass Sie das jetzt verstehen ... Denken Sie, Sie können noch einmal mit Hilfe Ihres beobachtenden Teils genau wahrnehmen, was weiter geschehen ist? Sind Ihre erlebenden Teile alle noch in Sicherheit? (29)
Pat.: Ja, ich will es genau wissen ... Der Junge hat jetzt panische Angst

um die Mutter ... Er ... er nimmt die Milchkanne ... und haut sie dem Vater über den Kopf ... das ist der Mut der Verzweiflung ... es ist ihm alles egal ... er sieht rot ... er will nicht, dass der Vater der Mutter etwas tut ... der Vater kommt irgendwie zur Besinnung ... er geht weg ...
Th.: Der Junge hat der Mutter das Leben gerettet?
Pat.: Das wusste ich nicht ... Er beginnt wieder zu weinen ... schluchzt, »Mama, Mama«.

Der Therapeut ist mit voller Aufmerksamkeit und Mitgefühl bei dem Patienten, aber er schweigt erst eine Weile, dann sagt er dem Patienten, dass es gut ist, dass er jetzt diese Gefühle der Trauer und des Schmerzes zulassen kann. Er erkundigt sich, ob der Patient glaube, dass er diese Gefühle jetzt aushalten könne. (30)
Pat.: Ja, das kann ich, es tut mir gut. Ich habe noch nie so weinen können. Gut, dass Sie da sind. Kann ich noch ein bisschen weinen?
Th.: Natürlich, Sie haben so viel Zeit dafür, wie Sie brauchen ... Ich bin da ...

Nach etwa zwei Minuten fasst sich der Patient. Schaut den Therapeuten voll an: Das habe ich alles nicht gewusst. Dass er mich geschlagen hat, wusste ich, aber wie brutal, das wusste ich nicht, und dass er die Mutter umbringen wollte, das habe ich auch nicht gewusst, sie hat darüber nie gesprochen. Mein Gott, was für ein Leben ... Warum ist sie nicht von ihm weggegangen? Das war doch der Horror ... womöglich hat er das öfters gemacht ... ich werde meine Tante fragen ... Und dass ich so ein mutiges Kerlchen war, das wusste ich auch nicht. Dass ich das herausgefunden habe, das ist gut.
Th.: Das finde ich auch sehr wichtig, dass Sie das herausgefunden haben. Haben Sie den Eindruck, dass Sie hier mit der Konfrontation aufhören können? Ist das Trauma hier zu Ende? (31)
Pat.: Ja, wie der Vater weg ist, ist es vorbei. Obwohl es eigentlich aus meiner heutigen Sicht nie richtig vorbei war. Aber alle haben sich so benommen, als sei nichts geschehen. Wie schrecklich!
Th.: Ja, dass all die schmerzlichen Gefühle nie ausgesprochen wurden, war wohl noch eine zusätzliche Belastung ... Etwas erscheint mir noch wichtig: Können Sie sich schon mit der Frage beschäftigen, was der Junge gebraucht hätte, was er immer noch braucht? (32)
Pat.: Ich sage ihm, dass ich ihn toll finde ...
Th.: Tut ihm das gut?
Pat.: Irgendwie schon, aber nicht richtig.
Th.: Was braucht er denn? Können Sie ihn fragen? (33)
Pat.: ... Dass ich ihn in den Arm nehme. Ich glaube, er braucht, dass ich ihm sage, dass das falsch war vom Vater, dass es böse war und

dass er nicht schuld war. Es ist doch normal, dass Kinder nicht immer gleich gehorchen, wenn Eltern was von ihnen wollen. Außerdem haben sie ihn dauernd unterbrochen, wenn er gespielt hat.
Th.: Ja, sagen Sie ihm das alles ... Wie geht es ihm damit?
Pat.: Ich glaube, es tut ihm gut zu hören, dass er nicht schuld ist.
Th.: Braucht er noch mehr? Mehr Trost vielleicht?
Pat.: Ich halte ihn einfach in meinem Arm ... Das tut ihm gut. Wir weinen beide ... Aber warum war der Vater so? Warum hat der gesoffen?
Th.: Sie haben mir mal erzählt, dass Ihr Vater im Krieg war, und vielleicht hängt es damit zusammen. Aber im Moment ist es vielleicht erst einmal wichtig, dass Sie sich weiter um Ihren Jungen kümmern, und wir klären das mit dem Vater später? (34)
Pat.: Ja, stimmt, das kann ich mir ja später noch überlegen. Ich rede dann erst einmal mit meiner Tante. Der Junge möchte furchtbar gern ein Eis.
Th.: Werden Sie das anschließend mit ihm essen? Mögen Sie auch Eis?
Pat.: Nicht besonders. Ich achte ja auch sehr auf mein Gewicht ... Na ja, diesmal kriegt er es, so ein tapferes Kerlchen.
Th.: Ich kann mir vorstellen, dass es für den Jungen am wichtigsten ist, dass Sie seinen Kummer verstehen, später wird er dann auch stolz sein können. (35)
Pat.: Sie meinen, ich soll ihm das nicht sagen, dass er ein tapferes Kerlchen ist?
Th.: Doch, schon, aber das andere nicht vergessen. Er war ein Kind in großer Not, und dafür braucht er Trost und Mitgefühl.
Pat.: Ach so, ja, ... leuchtet mir ein, das ist bei meinen Kindern auch so ... leider konnte ich auf sie ja auch nicht sehr eingehen, wenn die Kummer haben.
Th.: Das wird sich jetzt ändern, weil Sie mehr Mitgefühl mit sich selbst haben.
Pat.: Das hoffe ich.
Th.: Wie geht es Ihnen, dem Großen, jetzt? Und wie dem Jungen? (36)
Pat.: ... viel besser. Aber ich bin ganz schön erschöpft. Dem Jungen geht es schon sehr gut. Es ist, als hätte er es schon fast vergessen.
Th.: Das ist gut. Ich kann mir gut vorstellen, dass Sie erschöpft sind. Das war doch auch harte Arbeit ... Ist es Ihnen recht, wenn wir noch einmal prüfen, wie belastend diese Szene jetzt für Sie ist, wenn Sie daran denken?
Pat.: Vorhin war es 10 ... jetzt ist es ... 2. (37)

Th.: Da haben Sie ja gute Arbeit geleistet. Möglicherweise geht die Belastung in den nächsten Tagen ganz zurück auf Null. Kann sein, dass Sie noch einiges in Träumen verarbeiten. (38)
Pat.: Das wäre ja toll.
Th.: Und der Satz: Ich kann weg, ich bin frei? (39)
Pat.: Na, der stimmt hundertprozentig. Ich hab mich ja sogar da bewegt! Das ist ja toll. Das merke ich jetzt gerade. Ja, und frei bin ich sowieso von dieser ganzen Sch... ich kann doch jetzt ein anderes Leben führen.
Th.: Ja, das können Sie ... Wie fühlen Sie sich im Körper? Eingangs hatten Sie ein Engegefühl in der Herzgegend und der Rücken tat weh? (40)
Pat.: Im Herzen ist es weit und warm. Ja, ich fühle eine starke Liebe zu dem Jungen ... (er weint). Der Rücken? Viel leichter. Wenn das aufhören würde mit den ewigen Rückenschmerzen ...
Th.: Ich kann mir vorstellen, dass sich hinsichtlich der Schmerzen jetzt viel ändern kann ... Was brauchen Sie jetzt für sich? (41)
Pat.: Ich rufe jetzt meine Frau an, dass sie mich abholt, dann gehen wir in eine Eisdiele, und ich esse ein Eis und trinke einen Cappuccino. Das tut sie auch gern. Dann frage ich sie, ob wir einen langen Spaziergang machen, und ich werde ihr kurz von der Sache erzählen, aber dann sprechen wir von etwas anderem. Vom Urlaub. Sie hatte da schon Pläne.
Th.: Das klingt gut. – Falls Sie in den nächsten Tagen den Eindruck haben, dass Sie gerne mit mir sprechen wollen, rufen Sie mich bitte an. Sie kennen ja meine Telefonzeiten. Ansonsten sehen wir uns dann in einer Woche. Ich wünsche Ihnen eine gute Zeit. (42)

4.2.2 Vorgehen bei der Beobachtertechnik anhand der Fallgeschichte

1. Erklären Sie das Procedere der Beobachtertechnik, wenn möglich und falls erforderlich am besten anhand einer positiven oder doch wenigstens neutralen Erinnerung.
2. Erarbeiten Sie den Anfang und das Ende der zu bearbeitenden Szene.
3. Klären Sie, ob andere Ichs von der Szene betroffen sein könnten, d. h. Ichs, die jünger sind als das traumatisierte oder auch älter. Man kann das gut anhand des Bildes eines Lebenspano-

ramas tun, das man mit Hilfe des beobachtenden Teils rasch durchsucht. Die allermeisten Patienten können dann recht gut angeben, in welchem Alter Verbindungen bestehen könnten. (Es kommt nicht darauf an, dass das perfekt gemacht wird.) Alle diese Ichs sollten in der Vorstellung an den sicheren Ort gebracht oder dorthin eingeladen werden.

4. Auch das traumatisierte Ich sollte an den sicheren Ort gebracht werden.
5. Legen Sie eine längere Sitzungszeit fest und erklären Sie, warum das notwendig ist.
6. Klären Sie frühzeitig, wie der Patient nach der Traumakonfrontationssitzung gut für sich sorgen kann. Verwenden Sie darauf Mühe, falls nötig. Manche Patienten wissen nicht genau, was sie brauchen. Seien Sie an dieser Stelle beharrlich.
7. Klären Sie, ob der sichere Ort verfügbar ist.
8. Klären Sie, ob hilfreiche Wesen verfügbar sind.
9. Vergewissern Sie sich, ob der Patient über die Fähigkeit, sich zu beobachten, sicher verfügt. Möchte er vom »inneren Beobachter« sprechen oder eher von der beobachtenden Fähigkeit?
10. Ist die Fähigkeit, Schwieriges zu »verpacken« (Tresor), verfügbar?
11. Lassen Sie den Patienten den Grad der Belastung mit Hilfe der SUD-Skala (Subjective Units of Distress) festlegen. Es hat sich eine Skala von 0–10 bewährt, 10 ist der höchste Grad der Belastung, aber jede andere Skala ist ebenfalls möglich.
12. Laden Sie den Patienten ein, eine negative Kognition, bezogen auf das Ereignis, zu formulieren.
13. Lassen Sie ihn anschließend eine Wunschkognition formulieren.
14. Klären Sie dann, wie stimmig diese Wunschkognition jetzt, wenn er an das Ereignis denkt, ist. Verwenden Sie dazu die VoC Skala (Validity of Cognition) von 1–7. 1 ist überhaupt nicht stimmig, 7 vollständig zutreffend.
15. Laden Sie den Patienten ein, sich bewusst zu machen, wo im Körper er Belastungen spürt, der so genannte body-check. *Die Punkte 11 bis 15 sollen später der Überprüfung dienen.*

Ich kenne sie vom EMDR (Shapiro 1995), sie stammen ursprünglich aus der Verhaltenstherapie.
16. Vergewissern Sie sich, dass alle Ichs in Sicherheit sind, die irgendwie von der Traumaarbeit belastet sein könnten.
17. Klären Sie, ob das Ich, an dessen Trauma gearbeitet wird, »von weitem« und aus der Sicherheit heraus mit dabei sein oder ob es diese Arbeit seinem erwachsenen Ich überlassen will.
18. Laden Sie auch den erlebenden Teil des erwachsenen Ichs von heute ein, an den sicheren Ort zu gehen. (Patienten, insbesondere solche, die häufig dissoziieren, haben damit keine Schwierigkeiten.)
19. Bevor der Patient beginnt, das Trauma zu bearbeiten, erinnern Sie ihn noch einmal an die Art Ihrer Zusammenarbeit: Sie werden ihn immer wieder einladen, alle Bereiche des BASK wahrzunehmen (Sie sollten Ihrem Patienten das BASK-Modell vorher erklären), und Sie werden darauf achten, dass alle erlebenden Teile in Sicherheit sind, wenn er es vergisst. (Der hier vorgestellte Patient kann das sehr gut selbst! Viele Patienten sind dazu in der Lage, wenn sie gut vorbereitet sind und, vor allem, wenn sie dann etwas Routine haben.)
20. Wann immer positive Erfahrungen oder Bilder auftauchen, sollten Sie den Patienten einladen, dort ein wenig zu verweilen. Sie verstärken damit noch einmal die Selbstheilungskräfte.
21. Unterscheiden Sie traumaassoziierte Gefühle von traumaverarbeitenden. Wenn traumaverarbeitende Gefühle wie Trauer und Wut auftauchen, erfolgt automatisch eine Assoziation von erlebenden mit beobachtenden Teilen. Das sollte man nicht unterbrechen, es sei denn, dass auch diese Gefühle überflutend zu sein scheinen. Dann ist zu empfehlen, den Patienten einzuladen, ein wenig in die beobachtende Haltung zu gehen, damit er etwas Distanz hat. Traumaassoziierte Gefühle hingegen sind extrem belastend und sollten daher immer mit Hilfe des beobachtenden Teiles wahrgenommen werden, während die erlebenden Teile in Sicherheit sind.
22. Viele Patienten schämen sich bestimmter Inhalte oder sorgen sich um den Therapeuten (s. der Abschnitt über Übertragung

und Gegenübertragung). Während einer Traumakonfrontation ist es günstiger, diese Phänomene nicht zu deuten, sondern direkt zu klären. (Für Deutungen ist später Zeit und Raum).
23. Wenn der Patient in der Lage ist, sich selbst ausreichend zu distanzieren, sollten Sie nicht eingreifen, ausgenommen Ihre Unterstützung beim BASK-Modell. Die Entlastung entsteht vermutlich gerade dadurch, dass die Dinge genauestens wahrgenommen werden.
24. Wenn dissoziatives Verhalten während der traumatischen Situation erkennbar wird, ist es sehr wichtig zu klären, vor welchen Gefühlen und Körpererfahrungen die Dissoziation geschützt hat. Wird lediglich die Dissoziation wahrgenommen, kann keine Integration erfolgen.
25. Helfen Sie dem Patienten, den Schmerz zu ertragen, indem Sie an die Distanzierung am sicheren Ort erinnern.
26. Weisen Sie zum andern immer wieder darauf hin, dass der Patient jetzt hier in Sicherheit und das Belastende bereits Vergangenes ist, »ein alter Film« ist eine gute Metapher.
27. Wiederholen Sie das so oft wie nötig. Es ist besser, das einmal zu oft zu sagen als einmal zu wenig. Das Hin- und Herpendeln zwischen dem Hier und Jetzt einerseits und dem Dort und Damals andererseits erhöht die Fähigkeit zur Kontrolle des Patienten und ermöglicht ihm eine Erfahrung, dass er die alte Belastung sehr genau wahrnehmen kann, ohne daran zu zerbrechen. Die Technik erspart ihm darüber hinaus allzu großes Leiden. Ganz können Sie es ihm allerdings nicht ersparen, denn traumatische Erfahrungen ins Bewusstsein zu holen ist leidvoll.
28. Wenn der Patient im Hier und Jetzt und in Kontakt mit Ihnen ist, sollten Sie ihm durch entsprechende Interventionen deutlich machen, dass Sie auf seiner Seite sind.
29. Helfen Sie Ihrem Patienten gegebenenfalls, zur Traumakonfrontation zurückzukehren, aber tun Sie dies mit einem Hinweis, dass er auch aufhören könne, falls er das will.
30. Ermutigen Sie, wenn der Traumabericht abgeschlossen ist, den Patienten dazu, die Gefühle von Trauer und Schmerz anzu-

nehmen, aber achten Sie darauf, dass diese Gefühle nicht überwältigend sind. In diesem Fall sollten Sie ihn einladen, mehr zu beobachten.
31. Klären Sie explizit, indem Sie danach fragen, ob das traumatische Ereignis aus Sicht des Patienten zu Ende gebracht ist.
32. Anschließend sollte dann geklärt werden, was das traumatisierte Ich damals gebraucht hätte, was es bis heute immer noch braucht. Damit wird nach meinem Verständnis die damals unterbrochene Handlung zu »einem guten Ende« gebracht. Und das ist für die Heilung wichtig.
33. Ermutigen Sie den Patienten, dialogisch mit seinem jüngeren Ich umzugehen, d. h. es wirklich daran zu beteiligen und nicht für es zu entscheiden, was es braucht.
34. Helfen Sie dem Patienten, sich altersentsprechend um das jüngere Ich zu kümmern.
35. Seien Sie insoweit Anwalt des jüngeren Ichs, gleichzeitig auch Berater des Erwachsenen.
36. Fragen Sie immer wieder nach dem Ergehen des Ich von heute und des jüngeren Ich.
37. Nachdem ausreichend Trost und Selbstberuhigung und eventuell auch noch einmal Reorientierung im Hier und Jetzt erfolgt sind, fragen Sie nach dem jetzt aktuellen Belastungsgrad.
38. Weisen Sie auf die Möglichkeit weiterer Verarbeitung in den nächsten Tagen hin.
39. Klären Sie den Wahrheitsgehalt der positiven Kognition erneut. Der Wert sollte jetzt höher sein.
40. Laden Sie erneut zum body-check ein. Die Punkte 37–40 machen dem Patienten deutlich, dass die geleistete Arbeit – Schwerstarbeit – einen Sinn hatte.
41. Denken Sie daran, auch zur Fürsorge für das erwachsene Ich von heute aufzufordern.
42. Bieten Sie die Möglichkeit eines Kontaktes mit Ihnen auch vor der nächsten Sitzung an.

Eine so sorgsam und behutsam durchgeführte Traumakonfrontation stärkt auf jeden Fall das erwachsene Ich. Wenn die SUDs nicht sehr stark zurückgegangen sein sollten, gibt es drei Möglichkeiten:
1. Klären Sie, ob es noch dissoziierte Teilerfahrungen gibt und gehen Sie diese noch einmal sorgfältig mit Hilfe des Beobachters durch. Zeitlupe ist dafür eine gute Metapher.
2. Es kann auch sinnvoll sein, diese Erfahrung noch einmal mittels EMDR durchzuarbeiten. Das beschleunigte Prozessieren im EMDR wird dann viel besser vertragen, als wenn es ganz unvorbereitet geschieht.
4. Möglicherweise gehen die SUDs auch nicht weiter nach unten, weil bereits neues belastendes Material auftaucht, was bei komplex Traumatisierten die Regel ist.

Das hier gewählte Beispiel zeigt einen Patienten, der sehr eigenständig war und sehr gut für sich sorgen konnte. Hätte er das nicht gekonnt, hätte der Therapeut entsprechend häufiger eingegriffen.

In der Beobachtertechnik werden zwei Aspekte für die Therapie genutzt, die in anderen als wirksam beschriebenen Therapien, wie EMDR oder der prolongierten Exposition, wenig Bedeutung haben:
1. wird der Fähigkeit zur Distanzierung ein sehr hoher Wert beigemessen, d. h., es wird quasi das Dissoziieren verschrieben.
2. wird durch die Trennung von erlebenden und beobachtenden Teilen die Fähigkeit zur »Spaltung« genutzt.

Wie bereits ausgeführt, wird in den genannten Therapien hervorgehoben, wie wichtig das intensive Wiedererleben der traumatischen Gefühle sei, lediglich in der Hypnotherapie und im mit ihr verwandten NLP werden ähnliche Techniken wie bei PITT eingesetzt, z. B. die »Bildschirmtechnik«.

Im Fall des hier vorgestellten Patienten waren noch zwei traumakonfrontative Sitzungen erforderlich: eine sehr frühe Erfahrung als Kleinstkind und die letzte Gewalterfahrung mit dem Vater. Damals war der Patient 18 Jahre alt, und er hatte seinem Vater gedroht zurückzuschlagen, wenn er nicht auf der Stelle aufhöre. Das hatte tatsächlich dazu geführt, dass der Vater, der inzwischen auch physisch schwächer war als sein Sohn, von den Misshandlungen abließ.
Nach dieser Sitzung griff der Patient noch einmal die Frage auf, wa-

rum sein Vater sich so verhalten habe. Es wurde deutlich, dass eine mögliche Ursache für das Verhalten des Vaters eine kriegsbedingte Posttraumatische Belastungsstörung sein konnte. Auf diesen Punkt komme ich später noch einmal zurück (s. S. 187 f.).
Häufig stellt sich die Frage, wie viele Traumasitzungen durchgeführt werden sollen.
Bei Traumata, die sich gleichen, reicht es oft, das erste, das schlimmste und das letzte Trauma zu bearbeiten (wenn möglich in dieser Reihenfolge, mit dem schlimmsten zu beginnen, empfiehlt sich nicht).
Bei Traumatisierungen verschiedener Art kann es notwendig sein, sehr viel mehr konfrontierende Arbeit zu machen.
Denken Sie an ausreichende Zeiten der Restabilisierung nach jeder Sitzung.

4.2.3 Die Kombination verschiedener Techniken

Derzeit steht neben PITT als ausgearbeitete psychodynamische Technik in Deutschland die MPTT (Fischer a. a. O.) zur Verfügung, die sich ohne weiteres mit PITT kombinieren lässt.
Das Stress-Impfungstraining von Meichenbaum (1985) ähnelt in vielem unserer stabilisierenden Arbeit, wenngleich wir auf ein psychodynamisches Verständnis Wert legen. Man kann aber viele Elemente der kognitiven Strategien aus der Verhaltenstherapie in PITT integrieren.
EMDR (z. B. Hofmann 1999) und PITT lassen sich ebenfalls gut kombinieren, ich habe das an verschiedenen Stellen bereits ausgeführt. Dennoch möchte ich vor einem allzu technischen Vorgehen warnen. Es geht weniger um Technik als um eine tragfähige Beziehung.
Schließlich lässt sich PITT mit der Bildschirmtechnik (Sachsse 1998) kombinieren. Insbesondere deshalb, weil manche PatientInnen mit der Beobachtertechnik intellektuell überfordert zu sein scheinen. Dann ist die Bildschirmtechnik, die hier kurz skizziert wird, eine gute Alternative.

4.3 Die Bildschirmtechnik

Es sollten auch bei Anwendung der Bildschirmtechnik die gleichen Vorbereitungsgrundsätze gelten wie bei der Beobachtertechnik (s. S. 154).
Ich empfehle folgendes Vorgehen: Zunächst wird die imaginäre Handhabung der Fernbedienung eingeübt. Dies sollte, wann immer möglich, mittels eines positiven Ereignisses geschehen. Wenn man Bilder »vergrößern« kann, so kann man sie auch »verkleinern«.
Die Patientin stellt sich dann vor, dass sie das Ereignis zunächst auf einem Bildschirm betrachtet, als sei es die Geschichte eines anderen. Sie hat die imaginäre Fernbedienung zur Verfügung, mit der sie den Abstand zum Geschehen steuern kann durch Verkleinern des Bildes, schwarz-weiß machen etc.
Mit Hilfe dieses Vorgehens wird das Trauma Schritt für Schritt durchgearbeitet.
Es erfolgt eine Phase des inneren Trostes wie oben beschrieben.
Bedenken habe ich wegen des weiteren Vorgehens: Es soll der Film dann ein zweites Mal betrachtet werden, diesmal in der ersten Person, heftige Abreaktionen treten häufig auf, werden in Kauf genommen und werden von vielen Therapeuten nicht auf deren Sinn und Notwendigkeit hinterfragt. M. E. sollten beim Betrachten des Films in der Ich-Form, falls dies überhaupt notwendig ist, ebenfalls Schutzmaßnahmen eingebaut und Abreaktionen nicht als zwingend notwendig unhinterfragt akzeptiert werden. So lässt sich auch bei der Bildschirmtechnik mit der Imagination arbeiten, dass andere Ichs in Sicherheit gebracht werden.
Eine leitende Frage sollte sein, »schade ich?« i. S. des »nihil nocere«?

4.4 Unterschiede zwischen Bildschirm- und Beobachtertechnik

Die Bildschirmtechnik setzt einen weitgehend zugänglichen inneren Film voraus, während in der Beobachtertechnik eher unbekannte Teile mit Hilfe des sehr genauen Wahrnehmens deutlich werden können. Die Bildschirmtechnik ist für manche PatientInnen intellektuell leichter nachzuvollziehen. Einige erleben die imaginäre Fernbedienung auch als besonders hilfreiche Kontrolle. Man könnte auch in der Bildschirmtechnik mit dem Konstrukt arbeiten, dass alle erlebenden Teile möglichst in Sicherheit gebracht werden. Starres Festhalten an einer Technik ist vermutlich in den allermeisten Fällen im klinischen Alltag sowie im Praxisalltag nicht sinnvoll. Ich empfehle daher, einen möglichst großen Handwerkskoffer zur Verfügung zu haben. Aus der Psychotherapieforschung ist längst bekannt, dass erfahrene TherapeutInnen sich in ihrer Arbeit immer mehr angleichen, egal von welcher Grundorientierung sie kommen. Wahrscheinlich ist integrative Therapie bei komplexen Störungsbildern die Therapie der Zukunft. Dennoch scheint es mir derzeit unerlässlich, von einer theoretischen Grundorientierung auszugehen. Was das angeht, stehen wir eher am Anfang (vgl. dazu die Diskussion in der »Zeitschrift für Psychotraumatologie und Medizinische Psychologie« ab Heft 3/2003).

4.5 Häufige Fragen zur Traumakonfrontationsarbeit

■ **Macht man die Konfrontation nur einmal oder mehrmals?**

Es erscheint mir nicht sinnvoll, immer wieder die gleichen Szenen durchzuarbeiten. Vielmehr habe ich die Erfahrung gemacht, dass man manche Details noch genauer wahrnehmen sollte und dies dann zu einer verbesserten Integration führt. Solange noch weitere

Traumata zu bearbeiten sind, muss man sich oft damit zufrieden geben, dass die Belastung nur wenig zurückgeht. Das wird auch nicht besser, wenn man ein und dasselbe Trauma immer wieder bearbeitet.

■ **Ist es sinnvoll, im Anschluss Innere-Kind-Arbeit zu machen?**

Während der Zeit des inneren Trostes am Ende der Traumakonfrontation macht man bei in der Kindheit traumatisierten PatientInnen so etwas wie Arbeit mit dem inneren Kind. Ich gebe auch als Hausaufgabe mit, dass die PatientInnen immer wieder mit dem verletzten Kind in Kontakt gehen und es spüren lassen, dass es jetzt in Sicherheit ist.

■ **Warum ist es wichtig, Unrecht zu benennen?**

Das Anerkennen von Unrecht ist ein entscheidender Faktor für Heilung. Es besteht ja die Notwendigkeit, die schlechte Erfahrung zu einem »guten Ende« zu bringen. Dazu gehört auch, dass das Unrecht anerkannt wird.

■ **Was ist, wenn die Patientin selbst (bei eklatantem Unrecht) das Erlittene nicht als Unrecht ansieht? Ist das dann ein Hinweis auf Täterintrojekte?**

Ja, davon kann man ausgehen. Man muss das aber natürlich klären. Insbesondere Menschen, die als Kinder traumatisiert wurden, haben oft die Vorstellung, dass das, was ihnen geschah, zu Recht geschah, weil sie »böse« waren.

■ **Wenn das Trauma noch nicht so lange zurückliegt bzw. der Erwachsenen passiert ist, was ist dann zu tun?**

Traumakonfrontation ist gedacht für Menschen mit einer Posttraumatischen Belastungsstörung, die definitionsgemäß frühestens 8 Wochen nach dem traumatischen Ereignis diagnostiziert werden sollte. Ich rate, u. U. sogar bis zu einem halben Jahr zu warten, allerdings nicht, wenn die Patienten unter massiven Intrusionen leiden. Ansonsten gilt für als Erwachsene Traumatisierte das Gleiche wie für in der Kindheit Traumatisierte. In diesem Fall geht es nicht um Arbeit mit dem inneren Kind, sondern mit dem »jüngeren Ich«.

- **Ist es sinnvoll, verschiedene sichere Orte zu haben, und werden diese dann nach der Traumakonfrontation zu einem sicheren Ort?**

Es empfiehlt sich in aller Regel, vor der Traumakonfrontation einen – falls nötig sehr weiträumigen – sicheren Ort zu haben.

- **Was ist, wenn während der Traumakonfrontation Abreaktionen auftauchen? Haben die ihren Platz oder sollen sie auf jeden Fall nach der Konfrontation sein?**

Dinge geschehen nicht nach Lehrbuch, sondern so, wie sie wollen. Wichtig ist, der Patientin zu helfen, dass sie nicht überflutet wird. Wenn sie während der Stabilisierungsphase gelernt hat, »auf die Bremse zu treten«, kann man ihr dabei helfen, dass sie die Abreaktion eher beobachtend wahrnimmt, statt dass sie sie heftigst erleidet.

- **Was ist, wenn während der stationären Therapie bei einer Patientin erneut schwere Selbstverletzungen auftreten?**

Aus meiner Sicht unbedingt weiter stabilisieren.

- **Darf dem Schmerz während der Konfrontation Raum gegeben werden?**

Unbedingt! Allerdings gilt auch hier wieder, dass keine Überflutung stattfinden sollte. Überflutung führt zu neuen Hilflosigkeitserfahrungen, diese sind ungünstig.

- **Wie begleitet man, wenn die Patientin nicht über das Geschehene spricht?**

Vergewissern Sie sich, ob die Patientin die verschiedenen Teile des BASK-Modells wahrnimmt. Überzeugen Sie sich durch Nachfragen davon, dass alle erlebenden Teile in Sicherheit sind. So begleiten Sie, falls erforderlich, den ganzen Prozess. Es ist allerdings sehr unwahrscheinlich, dass die Patientin überhaupt nichts sagt. Meist werden nur schambesetzte Szenen nicht genau mitgeteilt.

- **Soll man Trost spenden, während das Trauma durchgearbeitet wird? Oder soll das Trauma erst einmal durchgearbeitet werden?**

Nein. Es ist wichtig, dass man dem Patienten den Raum zur Verfügung stellt, das Trauma durchzuarbeiten. Fast immer ist es wichtig, dass der Schrecken, so wie er war, wahrgenommen und angenommen wird. Das kann fast eine Art Trost sein. (Es wird dem Patienten voll bewusst: Ich habe es überlebt.) Manchmal scheint es zu helfen, wenn die Patientin sich vorstellt, dass ihre hilfreichen Wesen bei ihrem jüngeren Ich sind. Durch die Distanzierung, die die Beobachtertechnik bietet, ist im Allgemeinen Trost während des Durcharbeitens nicht erforderlich, sondern erst hinterher. Nicht zu empfehlen ist jedenfalls, sich tröstend einzumischen. Wenn Patienten Trost brauchen, steigen sie aus der Szene aus (s. das Fallbeispiel). Dann mag Trost oder Beruhigung angezeigt sein.
M. E. ist die hilfreichste Unterstützung die, dass man da ist und die PatientInnen gut vorbereitet hat.

▪ **Welches Trauma soll zuerst bearbeitet werden?**

Es gibt verschiedene Empfehlungen: zuerst eines, das nicht allzu belastend ist, später belastendere. Andere Autoren sagen, das früheste zuerst. Für mich hat sich bewährt, das mit der Patientin zu besprechen. Sie weiß meist recht gut, was für sie stimmig ist. Sie kann auch ihre innere Weisheit befragen.

▪ **Wie mit Ego States arbeiten?**

Im Prinzip könnte man mit jedem Traumatisierten Ego-State-Traumakonfrontation wie beschrieben machen.

▪ **Ist der Beobachter ein Hilfs-Ich?**

Man kann das so formulieren. Nach meiner Vorstellung ist er aber mehr. Ein Teil des Selbst, der von Anfang an da ist. Jedenfalls hilft er dem (erwachsenen) Ich.

▪ **Ist eine Beobachterin, die die Gestalt einer weisen Frau hat, nicht zu positiv, sollte es sich nicht um eine neutrale Instanz handeln?**

Wenn die Patientin das als hilfreich erlebt und es ihr Einfall ist, würde ich ihr das so lassen. Es geht ja nicht um Dogmen oder in Stein gemeißelte Wahrheiten, sondern um Hilfsangebote.

▪ **Ist es wichtig für den weiteren Prozess, dass der Beobachter eine Gestalt hat?**

Nein. Das entscheidet die Patientin, was ihr als Vorstellung angenehmer ist.

▪ **Was ist, wenn der Patient in Depersonalisation sich selbst in der traumatischen Situation sieht?**

Das heißt nach meinem Verständnis, er macht spontan genau das, was wir ihm sonst empfehlen würden. Ich würde das also würdigen und ihn bitten, es bewusst zu machen.

▪ **Was ist, wenn der Zeitaufwand der Traumabearbeitung den ambulanten Rahmen überschreitet?**

Zwei Stunden einzuplanen ist zu empfehlen. Wenn die auch nicht ausreichen, sollte man frühzeitig eine Pause verabreden, das restliche traumatische Material verpacken, für Reorientierung im Hier und Jetzt sorgen und beim nächsten Mal weitermachen. Diese Vorgehensweise hat sich bei uns bewährt. Man kann natürlich auch die anderen Patienten nach Hause schicken und so lange arbeiten, bis alles durchgearbeitet ist. Mir ist das zu »heroisch«, aber manche Kollegen arbeiten so.

▪ **Wie arbeitet man mit dem BASK-Modell? Geht man das Trauma mit einem Element durch und anschließend mit den anderen, oder berücksichtigt man alle?**

Man arbeitet eine Szene mit allen Elementen durch, die andere Vorgehensweise mag aber gelegentlich auch sinnvoll sein. Bei der »fraktionierten Abreaktion« werden alle einzelnen Elemente zusammengetragen und dann rasch hintereinander genannt.

▪ **Was ist zu tun, wenn während der Traumaarbeit Täterintrojekte auftauchen?**

Das kann man nie ausschließen. Prüfen Sie, ob die Introjekte bereit sind, »stillzuhalten«. Ansonsten bitten Sie die Patientin, dass Sie sich erst einmal mit den Introjekten beschäftigen, weil sie sonst nicht weiterkommt.

- **Was ist zu tun, wenn das Trauma oder die Traumata nicht klar benannt werden können, weil die Patientin selbst nicht weiß, ob sie sie wirklich erlebt hat?**

Mittels der Beobachtertechnik lässt sich dieser Punkt manchmal recht gut klären. Im Übrigen ist es wichtig, sich klarzumachen, dass diese Einstellung gerade bei häuslicher Gewalt sehr häufig ist und damit zum Trauma dazugehört. Klären Sie aber bitte sehr genau, ob die Patientin wirklich – zu diesem Zeitpunkt – Traumakonfrontation möchte. Sie sollte es nicht Ihnen zuliebe tun!

- **Was tun, wenn sich eine junge Klientin nicht differenziert wahrnehmen kann?**

Das wäre für mich ein Hinweis, dass daran zu arbeiten ist und nicht an Traumakonfrontation.

- **Gibt es so etwas wie am Trauma festhalten?**

Manche Menschen scheinen einen großen – sekundären – Gewinn daraus zu ziehen, dass sie Opfer sind, und können deshalb »am Trauma festhalten«. M. E. braucht es früher oder später den Willen der Patienten, sich von sich selbst als Opfer zu verabschieden, damit sie von Traumatherapie profitieren.

- **Was tun bei massiven Körperreaktionen?**

Ich arbeite dann nach Peter Levine (1998) bzw. Babette Rothschild (2001), es geht dabei vor allem um achtsames Wahrnehmen des Körpergeschehens und eine bewusste Beeinflussung der Körperreaktionen i. S. von Verlangsamung.

- **Darf die Patientin den Zeitpunkt der Traumakonfrontation allein bestimmen?**

Wir haben unseren Patienten nichts zu erlauben, denn sie sind erwachsene Menschen. Wenn ich Bedenken habe, teile ich diese mit. Ich tue nichts, das ich fachlich und ethisch nicht für vertretbar halte, selbst wenn es PatientInnen wollen.

- **Was ist zu tun, wenn man unkontrolliert in eine Traumabearbeitung hineinrutscht?**

In eine »Trauma*bearbeitung*« kann man m. E. nicht »hineinrutschen«. Was passieren kann, ist, dass Patienten in die Wiederbelebung des Traumas »hineinrutschen«. Dann sind Maßnahmen der Reorientierung im Hier und Jetzt sowie Distanzierung erforderlich.

Merke: Man darf erst Gas geben, wenn man bremsen kann.

▪ **Wie kann man der Beobachterin helfen, die Distanz aufrecht zu halten?**

Das scheint mir ein Irrtum zu sein. Wer Hilfe braucht, ist das erwachsene Ich von heute. Die »Beobachterin« hat keine andere Funktion außer beobachten. Es ist also zumindest sehr unwahrscheinlich, dass sie die Distanz nicht hält.

▪ **Was ist zu tun, wenn der Beobachter keine Gestalt hat?**

Es braucht keine Gestalt, das ist nur eine Möglichkeit.

▪ **Welche Unterschiede bestehen zwischen dem Beobachter in der Beobachtertechnik und dem beobachtenden Teil, der in der peritraumatischen Situation entsteht?**

Vermutlich keine.

▪ **Wie kann man erkennen, welche jüngeren Ichs betroffen sind?**

Zum einen helfen entwicklungsgeschichtliches Wissen und klinische Erfahrung, zum anderen haben die PatientInnen meist eine recht gute Vorstellung davon.

▪ **Für wen müssen die Kognitionen stimmen, für das Ich von heute oder für das jüngere Ich?**

Wenn man die Frage nach der Kognition stellt, sind die beiden in der Regel noch gar nicht getrennt.

▪ **Muss die Therapeutin den Fokus beim Beobachten lenken?**

Die Therapeutin sollte sich als jemand verstehen, die gut begleitet. Ein Bergführer wird auch sehr unterschiedlich begleiten, je nachdem, wie viele Fähigkeiten der Bergsteiger mitbringt. Manchmal sollte man sehr aktiv eingreifen, manchmal kann man abwarten (s. das Fallbeispiel). Was man wann tut, hat mit Erfahrung und Kunst zu tun.

4.6 Restabilisierung

Wenn bei einer Patientin viele Traumatisierungen stattgefunden haben, könnte man auf den Gedanken kommen, möglichst viele traumakonfrontative Sitzungen durchzuführen.

Merke: Erst wenn die Patientin wieder ganz stabil ist, sollte die nächste Traumakonfrontation stattfinden.

Warum ist das wichtig?
Das Wichtigste ist, dass die Patientin sich im Hier und Jetzt sicher fühlt und dass sie ihre Alltagsaufgaben bewältigt. Führt man zu viele traumakonfrontative Sitzungen ohne ausreichende Restabilisierung durch, halten sich die Patientinnen immer mehr in der Vergangenheit auf und verlieren den Kontakt zur Gegenwart. Das ist keinesfalls wünschenswert. Heutzutage halte ich es auch für äußerst problematisch, wenn Therapeutinnen in Kauf nehmen, dass ihre Patientinnen über lange Zeit arbeitsunfähig werden und damit ihre Arbeitsplätze riskieren. Früher spielte das keine so entscheidende Rolle wie heute. Wir müssen auch soziale Realität zur Kenntnis nehmen, vor allem, wenn die Nichtzurkenntnisnahme unseren PatientInnen schadet.
PatientInnen haben oft den Wunsch, häufig traumakonfrontativ zu arbeiten, weil sie sich nach einer entsprechenden Sitzung wegen des katharischen Effekts erleichtert fühlen.
Wenn sich dann neue Probleme, sei es im Alltag, sei es durch neu auftauchendes traumatisches Material, ergeben, ist es verständlich, dass die Patientin gerne wiederholen möchte, was sie schon einmal entlastet hat.
Wie zu Beginn der Behandlung ist nun erneut Aufklärung notwendig, insbesondere über die Notwendigkeit, nicht den Kontakt zum Alltag zu verlieren.

Die neu erworbenen Fähigkeiten, z. B. des Sich-wehren-Könnens, sollten daher zunächst einmal im Alltag erprobt und ausgebaut werden. Dieser Weg scheint mir aufgrund unserer Erfahrungen der erfolgversprechendere. Es gibt aber auch einzelne, sehr stabile PatientInnen, die davon profitieren, wenn man in kurzer Folge mehrere traumatische Ereignisse durcharbeitet. Nach unserer Erfahrung sind solche PatientInnen aber die Ausnahme.

Der oben beschriebene Patient z. B. fand es wichtig, sich seine positive Kognition im Alltag verfügbarer zu machen. Zur Erinnerung: »Ich kann weg, ich bin frei«, hieß der Satz.

Er hatte vielfältige Implikationen für den Patienten, dem jetzt erst bewusst wurde, wie häufig er sich so verhielt, als könne er nicht weg, als sei er unfrei. Daran wurde nun in vielen Stunden gearbeitet. Auch in der Übertragung zum Therapeuten war das ein wichtiges Thema. »Durfte« der Patient eine Stunde absagen? »Durfte« er seine eigenen Ferienpläne machen? »Durfte« er seine Meinung sagen?

Komplex traumatisierte Patienten haben in der Regel ein ganzes Geflecht an Traumakompensation aufgebaut. Dieses Geflecht löst sich nicht einfach durch Traumakonfrontation auf, sondern bedarf sorgfältigen Durcharbeitens.

Darüber hinaus brauchen Menschen nach einer Traumakonfrontation auch Zeit, diese Erfahrung ein wenig zu integrieren, bevor sie sich der nächsten zuwenden.

Integration heißt in diesem Fall Akzeptanz, dass einem Schreckliches widerfahren ist. Es ist schwer zu akzeptieren, dass der eigene Vater einen so grässlich misshandelt hat, wie in unserem Fallbeispiel, dass die Kindheit von Gewalt und Missbrauch geprägte war. Auch die neue Erfahrung des Weinenkönnens braucht Integrationszeit.

Integration gilt als die dritte Phase der Traumatherapie. Es wäre aber ein Missverständnis zu glauben, dass diese dritte Phase erst nach Abschluss der vollständigen traumakonfrontativen Arbeit ansteht. Vielmehr ist ein Teil der Integration immer nach einer entsprechenden aufdeckenden Arbeit zu tun.

Nach meiner Erfahrung vermeiden PatientInnen die notwendige Trauerarbeit oft dadurch, dass sie ständig neues Material präsentieren. Man lässt sich dann leicht verführen, darauf einzugehen und die Restabilisierungs- und Teilintegrationsarbeit zu vernachlässigen.

Traumakonfrontation ist kein Therapieziel an sich, sondern sie dient der Erreichung anderer Ziele, z. B. von mehr Lebensfreude oder mehr Beziehungsfähigkeit. Wenn man die Therapieaufträge immer wieder klärt, ist es leichter, sich nicht einseitig auf Traumakonfrontation zu fixieren.

5. Die Integrationsphase

*Wohin auch meine Seele
segelt, wandert oder fliegt, alles, alles
gehört ihr. Welche Stille
allenthalben, immer;
jetzt auf dem hohen Bug,
der das dunkle Blau in zwei Silberhälften teilt,
in die Tiefe sinkend oder in den Himmel steigend!
Oh, wie gelassen die Seele,
wenn sie – gleich einer reinen
und einsamen Königin –
ihr unendliches Reich in Besitz nimmt!*

J. R. Jimenez

Insbesondere für Traumata, die durch andere Menschen zugefügt wurden, gilt, dass sie das Selbst- und Weltvertrauen tiefgreifend verändern. Das hat Wirkung in allen Momenten der Therapie dieser Menschen.

Es sei betont, dass ein Stück Trauern und Integration von Beginn der Behandlung an stattfinden und notwendig sein kann. Manchen PatientInnen wird z. B. durch die freundliche Zuwendung der Therapeutin schon früh in der Behandlung bewusst, was sie alles nicht hatten, oder sie bemerken z. B. bei der Glücksübung, wie oft sie ihr Glück verloren haben. Das bedeutet, dass Elemente der Phase III immer wieder eine Rolle spielen können.

Dennoch kommt eine lange Phase des Trauerns, der Integration und des Neubeginns in der Regel erst nach einer Zeit des Durcharbeitens traumatischer Erfahrungen.

Mehrfach habe ich beschrieben, dass die Phase III der Therapie von Patienten mit einer Posttraumatischen Belastungsstörung übliche Psychotherapie sei (z. B. Reddemann und Sachsse 2000, Reddemann 2001). Das möchte ich heute doch etwas relativieren.

In Therapien nichttraumatisierter Menschen geht es um Konfliktbewältigung und Trauerarbeit. Viele komplex traumatisierte PatientInnen bringen sehr wenig Erfahrung im Umgang mit Konflikten mit, anders als weniger verletzte Menschen. Insofern kommt dem Thema Konflikt*bewältigung* eine große Bedeutung zu, d. h., es geht nicht nur um das Bewusstmachen von verschiedensten Abwehrmechanismen, sondern überhaupt und oft vorrangig um das Sicherarbeiten von Konfliktbewältigungsmöglichkeiten. Schwerer traumatisierte Patienten haben sich oft angewöhnt, bei Konflikten gewohnheitsmäßig zu dissoziieren oder sich automatisch für schuldig zu halten, und haben daher kaum andere Abwehrmechanismen zur Verfügung.

Die Trauerarbeit fordert Menschen mit komplexen traumatischen Erfahrungen in besonderer Weise. Es macht sicher einen Unterschied, ob man Eltern entidealisieren muss – was in jeder Therapie eine wichtige Rolle spielt – oder akzeptieren, dass sie einen gehasst und abgelehnt, vernachlässigt und auf andere Weise traumatisiert haben.

Selbstwert- und Selbstakzeptanzthemen haben daher einen besonders hohen Stellenwert.

Auch hier haben sich imaginative Herangehensweisen bewährt, vor allem immer wieder das Einnehmen einer beobachtenden Haltung, um den Schmerz nicht übermäßig durchleiden zu müssen.

Andernorts (Reddemann 1998b) habe ich anhand des Märchens »Aschenputtel« versucht, den Trauerprozess nachzuzeichnen. Heute möchte ich die dort genannten Punkte – sich Zeit für die Trauer lassen, mit sich in einen liebevollen Kontakt gehen, statt stiefmütterlich mit sich umzugehen, den Tanz des Lebens zu gegebener Zeit wieder wagen – ergänzen und empfehle, *folgende Punkte in der Integrationsphase zu berücksichtigen:*

5.1 Vorgehen in der Integrationsphase

1. Laden Sie die Patientin ein, Visionen oder eine Vision zu entwerfen: »Wer will ich sein? Wie will ich leben? Im Beruf? Im Privatleben? Was ist meine ›allerhöchste‹ Vision von mir selbst?«
2. Helfen Sie der Patientin zu klären, was in ihr sie daran hindert, diese Vision zu leben. Dadurch können die Konflikte deutlicher werden.
3. Auch in dieser Phase der Therapie ist Arbeit mit dem inneren Kind hilfreich. Nutzen Sie dafür auch verstärkt Übertragungsmanifestationen.
4. Erinnern Sie die Patientin an ihre »Schätze«.
5. Ermutigen Sie sie dazu, diese zur Alltagsbewältigung zu verwenden, d. h., laden Sie sie immer wieder ein, sich vorzustellen, wie sie ihr Leben unter Zuhilfenahme der Schätze gestalten würde.
6. Achten Sie auf projektive Mechanismen und laden Sie die Patientin ein, andere probeweise als Spiegel zu begreifen. (»Das, was mich an anderen stört, spiegelt mir etwas von mir selbst«.)
7. Helfen Sie der Patientin, Wut und Zorn und andere so genannte negative Gefühle konstruktiv zu nutzen.
8. Laden Sie Ihre Patientin ein, sich mit der Natur zu befassen. Wenn man Naturphänomene genau beobachtet, erklären sich viele Dinge »wie von selbst«. Menschen sind Teil der Erde und deren Gesetzen unterworfen wie andere Lebewesen. Vor allem das Thema Vergänglichkeit und Verlust kann dadurch an Schrecken verlieren. (Aber auch vieles andere: Z. B. gibt es in der Natur nichts Vollkommenes i. S. von makellos oder ideal, alles ist in der Natur »nur« annähernd. Zu den natürlichen Abläufen gehören auch Extreme, wie z. B. Sturm, Flut, Zerstörung durch die Elemente, Geburt und Tod.)

9. Ermutigen Sie Ihre Patienten zum Handeln.
10. Sprechen Sie über konkrete Situationen und Verhaltensalternativen.
11. Erkundigen Sie sich aktiv danach, wie sich das veränderte Verhalten auswirkt.
12. Denken Sie daran, dass Phase III in vielem Phase I auf einer höheren Oktave wiederholt.
13. Unterstützen Sie das Wahrnehmen von Freude. Finden Sie Gelegenheiten, gemeinsam zu lachen, und laden Sie die Patientin ein, sich häufiger selbst zuzulächeln. Kleine Kinder entwickeln sich am besten, wenn mit ihnen viel gelacht und gelächelt wird. Das gilt auch für das innere Kind. (Erwachsenen schadet es auch nicht ...)
14. Achten Sie darauf, ob für Ihre Patientin die Klärung von Sinnfragen wichtig ist.
15. Klären Sie für sich, ob Sie bereit sind, die Patientin dabei zu begleiten, oder ob es für Sie günstiger ist, die Patientin an jemanden zu verweisen, der begleitend zur Psychotherapie spirituelle Begleitung zur Verfügung stellt. Auf keinen Fall sollten Sie Wünsche von Patientinnen nach spiritueller Begleitung als Abwehr deuten. Spiritualität ist eine wichtige Dimension menschlicher Existenz und hat mit Unreife nichts zu tun, aber sie ist nicht allen Menschen zu jeder Zeit wichtig. (Nach C. G. Jung ist diese Dimension in der 2. Lebenshälfte besonders bedeutsam.)
16. Zwingen Sie niemanden, sich mit anderen zu versöhnen. Psychotherapie sollte zur Versöhnung mit sich selbst behilflich sein, Versöhnung mit anderen ergibt sich oder auch nicht.
17. Unterstützen Sie die Einbeziehung des Körpers, indem Sie die Patientin einladen, ihn und seine Bedürfnisse immer genauer wahrzunehmen.
18. Alle diese Empfehlungen sollten Sie als Orientierungshilfen nutzen und wenn immer möglich auf Angebote der Patientin,

die diese Themen nahe legen, reagieren, statt sie selbst einzubringen. Es kann aber gelegentlich auch dienlich sein, das eine oder andere Thema als Frage anzusprechen. Dann mit der Haltung, dass es der Patientin freisteht, ob sie Ihr Angebot annehmen will oder nicht.
19. Seien Sie offen für Lebenslösungen, die völlig anders sind, als Sie es sich vorstellen können. Das Pathologisieren von Lebenslösungen anderer Menschen ist keine gute Lösung. Es mag dennoch hilfreich sein, eigene Sichtweisen einzubringen, um die Patientin anzuregen, Alternativen zu bedenken.

Zurück zum Fall des »Geschäftsmannes«:

> Für ihn wurde nach den traumakonfrontativen Sitzungen die Frage danach, warum sein Vater so gewalttätig war, zentral. Er befragte seine Tante, die ihm berichtete, der Vater sei ein eher ängstlicher Mensch gewesen. Ihr Vater, also der Großvater des Patienten, sei gutmütig gewesen, aber die Mutter, also die Großmuter des Patienten, sei eine sehr, sehr strenge Frau gewesen, vor der sie sich als Kinder sehr gefürchtet hätten. Sie habe auch oft zugeschlagen.
> Der Vater des Patienten sei als knapp 20-Jähriger gleich zu Beginn des Krieges eingezogen worden. Er sei in Stalingrad gewesen und sei völlig verändert zurückgekehrt. Er habe viele Albträume gehabt, darüber habe er mit ihr manchmal gesprochen. Sie wisse, dass es ihm manchmal Leid getan habe, dass er so gewalttätig war, aber durch den Alkohol habe er sich stark verändert. Er habe sich bestimmt als Versager gefühlt, denn er habe ja nach dem Krieg nicht mehr viel erreicht. Vor dem Krieg habe er studieren wollen. Er habe dann die Mutter des Patienten geheiratet, die sei eine herzensgute Frau gewesen, aber ihrem Mann intellektuell weit unterlegen. Die Eltern des Patienten hätten wenig gemeinsam gehabt. Sicher habe der Vater des Patienten sich an ihm für sein aus seiner Sicht verpfuschtes Leben abreagiert.
> Nachdem der Patient dies alles erfahren hatte, schwankte er zwischen starker Trauer und heftiger Wut.
> Zunächst geht es darum, diese Gefühle anzunehmen, anschließend lädt der Therapeut ihn ein zu prüfen, wo er dem Vater ähnlich ist und wo er sich unterscheidet. Des Weiteren wirft der Therapeut die Frage auf, ob der Patient sich vorstellen könne, dass er unbewusst einige Themen für den Vater abarbeite.

Der Patient kann nach und nach die Identifikationen mit dem Vater erkennen: die Gewalttätigkeit, die ähnlich wie beim Vater eigentlich ein Schutz war. Das Misstrauen Frauen gegenüber lässt sich jetzt besser verstehen als eine Art Treueverpflichtung dem Vater gegenüber, und der Patient beginnt sich zu erinnern, wie er als Jugendlicher seine Mutter verachtete, was er ganz hinter der Bewunderung für sie versteckt hatte.

Er beschäftigt sich mit den Schätzen, die er den Eltern verdankt, und erkennt auch, dass ein Großteil seiner Schätze aus anderen Quellen stammt, z. B. sein Mut, den er bei beiden Eltern vermisst hat.

Immer noch ist das Bild der kühlen, klaren Quelle besonders wichtig für ihn. Aber er hat auch eine ganze Reihe anderer Bilder gefunden, insbesondere Analogien zwischen dem Leben von Tieren und Pflanzen und dem menschlichen Leben.

Die Beziehung zu seiner Frau wird herzlicher, und er entwickelt mehr sexuelle Lust, nachdem er zu der Erkenntnis gelangt ist, er habe sich verhalten wie sein Vater. Diesbezüglich müsse er dem Vater nun nicht mehr die Treue halten, denn er habe ja herausgefunden, dass er seinen Vater auch geliebt habe, und das sei ein gutes Gefühl. Die Entwicklung seines Sohnes, der mittlerweile fast volljährig ist, begleitet er mit Freude, und die Beziehung der beiden wird ebenfalls entspannter. Der Patient entwickelt nach und nach Humor.

Nach knapp 3 Jahren (240 Sitzungen) wird die Therapie beendet.

Kommentar zum Therapieverlauf:

In dieser relativ langen Therapie, die m. E. aufgrund der schweren Belastungen des Patienten so sinnvoll und notwendig war, hat es drei traumakonfrontative Sitzungen im engeren Sinn gegeben, aber sicher an die 180 Sitzungen, wo traumatische Erfahrungen anklangen und mittels Arbeit mit dem »inneren Kind« verstanden und beruhigt wurden. Die traumatischen Erfahrungen wurden nicht in allen Details erkundet. Die vorbereitende Arbeit ermöglichte es, dass der Patient ohne stärkere Einbrüche in seiner Alltagskompetenz die konfrontierende Arbeit verkraften konnte.

Die hoch ambivalente Beziehung zu seinen Eltern, die sich zum Teil in der Beziehung zum Therapeuten reinszenierte, wurde erst nach der Traumakonfrontation durchgearbeitet. Es gelang dem Patienten, die sehr schmerzhaften Themen ohne Dissoziation, ohne Spaltung und ohne andauernde Projektionen durchzuarbeiten. Das heißt, er

war durchgängig zu therapeutischer Ich-Spaltung fähig. Dies wäre während der ersten 100 Stunden der Behandlung undenkbar gewesen.
Therapien von schwer traumatisierten Menschen mit komplexen Traumafolgestörungen gestalten sich nicht unbedingt kurz, wenn man nach dem Prinzip der Traumaadaptation arbeitet, aber kürzer als ohne Traumaadaptation.
Der zeitliche Faktor wirft bei der Behandlung komplex traumatisierter Patienten natürlich ein Problem auf. Mit der Berechtigung zur Durchführung von »Tiefenpsychologisch fundierter Psychotherapie« hat man ein Stundenkontingent zur Verfügung, das bei Traumapatienten häufig nicht ausreicht.
Es ist daher zu fordern, dass die Richtlinien überarbeitet werden. Mit den 100 möglichen Stunden kann man bei dieser Patientengruppe unter den derzeitigen Bedingungen Stabilisierungsarbeit durchführen. Damit hilft man den Patienten auf jeden Fall ein Stück. Ich halte es für erforderlich, dass Sie Ihre PatientInnen zu Beginn der Behandlung darauf vorbereiten, dass Sie nur ein Stück des notwendigen Weges kassenfinanziert werden arbeiten können und frühzeitig über Alternativen sprechen. (Siehe auch weiter oben meine Hinweise zum Umgang mit den Psychotherapierichtlinien.)

6. Psychohygiene oder Selbstfürsorge für TherapeutInnen und PITT

Viele Elemente von PITT können TherapeutInnen zur Selbstfürsorge verwenden.
Ergänzend zu den Hinweisen bei den verschiedenen Übungen möchte ich Ihnen folgende Möglichkeiten empfehlen:

1. Erlauben Sie sich selbst immer wieder Visionen in Bezug auf Ihr persönliches und berufliches Leben.
2. Wenn Sie mit dem Konzept etwas anfangen können, stellen Sie Kontakt her zu Ihrer inneren Weisheit und verwenden Sie sie als »Supervisorin«.
3. Üben Sie Achtsamkeit.
4. Verwenden Sie das Konzept des inneren Beobachters und erinnern Sie sich immer wieder daran, dass Mitgefühl etwas anderes ist als Mitleid.
5. Prüfen Sie, wenn Sie sich ängstlich, unsicher, verstimmt fühlen, ob dies mit Ihrem inneren Kind zusammenhängt, und arbeiten Sie mit den inneren Kind.
6. Arbeiten Sie an eigenen Konflikten mit Hilfe des Ego-State-Konzeptes und der Imagination des »inneren Teams«. Das macht Spaß und ist eine große Bereicherung.
7. Vergessen Sie nicht, dass das Konzept »alles ist da« auch für Sie selbst gilt, und erinnern Sie sich an Situationen, wo Ihnen etwas, das Ihnen Probleme macht, schon einmal gelungen ist.
8. Führen Sie ein Freudetagebuch und intensivieren Sie alle Momente der Freude, des Glücks und der Inspiration in Ihrem Leben.

9. Seien Sie freundlich zu Ihrem Körper, Sie haben nur diesen einen. Machen Sie daher gelegentlich die Übung, bei der Sie sich bewusst machen, was Sie Ihrem Körper alles an Freude verdanken.
10. Sorgen Sie für ausreichend Bewegung, die Ihnen Freude bereitet.
11. Gehen Sie viel in die Natur.
12. Hören Sie viel Musik, wenn Sie Musik mögen.
13. Umgeben Sie sich mit schönen Dingen.
14. Akzeptieren Sie Dinge, die Sie nicht ändern können, und werden Sie sich klar darüber, welche Dinge Sie ändern können und wollen (s. das Motto der AA).
15. Umgeben Sie sich im Privatleben mit Sie inspirierenden Menschen.
16. Achten Sie darauf, dass sich Belastungen, die sich durch Beschäftigung mit den Informationsmedien (Zeitung, Radio, Fernsehen, Internet) ergeben, in engen Grenzen halten.

(Ergänzend: Reddemann 2002 a, 2003 a)

7. PITT in der Behandlung spezifischer Probleme

Die folgenden Ausführungen halte ich kurz. Sie sollen der Orientierung dienen, können aber keine weiterführende Lektüre zu den angesprochenen Themen ersetzen. Es geht mir darum, auf der Basis des bisher Beschriebenen auf einige Besonderheiten bei der Behandlung der genannten Probleme hinzuweisen.

7.1 Behandlung hoch dissoziativer Patientinnen und Patienten

Als wir uns das Problem hochgradig dissoziativer Patientinnen erstmals bewusst machten, hatten wir den Eindruck, es mit völlig anderen Patientinnen zu tun zu haben. Erst nachdem wir das Konzept der peritraumatischen Dissoziation und das Konzept der Ego States kennen gelernt haben, fanden wir es nahe liegend, mehr das Gemeinsame aller Traumafolgestörungen vom Typ Posttraumatische Belastungsstörungen und dissoziativer Störungen hervorzuheben. (Beim Konzept der peritraumatischen Dissoziation nach Myers geht es darum, dass sich Menschen während der traumatischen Erfahrung quasi in zwei Persönlichkeiten aufspalten. Myers nennt die eine die Normalpersönlichkeit – nicht zu verwechseln mit Freuds Normal-Ich – und die emotionale Persönlichkeit. Die Normalpersönlichkeit erscheint »normal«, aber um den Preis einer weitest gehenden Vermeidung und Abspaltung von Gefühlen, während die emotionale Persönlichkeit ausschließlich von Gefühlen geprägt ist, die sie aber wenig kontrollieren kann. Die beiden Persönlichkeiten wissen manchmal kaum voneinander. Ich nenne die emotionale Persönlichkeit auch das traumatisierte Ich.) Wenn Sie dies nachvollziehen können, brauchen Sie nur einige Modifikationen bzw. Er-

gänzungen in der Arbeit mit hoch dissoziativen PatientInnen vorzunehmen.
Das Vordringlichste erscheint mir, die Trennung des Hier und Jetzt vom Dort und Damals sehr konsequent einzuüben.
Außerdem sollten Sie Ihren PatientInnen helfen, Kontrolle über dissoziatives Verhalten zu erlangen. Schließlich geht es darum, falls erforderlich, dissoziatives Verhalten zu stoppen und um einen optimalen Umgang mit Patientinnen mit DIS (der dissoziativen Identitätsstörung).

Was hilft, das Hier und jetzt vom Dort und Damals zu trennen?

Am meisten hat sich bewährt, Patientinnen anzuleiten, dass sie wahrnehmen, was jetzt ist, und dies wenn möglich laut benennen. Ein Beispiel: »Heute ist Feitag, der 8. August 2003, ich bin in der Klinik für Psychotherapie in Bielefeld in der Graf-von-Galen-Str., ich bin jetzt hier mit Frau Dr. Reddemann. Ich weiß, dass ich bis jetzt gut mit ihr zusammenarbeiten konnte. Wenn ich jetzt unruhig bin, hat es mit meiner Vergangenheit zu tun. Ich werde mich um diese Sache später kümmern, jetzt konzentriere ich mich auf das, was jetzt in diesem Moment ist ...« Gäbe es ein konkret fassbares Problem der Patientin mit mir, könnte sie z. B. modifizieren: »Ich fühle mich durch Frau Dr. R. enttäuscht, weil ... Es ist möglich, mit ihr, wenn ich wieder ganz da bin, darüber zu sprechen, ... ich spüre, dass meine Füße Kontakt haben mit dem Boden ...« Ähnliches gilt für Mitpatienten oder auch Menschen aus der häuslichen Umgebung. Wenn Patientinnen im Vorstadium der Dissoziation sind oder gar schon dissoziiert, ist es ein Fehler, ihnen auf der Gefühlsebene zu begegnen und Gefühle anzusprechen. Denn genau diese bereiten im Moment zu viel Angst. Daher ist die Orientierung an Konkretem, wie Ort und Zeit, genaues Wahrnehmen der Umgebung, Benennen der Menschen, mit denen man zusammen ist, wichtig (s. »Frau X., ich bin Dr. Greenson, nicht der Gärtner ...«).
Auch kleine Schmerzreize, die helfen, den Körper zu spüren, haben sich bewährt, z. B. sich an den Unterschenkeln (nicht zu fest) zu kneifen. Es soll auch einige Akupressurpunkte geben, die helfen, wieder präsent zu werden.
Günstig ist ebenfalls ein Lagewechsel, also wenn die Patientin

herumrennt, sollte sie innehalten, wenn sie sitzt, aufstehen, usw. Auch an einen Ortswechsel, also aus dem Therapiezimmer gehen, wäre zu denken. (Das dürfte einigen auf »Abstinenz« achtenden Kollegen schwer verdaulich sein, aber es hilft mit Sicherheit oft besser als eine Deutung!) Den Raum verlassen bedeutet nicht, dass die Patientin nicht zurückkommen darf. Im Gegenteil, sobald wieder etwas Ruhe eingekehrt ist, kann sie zurückkommen.

Weiter hilft es manchen, schwierige Aufgaben zu lösen, wie z. B. von 1000 in 3er-Schritten zurückzuzählen. Patientinnen haben da meist viele Ideen, welche Aufgaben für sie hilfreich sind.

Auch unverfängliche Themen und Plaudern sind hilfreich. In solchen Fällen ist das Sich-wohl-und-sicher-Fühlen in der therapeutischen Beziehung bei weitem das wichtigste Therapieziel.

Von der Herstellung von zu viel Nähe durch besonders viel Empathie rate ich sehr ab. Nähe ist naturgemäß für viele traumatisierte PatientInnen eine Bedrohung. Das heißt: Bleiben Sie freundlich, aber dabei eher etwas »kühl«, nicht zu warmherzig.

Dissoziationsstopp ist eine Notmaßnahme und sollte nur in Ausnahmefällen eingesetzt werden. Es kann nicht Aufgabe der Therapeutin sein, die Patientin immer wieder aus dissoziativen Zuständen herauszuholen. Ich höre gelegentlich von KollegInnen, dass manche ihrer PatientInnen sich in der Stunde hinsetzen, dann sofort dissoziieren, und die KollegInnen bemühen sich Stunde um Stunde, die PatientInnen aus ihrer Dissoziation herauszuholen, um dann einige Minuten ein Gespräch zu führen.

In diesem Fall sollten zunächst das Arbeitsbündnis, die Art der Zusammenarbeit und der Auftrag geklärt werden. Es kann nicht Sinn einer Therapie sein, zu nichts anderem zu kommen als Stoppen von dissoziativem Verhalten. Ich weiß allerdings auch, wie schwierig das ist, wenn sich schon für viele Stunden eine solche Art von Beziehung etabliert hat.

Bitte bedenken Sie auch: Wenn Sie so weitermachen, kommen Sie mit 100 Stunden nicht weit und mit 240 auch nicht! Es hilft, sich selbst und die Patientin an diese Rahmenbedingungen zu erinnern, es sei denn, Sie sind bereit, die Patientin später umsonst zu behandeln – wovon ich abrate –, oder die Patientin hat Ihnen versichert, dass sie die Therapie persönlich finanziert. Tendenzlose Analyse ist kein Weg zur Behandlung dieser Patienten.

Machen Sie Dissoziationsstopp möglichst nur einmal, falls es gar nicht anders geht. Anschließend sollten Sie mit der Patientin erarbeiten, wie diese ihre Tendenz zur Dissoziation wahrnehmen und selbst stoppen kann. Stoppen bedeutet Orientierung im Hier und Jetzt, heißt mehr und mehr erkennen, dass man in alten Filmen ist. In der Bielefelder Klinik ist Dissoziationsstopp eine sehr selten ergriffene Intervention.

Wenn sie nötig ist, kann sie allerdings hilfreich sein. Dann nämlich, wenn die PatientInnen unter diesen Zuständen leiden, aber nicht wissen, wie sie herauskommen können. Dissoziativen PatientInnen sollte man auch viele Möglichkeiten des »Bremsens« vermitteln. Beobachtendes Wahrnehmen dessen, was ist, greift das Verhalten der PatientInnen auf und ist dennoch anders. Alle PatientInnen, die den Sinn dieses Beobachtens verstehen, profitieren sehr davon i. S. von Eingrenzung dissoziativen Verhaltens.

Besonders zu Beginn der Behandlung empfiehlt es sich auch, mit der Patientin zu erarbeiten, welche Trigger sie meiden kann, äußere, indem sie sie bewusst und aktiv vermeidet, innere, indem sie sich auf belastende Gedanken immer weniger konzentriert nach dem Motto: »Du kannst nicht verhindern, dass sich Raben auf dein Dach setzen, aber dass sie sich auf ihm einnisten.« (Dieser Satz stammt sinngemäß von Jean Paul. Es gibt ein ähnliches chinesisches Sprichwort.)

7.1.1 Vorgehen beim Dissoziatiosstopp

1. Sprechen Sie die Patientin laut mit ihrem Namen an und nennen Sie Zeit und Ort sowie Ihren Namen.
2. Wenn das nicht genügt: Betonen Sie, dass die Patientin »im falschen Film ist«, und sagen Sie ihr, dass Sie ihr helfen möchten, da wieder herauszukommen, Sie würden deshalb auch ungewöhnliche Dinge tun.
3. Tun Sie etwas, das die Patientin aus ihrer inneren Welt herausholt, d. h., helfen Sie ihr, sich außen zu orientieren. Das kann dadurch geschehen, dass Sie etwas fallen lassen in der Hoffnung, dass die Patientin es aufhebt, weil sie ein höflicher

Mensch ist, oder dass Sie sie um eine andere Art von Hilfe bitten. Manchmal helfen massive Sinnesreize, wie Eiswürfel, ein starker, nicht unbedingt angenehmer Geruch, ein Händeklatschen, oder etwas sagen, das die Patientin ärgern könnte.
4. Wenn auch das nicht reicht, kann man eine Hand vor die Augen der Patientin halten, ihr sagen, dass sie sich vorstellen solle, dass dort der Film läuft, und ihn schnell vorlaufen lassen soll oder zurückspulen oder anhalten. Diese Intervention hilft vermutlich wegen der hohen Suggestibilität der PatientInnen, denn sie hilft tatsächlich. Sie ist aber m. E. »hart an der Grenze«, und allein deshalb sollte sie nicht dauernd eingesetzt werden.
5. Wenn eine Patientin nicht aus der Dissoziation heraus»will«, können Sie tun, was Sie wollen, Sie werden es nicht schaffen. Also ist Nachgeben in solchen Fällen oft auch eine sinnvolle Intervention (aber keine auf Dauer).
6. Unaufgeregter Umgang mit dissoziativem Verhalten ist stets zu empfehlen. Es geht früher oder später auch ohne Ihr Dazutun vorüber.
7. Falls Sie sich unhöflich verhalten haben, erklären Sie dies später und machen Sie deutlich, dass sie das ungern wiederholen möchten.

7.1.2 Zum Umgang mit DIS-PatientInnen mittels PITT

1. Führen Sie so früh wie möglich das Bild des »runden Tisches« ein und regen Sie so an, dass Kooperation und Kommunikation der »Persönlichkeiten« stattfinden kann. Dieser Tisch kann riesig sein, sodass genügend Abstand da ist.
2. Es ist oft sinnvoll, die »Gastgeberin« zu schonen, d. h. diese zu bitten, sich zurückzuziehen und nicht an der inneren Konferenz teilzunehmen.
3. Es empfiehlt sich – insbesondere am Beginn der Therapie –, beobachtende Persönlichkeiten kennen zu lernen und diese zu

bitten, einem etwas über die anderen zu erzählen. Sie können dann auch versuchen, mit anderen Teilen mit Hilfe der beobachtenden Teile zu kommunizieren.
4. Da sich DIS-Patientinnen fast ständig in einem Trancezustand befinden, ist es nach meiner Erfahrung meist nicht nötig, diesen noch extra zu verstärken, sondern den Zustand, der da ist, zu nutzen. Man sollte nie mehr »machen« als unbedingt nötig.
5. Erarbeiten Sie für alle Teile einen ihnen konvenierenden sicheren Ort. Bewährt hat sich, ein großes Areal zu wählen, wo jede Persönlichkeit ihren eigenen Platz hat, der nach ihren Wünschen ausgestattet ist.
6. Regen Sie an, dass sich erwachsene Teile um kindliche kümmern. Tun *Sie selbst* es nur, wenn es nicht anders geht, d. h. wenn erwachsene Persönlichkeiten es nicht schaffen.
7. Arbeit mit Täterintrojekten bzw. täteridentifizierten Teilen sollte ausschließlich nach dem Ego-State-Konzept durchgeführt werden, d. h., auch diese Teile sind anzuerkennen und zu würdigen.
8. Alle Teile dienen dem Überleben des Systems. Denken Sie daran und sprechen Sie es oft aus.
9. Nutzen Sie die Technik des »talking through« häufig, wenn es um Benennung von Ressourcen geht. (Man wendet sich an alle etwa mit der Aufforderung: »ich möchte jetzt alle bitten, gut zuzuhören«).
10. Erarbeiten Sie für die verschiedenen Persönlichkeiten die jeweils passenden Imaginationen. Bedenken Sie, dass es möglich ist, dass die eine Persönlichkeit ein Bild mag, das eine andere verabscheut.
11. Unterstützen Sie den Rückzug aller nichtbetroffenen Teile immer dann, wenn es um etwas Belastendes geht. Es genügt, dass der Teil/die Teile dann mitarbeiten, die von der Thematik betroffen sind.
12. *Traumakonfrontation ist auch hier – und erst recht hier – erst angesagt, wenn es keinen Täterkontakt mehr gibt bzw. wenn Sie ganz sicher sind – das ist bei diesen PatientInnen nicht immer einfach festzustellen –, dass es keinen mehr gibt.*

13. Machen Sie Traumakonfrontation mit der Beobachtertechnik, sie bietet größtmöglichen Schutz. Die Bildschirmtechnik ist nicht so sicher, es sei denn, sie kombinieren sie mit der Vorstellung des sicheren Ortes wie bei der Beobachtertechnik beschrieben. Sollten Sie mit EMDR arbeiten wollen, dürfen Sie das nur tun, wenn Sie sowohl viel Erfahrung mit EMDR und in der Behandlung hoch dissoziativer Patientinnen haben (weitere Techniken bei Huber 2003).
14. Streben Sie nicht gegen den Willen der Patientin »Integration« i. S. von Auflösung der verschiedenen States zu einem Ich an, dies ist Gewalt.
15. Denken Sie daran, dass Integration i. S. des 3-Phasen-Modells hier besonders viel Arbeit am konstruktiven und erwachsenen Umgang mit Konflikten erfordert. »Traumatisierte Kinder denken anders als nichttraumatisierte« (Catherine Fine in einer persönlichen Mitteilung). Und die Patientin behält solches Denken und daraus resultierendes Verhalten bei.
16. Lassen Sie sich nicht verführen, wegen der vorübergehenden Entlastung mehr Traumakonfrontation durchzuführen, als die Patientin gut verkraften kann. Wenn sie ihre Alltagskompetenzen verliert, ist das ein Zeichen, dass Sie ihr nicht genügend helfen, in der Gegenwart zu sein.
17. Denken Sie daran, dass ein Teil immer nur ein Teil ist und dass es immer Teile geben kann, die gerade das Gegenteil von dem wollen oder denken oder fühlen, was ein anderer will, denkt, fühlt und sagt.

Die Arbeit mit DIS-Patientinnen erfordert eine spezielle Weiter- bzw. Fortbildung (ausführlicher Reddemann 2003 und Reddemann, Hofmann, Gast 2003).

7.2 Behandlung von Paaren

Man kann unterscheiden zwischen Paaren, von denen 1. beide Partner traumatisiert sind, und solchen, wo 2. je ein Partner traumatisiert ist.
Im ersten Fall empfehlen sich gemeinsame Gespräche, die die Einzeltherapien beider begleiten. Schwierigkeiten können entstehen, wenn ein Teil – meist die Frau – in Therapie geht (Frauen leiden häufiger an Intrusionen und sind vielleicht auch deshalb eher bereit zur Psychotherapie), der andere – meist der Mann –, der eher konstriktiv »dichtmacht« und daher scheinbar besser zurechtkommt, Therapie ablehnt. Häufig lehnen die konstriktiven Partner es dann ab, sich mit den Nöten des anderen zu befassen, da sie spüren, dass dies ihr Gleichgewicht bedroht. Hier kann respektvolle Beratung, die die Anliegen beider berücksichtigt, eine Hilfe sein. Es gilt, sowohl das intrusive wie das konstruktive Verhalten zu würdigen, denn beides dient letztlich dem Überlebensschutz.
In den gemeinsamen Gesprächen sollte schwerpunktmäßig nach Ressourcen geschaut und dem Paar vermittelt werden, dass es bereits viel füreinander getan hat. Es können ressourcenorientierte Hausaufgaben und Empfehlungen gegeben werden. Keinesfalls empfiehlt sich ein Vorgehen, das Konflikte akzentuiert und aufzudecken sucht. Das ist erst sinnvoll, wenn beide Partner durch entsprechende Einzeltherapie stabiler geworden sind.
Wenig hilfreich scheint es auch, in Gegenwart des jeweils anderen vertieft die Traumata des anderen zu explorieren, jedoch kann es hilfreich sein, die Traumatisierungen zu benennen.
Im 2. Fall sollten die nichtbetroffenen PartnerInnen über Trauma, Traumacoping und Traumafolgen informiert werden. Gleichzeitig sollte ihnen hinsichtlich ihrer Schwierigkeiten Verständnis entgegengebracht werden.
Denken Sie auch daran, dass Paare, die gleichzeitig eine traumatische Erfahrung gemacht haben, z.B. durch den Verlust eines Kindes, sich manchmal wechselseitig weiter belasten, sodass in jedem Fall auch hier eine Arbeit an »äußerer Sicherheit« notwendig ist. Das heißt der Frage nachzugehen: Wie kann jede/r Einzelne zu mehr Sicherheit in der Beziehung beitragen?

Bei Paaren, von denen ein Teil sexuell traumatisiert wurde, ist in der Regel eine Empfehlung zur Abstinenz von sexueller Aktivität nicht zu umgehen bzw. eine Würdigung für eine Entscheidung für Abstinenz, die das Paar möglicherweise bereits getroffen hat. Auch hier ist ein Verständnis für beide Seiten wichtig.

Im Weiteren empfiehlt sich auch hier eine auf die Ressourcen des Paares fokussierende Arbeit und Ermutigung (s. auch Reddemann 2002 c), ohne die jeweiligen Probleme auszusparen.

Darüber sprechen heißt nicht: konfrontieren! Darüber sprechen kann mittels Distanzierung geschehen. Und doch können die schmerzlichen Gefühle gewürdigt werden.

Durcharbeiten von traumatischem Material ist auch hier erst nach ausreichender Stabilisierung möglich.

Eine große Herausforderung ist es, wenn ein Teil den anderen aktuell traumatisiert und sich das Paar nicht trennen will.

Versuchen Sie herauszufinden, warum das so ist, und würdigen Sie die Bereitschaft zum Zusammenbleiben (selbst wenn Sie selbst eine andere Vorstellung haben).

Klären Sie, wenn möglich, ob der Täter/die Täterin eine Traumageschichte hat.

Gewinnen Sie das Paar für Einzeltherapie/arbeit.

Verfahren Sie bei dem »Täterpartner« wie weiter unten beschrieben.

Klären Sie beim »Opferpartner« mit Hilfe des Ego-State-Konzeptes, »wer will bleiben und warum«. Oft handelt es sich genau genommen um einen kindlichen Teil, der auf den Partner/die Partnerin die Sehnsucht nach guten Eltern überträgt.

Arbeiten Sie in diesem Fall nach dem Modell zum inneren Kind.

7.3 Behandlung von suizidalen PatientInnen

Es gibt gute Gründe anzunehmen, dass so gut wie jeder Patient mit einer Traumafolgestörung irgendwann im Leben suizidal war. In unserer Klinik fanden wir bei praktisch jeder Patientin und jedem Patienten mit einer komplexen Posttraumatischen Belastungsstörung, dass sie oder er irgendwann im Leben suizidal war. Dem

oft unerträglichen Leben ein Ende zu setzen, ist für viele eine tröstliche Vorstellung.
1. Wenn man mit dem Ego-State-Konzept arbeitet, ist es relativ leicht, darüber zu sprechen, dass es vermutlich verschiedene Teile gibt, den suizidalen Teil, den Teil, der leben will, etc. Das Ego-State-Konzept beinhaltet auch, dass man jeden Teil anerkennt und würdigt und nicht gleich loswerden will. Andererseits sind wir gefordert, Suizidversuche oder gar Suizide zu verhindern, sodass Verträge und Absprachen mit den suizidalen Teilen notwendig sind.
2. Eine sehr sorgfältige Klärung der Vorstellungen und Wünsche, die hinter dem Suizidwunsch liegen, ist notwendig. Ich habe häufiger die Intervention hilfreich gefunden, Zeitgewinn auszuhandeln, also den Suizid nicht gänzlich zu verdammen, aber die Patientin bzw. den betreffenden Teil zu gewinnen, diesen Wunsch auf später zu verschieben und *jetzt* erst einmal dafür zu sorgen, dass das Leben aktuell angenehmer ist bzw. wird.
3. Wenn der suizidale Teil ein verletzter Teil ist, hilft häufig eine Einladung an den sicheren Ort, sofern es diesen Ort schon gibt, sonst ein Ort, an dem sich der Teil wohl fühlt.
4. Man sollte die verzweifelte Lage, in der sich TraumapatientInnen befinden, nicht unterschätzen. Viele leben in erneut traumatisierenden Beziehungen oder Lebensumständen. Klären Sie unbedingt die äußere Situation und helfen Sie der Patientin dabei, mehr äußere Sicherheit aufzubauen. Auch hier gilt: erst äußere Sicherheit, dann alles Weitere.
5. Kümmern Sie sich mindestens so viel um die Teile, die leben wollen, wie um die, die es nicht wollen. Es ist ungünstig, sich ausschließlich mit symptomatischem Verhalten zu beschäftigen. Damit konstelliert man eine Beziehung, die der Patient so erleben könnte: »Mein Therapeut kümmert sich nur um mich, wenn ich suizidal bin.«

Bei suizidalen Patienten gilt, dass PITT allein in den meisten Fällen nicht genügt. Orientieren Sie sich daher bitte auch an der einschlägigen Literatur (z. B. Bronisch 2000). Häufig tritt am schnellsten Entlastung durch Psychopharmaka ein, die sie auf keinen Fall ablehnen sollten!

7.4 Behandlung von SuchtpatientInnen

Ich habe selbst keine PatientInnen behandelt, bei denen die Sucht im Vordergrund stand. Die von uns behandelten PatientInnen haben alle eine gewisse Kontrolle über ihr süchtiges Verhalten, sei es, dass sie einen Entzug hinter sich haben, sei es, dass ihr Zustand nicht so stark vom süchtigen Verhalten geprägt ist und sie noch dazu in der Lage sind, Absprachen hinsichtlich Abstinenz mit uns zu treffen. Gemeinsam mit Sybille Teunißen, einer erfahrenen Suchttherapeutin, habe ich 2006 eine Arbeit veröffentlicht, in der wir unsere Überlegungen zur Behandlung traumatisierter SuchtpatientInnen darstellen (Reddemann, Teunißen, 2006).
Aufgrund der Kenntnis der internationalen Literatur, in der in den letzten Jahren die Notwendigkeit von gleichzeitiger Behandlung von süchtigem Verhalten und der Posttraumatischen Belastungsstörung immer stärker betont wird, und meines Austauschs mit KollegInnen, die süchtige PatientInnen behandeln, schlage ich vor, das folgende Vorgehen in Betracht zu ziehen und zu erproben (und Wege zu finden, diese wissenschaftlich begleiten zu lassen).

7.4.1 Vorgehen bei der Behandlung von SuchtpatientInnen

1. Führen Sie so früh wie möglich, bereits während der Entgiftung und während der Entwöhnung, stabilisierende Elemente ein.
2. So wie der Patient sich körperlich stabilisiert hat, denken Sie an Innere-Kind-Arbeit, Arbeit mit jüngeren Ichs und prüfen Sie, inwieweit der Patient davon profitiert.
3. Meiden Sie Interventionen, die stresserhöhend sind. Insbesondere die häufig empfohlene hart konfrontative Arbeit, wie sie besonders in Gruppen durchgeführt wird, dürfte für diese Patienten das reine Gift sein.
4. Nutzen Sie Gruppenarbeit für Ressourcenaufbau und »Enrichment«, aber keinesfalls für Berichte über traumatische Erleb-

nisse. (Enrichment heißt, dass man den Patienten hilft, sich kompetenter und dadurch »reicher« zu fühlen. Ich habe z. B. erfahren, dass es in meinen Gruppen allen Freude macht, wenn von positiven Erfahrungen im Leben berichtet wird, und dass dadurch das Wohlgefühl aller steigt.)
5. Überprüfen Sie die Stationsregeln daraufhin, wie viel Stress sie den Patienten bereiten, und denken Sie daran, dass dieser Stress ein Trigger für traumatischen Stress sein kann. Finden Sie, wenn möglich, neue Lösungen.
6. Beachten Sie geschlechtsspezifische Probleme (s. auch im entsprechenden Kapitel).

7.5 Behandlung von Opfern von Folter, Krieg und Vertreibung

Wie bereits erwähnt, sollten die imaginativen Übungen für Patienten aus andere Kulturen i. S von Geschichten genutzt und die PatientInnen nach dem gefragt werden, was vor der Folter, vor dem Krieg, vor der Vertreibung gut war, um es als Ressource zu nutzen. Einige KollegInnen von Folteropferzentren haben mir rückgemeldet, dass sie mit den Übungen und der darin enthaltenen Philosophie gute Erfahrungen gemacht haben.
Menschen aus anderen Kulturkreisen bringen viele Sichtweisen von sich und der Welt mit, die mit unseren nicht übereinstimmen. Z. B. ist es für eine vergewaltigte muslimische Frau so gut wie unmöglich, ihrem Mann davon zu erzählen. Diese kulturellen Unterschiede gilt es zu respektieren.
M. E. geht es bei dieser Arbeit eher um die Grundhaltung, die ich in den Einleitungskapiteln beschrieben habe, als um die Methode.
Die Schweizer Psychoanalytikerin Katharina Ley, die in Südafrika in einem Traumazentrum arbeitet, schrieb mir in einem Brief, dass es dort um »Brot und Rosen« gehe. Handfeste Hilfen zum Überleben wie eben Brot und dazu heilende Geschichten, die den von ihr betreuten Frauen helfen, wenigstens manchmal Freude zu emp-

finden. Die Frauen sind im Erfinden und Erzählen dieser Geschichten höchst kreativ. Wichtig ist auch der Zusammenhalt der Frauen. Gruppenzugehörigkeit ist bei Menschen aus andere Kulturen in aller Regel erheblich wichtiger als für uns stark individualistisch orientierte Westler.

»Traumabegegnung« – nicht Traumakonfrontation – ist ebenfalls ein wichtiges Thema, denn die traumatischen Erfahrungen wollen kommuniziert sein. Hier helfen distanzierende Techniken als Schutz.

Seien Sie sich der Grenzen von sprachlicher Kommunikation bewusst, wenn Sie mit jemand arbeiten, der eine andere Sprache spricht. Es lohnt sich, sich einmal verschiedene Übersetzungen z. B. vom Shakespeare ins Deutsche anzuschauen (ich mag z. B. die von Schlegel und Tieck immer noch am liebsten) oder gar verschiedene Übersetzungen eines deutschen Klassikers in eine andere Sprache, die Sie kennen, um eine Ahnung davon zu bekommen, wie schwierig es ist, Gefühlsmäßiges in einer anderen Sprache zu verstehen.

»Non-verbale« Therapien, die mit anderen Medien arbeiten als Sprache, allerdings auf diese ja nie ganz verzichten können, sind in dieser Arbeit eine unerlässliche Ergänzung.

7.6 PITT und die Behandlung von Tätern

PatientInnen, die sich selbst verletzen, sind in gewisser Weise auch TäterInnen – gegen das eigene Selbst. Dass hier eine gewisse Geschlechtsspezifik eine Rolle spielt, ist ersichtlich.

Sofern Täter auch Opfer waren, empfiehlt sich folgendes Vorgehen:

1. Stellen Sie klare und eindeutige Rahmenbedingungen her und auf, deren Einhaltung die Bedingung für Therapie bedeuten.
2. Stellen Sie eine Verbindung zwischen der Tat/den Taten und der Opfersituation her, ohne dass Sie das eine oder das andere vertiefen.
3. Arbeiten Sie mit dem Ego-State-Konzept zum inneren Kind und

4. zu den Täterintrojekten.
5. Achten Sie auf jedes Anzeichen von Mitgefühl für das jüngere Ich und verstärken Sie dies.
6. Erarbeiten Sie, dass die Täterteile eine – wenn auch für andere schädliche und daher nicht akzeptable – Schutzfunktion hatten, und erarbeiten Sie sozial verträglichere Schutzfunktionen.
7. Falls die Bedingungen für Affektkontrolle und Fähigkeit zu innerem Trost gegeben sind, arbeiten Sie die frühen Traumata durch.
8. Arbeiten Sie die Taten ebenfalls i. S. einer Traumakonfrontation unter Beachtung der hierfür geltenden Empfehlungen durch. Denken Sie daran, dass Täter sich durch ihre Taten meist weiter traumatisieren.
9. Jetzt können Sie an Empathie für die Opfer arbeiten, ohne dass es zu pädagogisch wird, und mit Einsicht rechnen. (Damit will ich nicht sagen, dass Pädagogik keinen Platz haben sollte. Sie ermöglicht oft erst Therapie.)

7.7 Behandlung von Kindern und Jugendlichen

PITT kann als Spieltherapie im Kopf verstanden werden. Für Kinder ist es natürlich, die innere Bühne in Aktion umzusetzen. Gesunde Kinder tun das spontan.
Gestörte Kinder brauchen Anregungen.

- Helferwesen, Figuren für aggressive Impulse, aber auch stellvertretend für Verletzungen, sowie gute, sichere Orte können mit verschiedensten Medien in Szene gesetzt werden.
- Kinder halten sich oft spontan an das Phasenmodell, d. h., sie meiden über lange Zeit die Auseinandersetzung mit dem Belastenden.
Drängen Sie das Kind nicht, Ihnen etwas zu erzählen.

▪ Innere-Kind-Arbeit kann auch bereits mit kleineren Kindern gemacht werden (siehe die »Vater-Mutter-Kind-Spiele«).

An dieser Stelle möchte ich es bei wenigen Hinweise belassen. Ich möchte Sie ermutigen, PITT für Ihre Arbeit zu »übersetzen«. Einen Erfahrungsbericht von Cornelia Appel-Ramb über die Arbeit mit Kindern und Jugendlichen finden sie ab der 6. Auflage in »Imagination als heilsame Kraft«.

8. Genderspezifische Gesichtspunkte

Es ist auf einen bedeutsamen geschlechtsspezifischen Unterschied bei den Traumatisierungen hinzuweisen. Männer werden häufiger Opfer von Gewalt, Frauen häufiger von sexualisierter Gewalt. Frauen werden häufiger wegen ihres Geschlechts traumatisiert, das heißt, *weil sie Frauen sind,* misshandelt, missbraucht und gefoltert. Dieses Phänomen kommt bei Männern erheblich seltener vor. Ein Mann erleidet möglicherweise Gewalt, weil er ein schwuler oder schwarzer Mann ist, aber selten, weil er ein Mann ist.

Es braucht nicht viel Phantasie, um sich vorzustellen, dass die Traumatisierung von Frauen wegen ihres Geschlechts spezifische Spuren in ihrer Seele hinterlässt, die man so bei Männern nicht findet. Möglicherweise ist das ein Grund dafür, dass Frauen häufiger als Männer Posttraumatische Belastungsstörungen entwickeln (Kessler et al. 1995, Breslau et al. 1997). Frauen geben an, dass sie unter traumatischen Situationen mehr leiden als Männer (sog. A2-Kriterium der Definition der Posttraumatischen Belastungsstörung nach DSM-IV).

Frauen verfügen über eine stärkere Fähigkeit, interpersonelle Intimität herzustellen. Dies ist eine wichtige Ressource. In einer neueren Studie (Taylor, Klein et al. 2000) sprechen die AutorInnen daher von »Tend and Befriend, Not Fight or Flight«, das heißt, dass Frauen fähig sind, massiven Stress auch dadurch zu kontrollieren, dass sie behüten, halten und nähren, um das Selbst und die Nachkommenschaft zu schützen und soziale Netze aufzubauen. Die AutorInnen dieser Arbeit vermuten, dass ein Zusammenspiel von Oxytozin, Geschlechtshormonen und endogenen Opiaten zu diesem geschlechtsspezifischen Verhalten beiträgt. Freundschaften – besonders unter Frauen – zu fördern sollte daher als therapeutische Aufgabe verstanden werden.

Für die Männer, mit denen wir arbeiten, ist es häufig ein schwerwiegendes Problem, zu dem Geschlecht zu gehören, das häufiger traumatisiert. Dies löst häufig Scham und Betroffenheit und auch Hilflosigkeit aus.

Seit vielen Jahren plädiere ich immer wieder dafür, dass Therapeuten sich verstärkt dem eigenen Geschlecht zuwenden. Es scheint mir für Patienten sehr wichtig zu sein, dass sie liebevolle Erfahrungen mit einem Mann machen. Wie es scheint, hat sich das Bewusstsein für diese Problematik in den letzten Jahren verstärkt durchgesetzt, sodass es immer mehr Therapeuten gibt, die sich bemühen, mit Männern zu arbeiten.
Viele Frauen brauchen eine andere Frau, um die körpernahe Seite ihrer Erfahrungen zu kommunizieren. Auch müssen Männer zur Kenntnis nehmen, dass sie sich noch so viel bemühen können, aber was es heißt, in einem weiblichen Körper zu leben, können sie niemals ganz nachvollziehen. Das Analoge gilt natürlich auch für Therapeutinnen, jedoch habe ich bei ihnen nicht so viel unhinterfragte Kolonialisierungsbereitschaft entdecken können wie bei männlichen Kollegen. Zumindest in Deutschland. Die Hartnäckigkeit, mit der z. B. einige von Männern gemachte Fachzeitschriften ausschließlich am männlichen Geschlecht festhalten, weil das weibliche ja mitgemeint ist, verschlägt einem die Sprache. In psychotherapeutischen Fachgesellschaften sind Frauen immer noch in den führenden Positionen unterrepräsentiert. Dass dadurch Konzepte, die über Frauen verfügen, ohne sie wirklich zu fragen und mit einzubeziehen, weiter fortgeschrieben werden, ist eine konsequente Folge dieser Verhältnisse.
Für die Therapie von durch Gewalt und sexualisierte Gewalt traumatisierte Patientinnen und Patienten sollten folgende Grundsätze gelten:
1. Die Patientin/der Patient entscheidet ohne Wenn und Aber von Seiten der BehandlerInnen, welchem Geschlecht die behandelnde Person angehören soll.
2. Diese Entscheidung wird respektiert und nicht gedeutet. Erst spät im Verlauf der Therapie, wenn die Traumata bearbeitet worden sind, kann an diese Frage deutend herangegangen werden.
3. Die Möglichkeit, körpernahes Erleben mit einer Person des gleichen Geschlechts zu bearbeiten, sollte gefördert und ggf. angeregt werden.
4. *Stationäre Einrichtungen sollten Möglichkeiten zur Verfügung stellen, die es Frauen und Männern erlauben, unter sich zu sein. Die Nichteinhaltung dieser Forderung kommt bei durch sexua-*

lisierte Gewalt von Männern traumatisierten Frauen einer Retraumatisierung gleich.
5. Werden Frauen und Männer gemeinsam behandelt, so ist qua Rahmenvertrag oder Hausordnung ein respektvoller Umgang der Geschlechter zu fordern, Verstöße gegen diese Verabredung sollten vom therapeutischen Team achtsam registriert und mit den PatientInnen bearbeitet werden. Auch Entlassungen aus der Institution sollten dann möglich sein, wenn keine Änderung eintritt.
6. Therapeutinnen und Therapeuten sollten sich darin üben, auch subtile Formen der Herabsetzung des anderen Geschlechts wahrzunehmen, und verändertes Handeln anstreben.
7. Das spezifische Problem von Frauen, sich in Identifikation mit den Tätern *als Frau* abzulehnen, sollte mehr Beachtung finden und in Therapien benannt werden.
8. Rollenstereotypien sind häufig ein Therapiehindernis. Sie sollten daher benannt und durchgearbeitet werden. Auch Information zu diesem Thema kann helfen.
9. Frauen sollten angeregt werden, sich mit Frauen zu beschäftigen, die eine gewisse Vorbildfunktion haben. Männer haben in unserer Gesellschaft viele, wenn auch zum Teil fragwürdige Vorbilder. Frauen fehlen diese weitgehend. In unseren Gruppen fällt auf, dass Frauen meist auf Anhieb nur ganz wenige bedeutende Frauen nennen können. Auch dies trägt zu einer Fortschreibung von schlechtem Selbstwertgefühl bei. Die feministische Forschung hat auch zeigen können, dass Frauen in unserer Kultur darunter leiden können, dass es kein (allgemein anerkanntes) weibliches göttliches Prinzip gibt. Es kann weiterführend sein, Patientinnen auf dieses Phänomen hinzuweisen, damit sie sich damit auseinander setzen können.

(Weitere Anregungen finden Sie bei Reddemann, L. 2000 b.)

9. PITT in der stationären Behandlung

PITT wurde zunächst in der stationären Behandlung entwickelt. Dabei war – und ist – uns auch immer die Kombination der Psychotherapie mit anderen Therapieformen wichtig. Dies kann in diesem Manual nicht ausführlich dargestellt werden, weil es den Rahmen sprengen würde. Einige Aspekte haben jedoch in »Imagination als heilsame Kraft« Eingang gefunden.

Wir haben stets Ausschau gehalten, aus anderen Bereichen solche therapeutischen Interventionen mit einzubeziehen, die unseren PatientInnen helfen, dass sie in Kontakt mit ihren Ressourcen kommen. In Bielefeld fanden wir über die Jahre, dass Aromatherapie eine große Unterstützung darstellt. Des Weiteren hat sich eine Reihe von strukturierten körpertherapeutischen Ansätzen bewährt. In diesem Bereich gibt es viel zu lernen. Neuerdings fand ich das Buch von Rothschild (2001), »Der Körper erinnert sich«, besonders anregend, ebenso wie Julie Hendersons »Zapchen« (Henderson 2002). Sie behauptet – und tritt dafür den Beweis an –, dass man Stimmungen und Gefühle darüber ändern kann, dass man bestimmte Muskeln aktiviert, z. B. eine Weile so tut, als ob man lachen würde. Sie können sich davon selbst überzeugen. Ähnliches gilt auch für die Feldenkrais- und Alexander-Arbeit.

Diese kreativen Ergänzungen haben unserer klinischen Arbeit seit Jahren gut getan, und so manche ambulant arbeitenden KollegInnen beneiden uns um diese Möglichkeiten.

Stationäre Behandlung von traumatisierten PatientInnen hat Indikationen und Kontraindikationen, Vorteile und Nachteile:

Sicher ist es nicht so, dass die Formel gilt, je kränker, desto klarer stationär.

Für viele sehr kranke PatientInnen ist z. B. die große Nähe mit anderen Menschen in der stationären Therapie äußerst ungünstig. Andererseits ist das Zusammenleben mit wohlgesonnenen Menschen für so manche Patientin und manchen Patienten eine wichtige neue Erfahrung.

Ein großer Vorteil jeder stationären Psychotherapie ist das multimodale Angebot.

Es ist zu betonen, dass stationäre Traumatherapie nur dann erfolgversprechend ist, wenn das gesamte Team traumatherapeutische Kompetenz hat und »an einem Strang zieht« (Reddemann 2000, Sachsse 2003).
Derzeit gilt folgende Indikationsempfehlung:
Stationäre Behandlung hat sich bewährt:
1. Zur Einleitung der Behandlung, insbesondere, wenn die äußere Sicherheit nicht gegeben ist und wenn es der Patientin schwer fällt, innere Stabilität zu erarbeiten. Hier bewähren sich der sichere Rahmen und das multimodale Angebot besonders.
2. In der Traumakonfrontationsphase bietet die Klinik ebenfalls häufig erst den Schutz, den diese Arbeit benötigt. Auch bei besonders belastenden Traumata kann die Klinik stärker entlasten.
3. Zur Krisenintervention haben sich stationäre oder teilstationäre Aufenthalte bewährt. In unserer Klinik gibt es hierfür ein speziell entwickeltes 4-Wochen-Programm mit folgendem Inhalt: Setting: Tagesklinik, geschlossene Gruppe von maximal vier TeilnehmerInnen, Dauer vier Wochen, Gruppen- und Einzeltherapie, Stressbewältigung in Übungsgruppen.

Stabilisierung durch:
- intensive allgemeinmedizinische und psychiatrische Betreuung,
- Vermittlung von Krankheitsbewältigungsmechanismen (Copingstrategien) für die aktuelle (Krisen-)Situation,
- Anleitung zur Selbstfürsorge und Training im therapeutischen Übungsfeld,
- Reduktion der Angst- und Affektspannung,
- Unterstützung bei der Alltagsbewältigung und Alltagsstrukturierung,
- Hilfen bei sozialen Problemen, ggf. unter Einbeziehung von Partnern/Familie,
- Stärkung sozialer Kompetenz,
- Unterstützung des ambulanten Therapieprozesses,
- Benennung der aktuellen zentralen Psychodynamik,
- Förderung der Gefühlswahrnehmung und Gefühlsdifferenzierung
- Verbesserung der Impulssteuerung
- Erweiterung der Außenwahrnehmung

Hierfür finden sechs einzeltherapeutische Sitzungen statt sowie 12 Gruppensitzungen, ergänzt durch Übungsgruppen und medizinische wie psychiatrische Betreuung.

Dieses Programm ist gedacht für PatientInnen in Krisen vom Typ »akute Belastungsreaktion«, aber auch DESNOS und dissoziative Störungen in Verbindung mit Anpassungsstörungen, Erschöpfung sowie Stagnation des ambulanten Therapieprozesses.

PITT kann sowohl im ambulanten wie im stationären Setting Anwendung finden. Eine Vernetzung ambulanter wie stationärer Therapieangebote ist wünschenswert.

Danksagung

Ich danke allen meinen Patientinnen und Patienten für ihre zahlreichen Rückmeldungen und die Bereitschaft, sich auf unsere Klinik und PITT einzulassen.
Dem therapeutischen Team der Bielefelder Klinik danke ich für kritisch offenes Hinterfragen und die Veränderungsbereitschaft in all den Jahren unserer Zusammenarbeit.
Den Teilnehmerinnen und Teilnehmern an meinen Kursen und Supervisionen danke ich für die vielen Fragen und die vielfach inspirierende Zusammenarbeit.
Den Kolleginnen und Kollegen, die mir in den Kursen assistieren, die für mich Fragen gesammelt und teilweise das Manuskript aufmerksam gegengelesen haben und die mich freundschaftlich begleiten, sei Dank: Elke Amann, Ulla Baurhenn, Susanne Behling, Ulrike Beckradt-Wilking, Dorothea Burkhardt, Veronika Engl, Peter Fricke, Ulla Göpel-Meschede, Thomas Haag, Maja Hässig, Andrea Jakubitsch, Jutta Kallschmidt, Elisabeth Kernen, Uschi Klär-Beinker, Gabriele Kluwe-Schleeberger, Petra Kreuzberger, Astrid Lampe, Margret Pacher, Lisa und Jürgen Rauber, Ulrike Reddemann, Rahel Schüepp, Peter Streb.
Ursula Gast und den Kollegen aus der Gruppe zur Weiterentwicklung der Leitlinien zur Posttraumatischen Belastungsstörung, Guido Flatten, Arne Hofmann, Peter Liebermann und Wolfgang Wöller danke ich für die Zusammenarbeit und die vielen Anregungen.
Zu besonderem Dank bin ich Monika Becker-Fischer und Gottfried Fischer für die Arbeit an einem Konzept zur traumaadaptierten psychodynamischen Psychotherapie verpflichtet, das diesem Buch sehr zugute kommt.
Mit all den Genannten kann ich viel lachen, auch dafür Dank.
Prof. Manfred Cierpka und Verena Kast, Prof. Dr. phil., wissenschaftliche Leitung der Lindauer Psychotherapiewochen, danke ich für die Einladung zu einer Vorlesung zum Thema »Therapie der Posttraumatischen Belastungsstörung« im Frühjahr 2003. Die Vorbereitung der Vorlesung und die Fragen zur Vorlesung waren eine

wichtige Klärungshilfe. Auch den Teilnehmerinnen und Teilnehmern dieser Vorlesung sei gedankt.

Dem wunderbaren Team der Beratungsstelle für Flüchtlinge und Opfer von politischer Verfolgung in Frankfurt danke ich für unsere inspirierenden Begegnungen.

Maggie Phillips danke ich für ihre gründliche Einführung in die Ego-State-Therapie.

Die Menschen, die mich während der Arbeit an »Imagination als heilsame Kraft« begleitet haben, sind zum Glück immer noch um mich und unterstützen mich. Allen sei Dank dafür.

Das Buch »Die Glücksformel« von Stefan Klein ist eine Fundgrube für mich, ebenso wie die Zusammenarbeit mit Sylvia Wetzel und ihr Buch »Leichter leben«. Dafür und vieles mehr großen Dank.

Kurz vor Abschluss meines Manuskriptes entdeckte ich Daniel Goleman's Buch »Dialog mit dem Dalai Lama«. Auch für dieses Buch bin ich unendlich dankbar.

Ohne die Unterstützung und Fürsorge meiner Familie und meines Freundeskreises hätte ich dieses Buch gewiss nicht schreiben können. Allen sei von Herzen gedankt.

Eine große Freude ist für mich, dass Prof. Peter Fürstenau ein Vorwort zu diesem Buch geschrieben hat, für das ich besonders dankbar bin.

Dank an den Verlag Klett-Cotta und insbesondere wieder an Dr. Christine Treml für die Unterstützung des Buchprojektes und die behutsame Beratung.

Bielefeld/Kall-Rinnen, im Spätsommer 2003

Literatur

Alle Texte von Juan Ramon Jimenez aus dem Band »Herz, stirb und singe«, Gedichte, Spanisch und Deutsch. Auswahl und Übertragung von Hans Leopold Davi. Diogenes, Zürich 1977

Achterberg, J. (1985): Gedanken heilen. Rowohlt, Reinbek

Antonovsky, H. (1997): Salutogenese. Zur Entmystifizierung der Gesundheit. DGVZ, Tübingen

American Psychiatric Association (APA) (1996): Diagnostic and statistical manual of mental disorders. Diagnostisches und statistisches Manual psychischer Störungen DSM IV, dt. Bearbeitung und Einführung von H. Sass (S. 491–547). Hogrefe, Göttingen

Bateson, G. (1981): Ökologie des Geistes. Suhrkamp, Frankfurt/M.

Bauer, J. (2005): Warum ich fühle, was Du fühlst. Hoffmann u. Campe, Hamburg

Becker-Fischer, M., Fischer, G. (1997): Folgetherapie nach sexuellem Mißbrauch in Psychotherpaie und Psychiatrie. In: U. Egle (Hrsg.): Sexueller Mißbrauch, Mißhandlung, Vernachlässigung (S. 375–389). Schattauer, Stuttgart

Benard, C., Schlaffer, E. (2002): Die Emotionsfalle. Vom Triumph des weiblichen Verstandes. Fischer, Frankfurt/M.

Blanck, G., Blanck, R. (1978): Angewandte Ich-Psychologie. Klett-Cotta, Stuttgart

Breslau, N., Davis, G., Chilcoat, H., Schulz, L., Davis, G., Andreski, P. (1997): Sex differences in posttraumatic stress disorder. Archives of General Psychiatry 55, 627–632

Bronisch, B. (2000): Suizidalität. In: Bronisch, Th., Bohus, M., Dose, M., Reddemann, L., Unckel, C.: Krisenintervention bei Persönlichkeitsstörungen. Klett-Cotta, Stuttgart

Braun, B. (1988): The BASK model of dissociation: Clinical applications. Dissociation 1, 2, 4–23

Brückner, M. (1988): Die Liebe der Frauen. Über Weiblichkeit und Mißhandlung. Fischer, Frankfurt/M.

Burian-Langegger, B. (2002): Trauma und inneres Objekt. Imagination, 24. Jahrgang, Nr. 3–4, S. 5–18

Csikszentmihalyi, M. (1999): Flow: Das Geheimnis des Glücks. Klett-Cotta, Stuttgart

Davidson, R. J. (2003): zitiert in: Goleman, D.: Dialog mit dem Dalai Lama. Wie wir destruktive Emotionen überwinden können. Hanser, München

De Shazer, S. (2000): Wege der erfolgreichen Kurztherapie. Klett-Cotta, Stuttgart, 7. Aufl.

Ellis, A., Hoellen, B. (1997): Die Rational-Emotive Verhaltenstherapie. Klett-Cotta, Stuttgart

Federn, P. (1952): Ego Psychology and the Psychosis. Basic Books, New York

Ferenczi, S. (1932): Sprachverwirrung zwischen den Erwachsenen und dem Kind. In: Ders.: Gesammelte Schriften, Band 3, Fischer, Frankfurt/M.

Fiedler, P. (2003): Komplexe Traumatisierung und Persönlichkeitsstörung. In: Seidler, G. H., Laszig, P., Micka, R., Nolting, B. V.: Aktuelle Entwicklungen in der Psychotraumatologie. Theorie, Krankheitsbilder, Therapie. Psychosozial, Gießen

Fischer, G. (2000 a): Mehrdimensionale Psychodynamische Traumatherapie MPTT. Asanger, Heidelberg

Fischer, G. (2000 b): KÖDOPS: Kölner Dokumentationssystem für Psychotherapie und Traumabehandlung. DIPT-Verlag, Köln

Fischer, G. (2003): Wege aus der Sprachlosigkeit – Psychodynamische Traumatherapie und die Psychodynamik des Traumas im Kassenantrag. In: Seidler, G. H. et al.: Aktuelle Entwicklungen in der Psychotraumatologie. Psychosozial, Gießen

Fischer, G., Riedesser, P. (1998): Lehrbuch der Psychotraumatologie. Ernst Reinhardt, München, Basel

Fischer, G., Reddemann, L., Barwinski Fäh, R., Bering, R. (2003): Traumaadaptierte tiefenpsychologisch fundierte und analytische Psychotherapie – Definition und Leitlinien. Psychotherapeut 3

Flanagan, O., zitiert in: Goleman, D. (2003): Dialog mit dem Dalai Lama. Wie wir destruktive Emotionen überwinden können. Hanser, München

Flatten, G. (2003): Abriss über den aktuellen Stand bei den Traumafolgestörungen ASD und PTSD. In: Seidler, G. H. et al. (Hg.): Aktuelle Entwicklungen in der Psychotraumatologie, S. 35–54. Psychosozial, Gießen

Flatten, G., Hofmann, A., Liebermann, P., Wöller, W., Siol, T., Petzold, E.

(2001): Posttraumatische Belastungsstörung. Leitlinien und Quellentexte. Schattauer, Stuttgart

Fonagy, P. Roth A., Higgitt, A: (2005) the outcome of psychodynamic psychotherapy for psychological disorders. Clinical Neuroscience Research 4 (2005) 367-377

Ford, J. D., Kidd, P. (1998): Early childhood trauma and disorder of extreme stress as predictor of treatment outcome with chronic posttraumatic stress disorder. Journal of Traumatic Stress 11 (4), S. 743–761

Freud, S. (1912): Zur Psychodynamik der Übertragung. GW Band VIII, S. 364–374

Freyberger, H. J., Spitzer, C., Stieglitz, R. D. (1998): Fragebogen zu dissoziativen Symptomen FDs. Hans Huber, Bern

Feyerabend, P. (2001): Wider den Methodenzwang, Suhrkamp, Frankfurt/M.

Fürstenau, P. (2001): Psychoanalytisch verstehen, systemisch denken, suggestiv intervenieren. 2., erw. Aufl. 2002, Pfeiffer bei Klett-Cotta, Stuttgart

Fürstenau, P. (2002): Neue therapeutische Welt durch beidäugiges diagnostisch-therapeutisches Sehen. Vortrag 52. Lindauer Psychotherapiewochen, 26. 4. 2002

Goleman, D. (2003): Dialog mit dem Dalai Lama. Wie wir destruktive Emotionen überwinden können. Hanser, München

Gast, U., Oswald, T., Zündorf, F., Hofmann, A. (2000): Strukturiertes Klinisches Interview für Dissoziative Störungen (SCIC-D). Hogrefe, Göttingen

Goulding, M. M. (2000): Kopfbewohner: Wer bestimmt dein Denken. Junfermann, Paderborn

Grawe, K. (2004): Neuropsychotherapie. Hogrefe, Göttingen

Greenson, R. R. (1975): Technik und Praxis der Psychoanalyse, Bd. I. Klett-Cotta, Stuttgart

Hell, D. (2005): Achtsamkeit. In: Walter, R. (Hrsg.): Mit einem weiten Herzen. Haltungen, die gut tun. Herder, Freiburg

Henderson, J. (2001): Embodying well-being. Wie man sich trotz allem wohl fühlen kann. AJZ Verlag, Bielefeld

Henderson, S., Andrews, G., Hall, W. (2000): Australia's mental health: an overview of the general population survey. Aust NZJ Psychiatry 2000: 34, 197–205

Henningsen, P., Hartkamp, N., Loew, T., Sack, M., Scheidt, S. E., Rudolf, G. (2002): Somatoforme Störungen. Leitlinien und Quellentexte. Schattauer, Stuttgart

Herman, J. L. (1993): Die Narben der Gewalt. Traumatische Erfahrungen verstehen und überwinden. Kindler, München

Herman, J. L. (2001): Trauma and Recovery. Reprinted with a new afterword. Pandora, London

Heuft, G. (1990): Bedarf es eines Konzeptes der Eigenübertragung? Forum Psychoanalyse 6, 299–315

Heuft, G., Senf, W. (1998): Praxis der Qualitätssicherung in der Psychotherapie. Das Manual der Psy-Bado. Thieme, Stuttgart

Hofmann, A. (1999): EMDR in der Therapie psychotraumatischer Belastungssyndrome. Thieme, Stuttgart

Hofmann, C. (2002): Achtsamkeit. Anleitung für ein sinnvolles Leben. Klett-Cotta, Stuttgart

Huber, M. (2003): Traumatherapie, Teil I. Junfermann, Paderborn

Hüther, G. (1997): Biologie der Angst. Wie aus Stress Gefühle werden. Vandenhoek und Ruprecht, Göttingen

Hüther, G. (2004): Die Macht der inneren Bilder. Vandenhoek und Ruprecht, Göttingen

Hüther, G., Krens, I. (2005): Das Geheimnis der ersten neun Monate. Walter, Düsseldorf

Janet, P. (1901): The mental states of the hystericals. Putnam's Sons, New York

Kächele, H. (1992): Die Persönlichkeit des Psychotherapeuten und ihr Beitrag zum Behandlungsprozess. Psychosomat. Med. Psychoan. 38, 227–239

Kessler, R. C., Sonnega, A., Bromet, E., Hughes, M., Nelson, C. B. (1995): Posttraumatic stress disorder in the National Comorbidity survey. Arch. Gen. Psych. 52 (12), 1048–1060

Kivimäki, M., Elovainio, M. et al. (2005): Optimism and pessimism as predictors of change in health after death or onset of severe illness in family. Health Psychology 2005, Vol. 24, No. 4, 413–421

Klein, S. (2002): Die Glücksformel oder Wie die guten Gefühle entstehen. Rowohlt, Reinbek, 9. Aufl.

Klemperer, D. (2003): Arzt-Patient-Beziehung: Entscheidungen über Therapie muss gemeinsam getroffen werden. Dt. Ärztebl. 2003; 100: A 753–755 (Heft 12)

Kreimann, G., Koch, C., Fried, I. (2000): Imagery Neurons in the Human Brain. Nature 408, 357–361

Levine, P. (1998): Traumaheilung. Das Erwachen des Tigers. Unsere Fähigkeit, traumatische Erfahrungen zu transformieren. Synthesis, Essen

Linehan, M. (1996): Dialektisch-behaviorale Therapie der Boderline-Persönlichkeitsstörung. CIP-Medien, München

Loehr, J., Schwartz, T. (2001): The Making of the Corporate Athlete. Harvard Business Review

Loh, A., Simon, D., Härter, M. (2005): Arzt-Patient-Kommunikation: Trainieren für gute Gespräche. Gesundheit und Gesellschaft, Praxis und Wissenschaft 8 (1): 40–43

Lücke, S. (2001): Kunst- und Gestaltungstherapie im Prozess der Traumaheilung. In: Reddemann, L.: Imagination als heilsame Kraft, S. 132–165, 12. Aufl. 2006, Klett-Cotta, Stuttgart

Mac Adams, L. (2001): Birth of Cool. Beat Be-bop and the American Avantgarde. Free Press, New York

Mc Dougall, J. (1988): Theater des Körpers. Verlag Internationale Psychoanalyse, München, Wien

Maercker, A. (1997): Therapie der posttraumatischen Belastungsstörung. Springer, Berlin

Meichenbaum, D. (1985): Stress inoculation training. Pergamon Press, New York

Miethge, W. (2002): Heilsame Gefühle. Trainingshandbuch für die Arbeit mit Emotionen. CIP-Medien, München

Nhat Hanh, Th. (1996): Zeiten der Achtsamkeit. Herder, Freiburg

O'Craven, K., Kanwischer, M. (2000): Mental imagery of faces and places activates stimulus-specific brain regions. In: Journal of Cognitive Neuroscience 12, 1013–1023

Peichl, J. (2000): Verstrickungen in der Übertragung und Gegenübertragung bei der Therapie von Traumapatienten. Psychotherapeut 6, 45, 366–376

Peseschkian, N. (1979): Der Kaufmann und der Papagei. Fischer, Frankfurt/M.

Pross, C. (2002): Zersetzung. Psychologische Techniken der Staatssicherheit und ihre Folgen. Ein Blick in das zukünftige Instrumentarium von Diktaturen? In: Birck, A., Pross, C., Lansen, J. (Hg.): Das Unsagbare. Die Arbeit mit Traumatisierten im Behandlungszentrum für Folteropfer Berlin. Springer, Berlin

Rampe, M. (2005): Der R-Faktor. Doemer/Knaur, München

Reddemann, L. (1998 a): Umgang mit Täterintrojekten. In: Traumazentrierte Psychotherapie, Teil II, PTT 2/98, 90–96

Reddemann, L. (1998 b): Trauer und Neuorientierung: Es ist, was es ist. In: Traumazentrierte Psychotherapie II, PTT 2/98, 97–103

Reddemann, L. (2000): Stationäre Therapie von real traumatisierten Patientinnen und Patienten – das Bielefelder Modell. In: Tress, W., Wöller, W., Horn, E.: Psychotherapeutische Medizin im Krankenhaus – State of the Art. VAS, Frankfurt-Bockenheim

Reddemann, L. (2001): Imagination als heilsame Kraft. Zur Behandlung von Traumafolgen mit ressourcenorientierten Verfahren. 12. Aufl. 2006, Klett-Cotta, Stuttgart

Reddemann, L. (2002 a): Psychohygiene für TherapeutInnen von traumatisierten PatientInnen. Ein Erfahrungsbericht. Internat. Zs. Psychotraumatologie 1

Reddemann, L. (2002 b): Traumatisierung von Frauen im Lebenszyklus. Konsequenzen für eine frauengerechte Versorgung. Internat Zs. Psychotraumatologie 4

Reddemann, L. (2002 c): Die gequälte Seele: Zur Beratung von Paaren, von denen ein Teil oder beide an den Folgen von Traumatisierungen leiden. Blickpunkt EFL-Beratung, Zeitschrift des Bundesverbandes kath. Ehe-Familien- und Lebensberaterinnen und -berater. Oktober 2002

Reddemann, L. (2003 a): Überlegungen zu Psychohygiene und burn-out-Prophylaxe von TraumatherapeutInnen. Erfahrungen und Hypothesen. ZPPM 1. Jg., Heft 1, 79–85

Reddemann, L. (2003 b): Psychodynamisch imaginative Traumatherapie bei dissoziativer Identitätsstörung und DDNOS. In: Reddemann, L., Hofmann, A., Gast, U.: Therapie der dissoziativen Störungen. Thieme, Stuttgart

Reddemann, L (2004 a): Eine Reise von 1000 Meilen beginnt mit dem ersten Schritt. Herder, Freiburg

Reddemann, L. (2004 b): Dem inneren Kind begegnen. Hör-CD, Klett-Cotta, Stuttgart

Reddemann, L., Dehner-Rau, C. (2004): Trauma. TRIAS, Stuttgart

Reddemann, L., Hofmann, A., Gast, U. (Hg.) (2003): Therapie der dissoziativen Störungen. Thieme, Stuttgart

Reddemann, L., Sachsse, U. (1997): Traumazentrierte Psychotherapie I, Persönlichkeitsstörungen 3, 113–147

Reddemann, L., Sachsse, U. (1998): Welche Psychoanalyse ist für Opfer geeignet? Einige Anmerkungen zu Martin Ehlert-Balzer: Das Trauma der Objektbeziehung. Forum Psychoanal. (1998), 14, 289–294

Reddemann, L., Sachsse, U. (1999): Trauma first. Persönlichkeitsstörung (PTT) 1

Reddemann, L., Sachsse, U. (2000): Traumazentrierte Psychotherapie der chronifizierten, komplexen Posttraumatischen Belastungsstörung vom Phänotyp der Borderline-Persönlichkeitsstörung. In: O. F. Kernberg, B. Dulz, U. Sachsse: Handbuch der Borderline-Störungen. Schattauer, Stuttgart

Reddemann, L., Wöller, W., Kruse, J. (2005): Opfer traumatischer Gewalt. In: Wöller, W., Kruse, J. (Hrsg.): Tiefenpsychologisch fundierte Psychotherapie. Schattauer, Stuttgart, 2.Aufl.

Reddemann, L., Teunißen, S. (2006): Ressourcenorientierung in der Behandlung traumatisierter, suchtkranker Patienten und Patientinnen. In: Schäfer, I., Krausz M.: Trauma und Sucht. Klett-Cotta, Stuttgart

Reemtsma, J. P. (1997): Im Keller. Hamburger Edition, Hamburg

Rothschild, B. (2002): Der Körper erinnert sich. Synthesis, Essen

Sachsse, U. (1998): Die Bildschirmtechnik. In: Traumazentrierte Psychotherapie II, PTT 2/98, 77–84

Sachsse, U. (2003): Stationäre Therapie traumatisierter Patientinnen und Patienten. In: Seidler, G. H. et al. (Hg.): Aktuelle Entwicklungen in der Psychotraumatologie. Psychosozial, Gießen

Sack, M., Hofmann, A. (2002): Interview zur komplexen Posttraumatischen Belastungsstörung (IK-PTBS). Zu beziehen über sack.martin@mh-hannover.de

Schore, A. N. (2002): Dysregulation of the Right Brain: A Fundamental Mechanism of Traumatic Attachment and the Psychopathogenesis of Posttraumatic Stress Disorder. Australian and New Zeland Journal of Psychiatry 36

Schwartz, D. (2000): Vernunft und Emotion. Die Ellis-Methode. Vernunft einsetzen, sich gut fühlen, mehr im Leben erreichen. Verlag Modernes Lernen, Dortmund

Schwartz, R. (1997): Systemische Therapie mit der inneren Familie. 4. Aufl. 2004. Klett-Cotta, Stuttgart

Schützwohl, M. (1997): Diagnostik und Differentialdiagnostik. In: Maercker, A.: Therapie der posttraumatischen Belastungsstörungen, S. 75–101. Springer, Berlin

Seidler, G. H., Rieg, K., Heim, B., Micka, R., Hofmann, A. (2003): Akut traumatisierte Gewaltopfer und ihre Therapie II – Studie zur Entwicklung einer traumaadaptierten ambulanten Ressourcengruppe (ARG) in Kombination mit EMDR. In: Seidler et al. (2003): Aktuelle Entwicklungen in der Psychotraumatologie. Psychosozial Verlag, Gießen

Seligman, M. (2005): Der Glücksfaktor. Lübbe, Bergisch Gladbach

Shapiro, F. (1995): Eye movement desensitization and reprocessing. Basic principles, protocols, and procedures. Guilford Press, New York

Smucker, M. R., Dancu, C. V. (1999): Cognitive-behavioral treatment for adult survivors of childhood trauma: Imagery rescripting and reprocessing. Jason Aronson, New Jersey, London

Steil, R. (2000): Kognitiv-behaviorale Behandlung der Posttraumatischen Belastungsstörung – die Bedeutung von Emotionen. In: Sulz, S. K. D., Lenz, G. (Hrsg.): Von der Kognition zur Emotion. Psychotherapie mit Gefühlen. CIP Medien, München

Steinberg, M. (1995): Handbook for the assessment of dissociation. A clinical guide. American Psychiatric Press

Steptoe, A., Wardle, J., Marmot, M. (2005): Positive affect and health-related neuroendocrine, cardiovascular, and inflammatory processes. PNAS, May 3, 2005, Vol. 102, No. 18, 6508–6512

Taylor, S. E., Klein, L. C., Lewis, B. P., Gruenewald, T. L., Gurung, R. A. R., Updegraff, J. A. (2000): Female Responses to Stress: Tend and Befriend, Not Fight or Flight. Psychological Review 107 (3), 41.

Van der Kolk, B., McFarlane, A. C., Weisaeth, L. (2000): Traumatic Stress: Grundlagen und Behandlungsansätze. Junfermann, Paderborn

Watkins, J. G., Watkins, H. (2003): Ego states, Theorie und Therapie. Carl Auer, Heidelberg

Westen, D., Novotny, C. M., Thompson-Brenner, H. (2004): The empirical status of empirically supported psychotherapies: assumptions, findings, and reporting in controlled trials. Zitiert nach Schüßler, G. (2005) Blick in internationale Zeitschriften in: Z. Psychosomat. Med. Psychother 51, 194–198

Wetzel, S. (2002): Leichter leben. Theseus, Berlin

Will, H. (2003): Was ist klassische Psychoanalyse? Ursprünge, Kritik, Zukunft. Kohlhammer, Stuttgart

Wirtz, U. (2002): Die spirituelle Dimension der Traumatherapie. Transpersonale Psychologie und Psychotherapie, 9. Jg., Heft 1

Wurmser, L. (2000): Psychoanalytische Behandlung – Trauma, Konflikt und »Teufelskreis«. In: Egle et al. (Hg.): Sexueller Missbrauch, Misshandlung, Vernachlässigung. 2. Auflage. S. 361–374. Schattauer, Stuttgart

Zurek, G. (2002): Gegenübertragung – historische Aspekte der Begriffsgeschichte in der Psychotherapie psychotraumatischer Belastungssyndrome. Diplomarbeit, Universität zu Köln, Philosophische Fakultät

Zurek, G., Fischer, G. (2003): Übertragung und Gegenübertragung in der Psychotherapie von Patienten mit PTBS. In: ZPPM, 1. Jg., Heft 2, 7–17

Fortbildung bei Luise Reddemann:
Information unter: www.luise-reddemann.info

Luise Reddemann:
Imagination als heilsame Kraft
Hör-CD mit Übungen zur Aktivierung von Selbstheilungskräften
63 Minuten Laufzeit, 6 Seiten Booklet, ISBN 978-3-608-89023-5
Der traumatherapeutische Ansatz von Luise Reddemann, den die Autorin in ihrem Buch *Imagination als heilsame Kraft* vorgestellt hatte, stieß bei vielen PatientInnen und TherapeutInnen auf große Akzeptanz. Ergänzend zu diesem Praxisbuch ist nun eine CD mit den wichtigsten Übungen zur Stabilisierung traumatisierter Menschen erhältlich.
Weil Patienten, die unter den psychischen und physischen Folgen eines Traumas leiden, meist extremen Gefühlen von Ohnmacht und Ausgeliefertsein ausgesetzt waren, ist es für sie besonders wichtig, immer wieder die Erfahrung zu machen, jetzt in Sicherheit zu sein und Selbsthilfekräfte mobilisieren zu können. Durch die Übungen zur Achtsamkeit, zum Auffinden innerer Helfer und zum Umgang mit belastenden Gefühlen werden diese Aspekte unterstützt, die Entwicklung eigener Ressourcen wird gefördert. Alle Übungen werden von der Autorin selbst gesprochen, jedes ›Thema‹ durch ruhige Zwischenmusik getrennt.

Luise Reddemann:
Dem inneren Kind begegnen
Hör-CD mit ressourcenorientierten Übungen
65 Minuten Laufzeit, 8 Seiten Booklet, ISBN 978-3-608-89036-5
Die tröstende Zuwendung zum »inneren Kind« oder einem ›jüngeren Ich‹ wird von vielen traumatisierten Menschen als sehr hilfreich empfunden. Die CD enthält verschiedene Übungen dazu, wohltuende Musik und Erläuterungen zur Inneren-Kind-Arbeit. Die ausgewählten Übungen sind geeignet, von den Patienten zur Selbsthilfe eingesetzt zu werden.

Luise Reddemann
unter Mitarbeit von V. Engl, S. Lücke und C. Appel-Ramb:
Imagination als heilsame Kraft
Zur Behandlung von Traumafolgen mit ressourcenorientierten Verfahren
215 Seiten und 16 Seiten farbiger Tafelteil, broschiert,
ISBN 978-3-608-89034-1
Leben Lernen 141

»Luise Reddemann versteht ihr Buch als einen Bericht aus der Werkstatt. Praxisnahe Beispiele regen zu einem ressourcenorientierten Ansatz an. Sie schreibt mit Herz, Verstand und Respekt für PatientInnen und für KollegInnen, die an Traumafolgen arbeiten. Für TherapeutInnen und PatientInnen gleichermaßen wertvoll – und unverzichtbar!«
Donna Vita

Thomas Bronisch / Martin Bohus / Luise Reddemann /
Matthias Dose / Christine Unkel:
Krisenintervention bei Persönlichkeitsstörungen
Therapeutische Hilfe bei Suizidalität, Selbstschädigung, Impulsivität, Angst und Dissoziation
217 Seiten, broschiert, ISBN 978-3-608-89007-5
Leben Lernen 137

Suizidalität, selbst- und fremdschädigendes Verhalten sowie Panikattacken und dissoziative Störungen können die Folge sein, wenn Menschen mit Persönlichkeitsstörungen in akute Lebenskrisen geraten. Die Autoren vermitteln Techniken einer kompetenten Krisenintervention, spezifisch abgestimmt auf die verschiedenen Äußerungsformen.